本书获得上海市教育委员会本级财政项目"自由贸易区研究院"资助

应用经济学
高峰建设项目文库

Tourism Industry Dependence and Regional Economic Development
Effect Analysis and Policy Evaluation

旅游产业依赖与地区经济发展
效应分析及政策评估

邓涛涛 著

上海财经大学出版社

图书在版编目(CIP)数据

旅游产业依赖与地区经济发展:效应分析及政策评估/邓涛涛著.
—上海:上海财经大学出版社,2023.8
(应用经济学·高峰建设项目文库)
ISBN 978-7-5642-4215-2/F.4215

Ⅰ.①旅… Ⅱ.①邓… Ⅲ.①旅游业发展-关系-区域经济发展-研究-中国 Ⅳ.①F592.3②F127

中国国家版本馆 CIP 数据核字(2023)第 134291 号

本书由"上海财经大学中央高校双一流引导专项资金"和"中央高校基本科研业务费"资助出版

□策划编辑 王永长
□责任编辑 杨 闯
□封面设计 桃之夭夭

旅游产业依赖与地区经济发展
效应分析及政策评估
邓涛涛 著

上海财经大学出版社出版发行
(上海市中山北一路 369 号 邮编 200083)
网 址:http://www.sufep.com
电子邮箱:webmaster@sufep.com
全国新华书店经销
苏州市越洋印刷有限公司印刷装订
2023 年 8 月第 1 版 2023 年 8 月第 1 次印刷

710mm×1000mm 1/16 14.25 印张(插页:2) 233 千字
定价:78.00 元

总　序

　　一流学科是建设一流大学的基础,一流大学都具有鲜明的一流学科印记。

　　根据党中央、国务院关于建设世界一流大学和一流学科的重大战略决策部署,上海市持续推进高峰高原学科建设,对接国家一流大学和一流学科建设。

　　为此,2018年,由上海财经大学牵头、复旦大学和上海交通大学协同共建的"上海国际金融与经济研究院",承接了高峰建设学科"应用经济学"学科项目。

　　作为"应用经济学"高峰建设学科的牵头单位,上海财经大学成立于1917年;1996年,成为国家"211工程"重点建设高校;2006年,成为国家"优势学科创新平台"建设高校;2017年,入选国家"双一流"建设高校,在财经专业学科建设方面,积淀深厚。其中,"应用经济学"在教育部第五轮学科评估中,上海财经大学位列前茅。

　　"应用经济学"是上海市启动建设的相关高峰学科中唯一的人文社会学科。"上海国际金融与经济研究院"自2018年实体化运营以来,深耕学术科研,通过同城协同,汇聚优质资源,服务区域经济发展,努力打造国际一流、国内顶尖的高水平学术机构和高端智库,形成易于为国际社会所理解和接受的新概念、新范畴、新表述,强化中国话语的国际传播,贡献中国智慧;同时,在国际学科前沿形成重大原创性成果,推动上海"应用经济学"整体学科水平进入世界一流行列。

　　"归来灞陵上,犹见最高峰。"

　　经过不懈的努力,自2021年"应用经济学"高峰学科建设的第二轮建设周期启动以来,陆续产生一批阶段性的成果:

首先,创新驱动,服务国家重大战略部署、聚焦地方重大需求。"应用经济学"高峰学科建设以国家自然科学基金重大和重点项目、国家社科重大和重点项目、教育部哲学社科研究重大攻关项目为抓手,以高水平研究型智库建设为平台,产出一批支撑国家和区域经济发展的高质量课题成果。

其次,聚焦前沿,打造原创性学术成果,把握国际学术话语权。"应用经济学"高峰学科建设结合中国经济发展的优势领域,以多学科协同为纽带,产出一批高水平的学术论文,在国际上不断提升中国"应用经济学"的影响力和话语权,持续高频次在《经济研究》《中国社会科学》《管理世界》等国内外高质量期刊发表学术论文,获得孙冶方经济科学奖、吴玉章奖、教育部高等学校科学研究优秀成果奖等。

再次,融合发展,突破学界与业界藩篱。在学科建设的同时,初步形成了应用经济学系列数据库(已经有 2 万家企业 10 年数据,将持续更新)、长三角金融数据库等。这些数据库不仅有助于支撑本学科的研究,还可在不断完善的基础上实现校企融合;与上海财经大学新近成立的"滴水湖"高级金融学院、数字经济系,以及"中国式现代化研究院"等形成多维互动,进而为应用经济学的进一步研究提供强大支撑,为学科可持续发展奠定重要基础条件。

最后,以德统智,构建课程思政育人大格局。"应用经济学"高峰学科建设强调全面推进应用经济学类课程思政高质量建设与改革,实现课程思政建设在应用经济学所有专业、所有课程和所有学历层次的全面覆盖。

习近平总书记在党的二十大报告中提出"加快构建中国特色哲学社会科学学科体系、学术体系、话语体系"的重大论断和战略任务。

在二十大报告精神指引下,本次推出的"应用经济学·高峰建设项目文库"即是对相关学术研究进一步学理化、体系化的成果,涉及金融学、宏观经济学、区域经济学、国际贸易、社会保障、财政投资等诸多方面,既是"应用经济学"高峰学科建设的阶段性成果展示与总结,也旨在为进一步推动学科建设、促进学科高质量发展打下坚实基础。

当前,世界百年未有之大变局加速演进,我国经济已由高速增长阶段进入高质量发展阶段;同时,我国发展进入战略机遇与风险挑战并存、不确定因素增多的时期;而上海也正值加快推进"五个中心"和具有全球影响力的科技创新中心建设的关键时期,需要有与上海地位相匹配的"应用经济学"学科作为支撑,需要"应用经济学"学科为国家经济建设提供富有洞察力的学术新知和政策建议。

为此,上海财经大学和"上海国际金融与经济研究院"将与各方携手,在"应用经济学"前沿,继续注重内涵建设、关注特色发展、突出学科带动、聚焦服务战略,全力构建具有世界一流水平的"应用经济学"学科体系,突出围绕"四个面向",为我国努力成为世界主要科学中心和创新高地做出更大贡献!

刘元春

上海财经大学 校长

前　言

　　作为第三产业的重要组成部分,旅游业对地区经济的影响一直是旅游经济学关注的重点和热点问题。由于对旅游资源合理开发在很大程度上具有"可持续性",且旅游业本身具有综合性强、产业关联度高等特点,因此,很多国家和地区都将旅游业视为"朝阳产业"。旅游经济学已成为旅游研究的一个重要学科方向,本书聚焦旅游经济学三个前沿学术选题。全书正文共分为三部分。

　　第一部分包括第一、二、三章,主题聚焦旅游业发展对城市经济发展的影响。"旅游发展促进经济增长假说"(Tourism-Led Growth Hypothesis,TLGH)虽然已成为政府和学术界广为接受的观点,但该假说在一定程度上忽视了旅游发展对经济增长潜在的负面影响,特别是旅游业快速扩张所引发的经济净福利效应影响还没有引起足够的重视。理解和厘清TLGH争议的关键就要从TLGH影响机制的研究入手。为探求其背后机制,资源经济学中的"资源诅咒"理论受到越来越多学者的关注。旅游资源开发和传统自然资源开发具有一些共性,但也存在着显著差异。国内研究虽然开始关注旅游发展中可能出现的"荷兰病"效应,但对于影响机制还缺乏深入研究。本书从产业结构、城市职能定位切入,缩小研究的空间尺度,分析旅游业发展对城市经济发展的直接和间接影响。

　　第二部分包括第四、五、六章,主题聚焦高速铁路对旅游业发展的影响。高速铁路是当今世界"交通革命"的一个重要里程碑,是解决大通道上大量旅客快速输送问题的最有效途径。高速铁路因快速便捷产生"时空压缩"效应,极大地改变了旅游者的出行习惯和消费行为。高速铁路的开通为城市旅游业带来了越来越多的发展机遇和条件,那么,高速铁路对城市旅游业发展的影响是否显著？影响程度有多大？高铁沿线城市与非高铁沿线城市获益又如何？本书利用城市统计数据和列车实际运营数据,通过定量方法来研究高速铁路网建设对城市旅游业发展的影响,这具有十分重要的理论和实践意义:一方面,可以为高铁旅游研究文献提供更加翔实可靠的经验证据;另一方面,可以为各城市决策者从区域交通网络的角度来理解铁路客运提速对不同城市旅游业带来的冲击影响。

第三部分包括第七至第十一章,主题聚焦旅游业发展政策评估。区域发展战略实施,特别是一批重大区际交通工程的建成,区域间交通联系得到有力加强,有望为区域旅游业发展创造机遇。长期以来,由于内生性问题的困扰,准确地评估区域政策对旅游业的因果影响非常具有挑战性。目前学术界较少有研究考察区域发展战略(例如国际旅游岛战略、中国西部大开发战略等)对旅游业发展的因果影响。政策评估的核心问题是如何从影响结果变量的混淆效应中识别因果影响。本书提出了旅游研究中政策评价的完整分析框架,并将前沿因果推断方法应用于该政策的评估当中。

全书各章节主要内容如下:

第一章 "资源诅咒"理论在旅游经济研究中的应用:研究进展与评述。通过对相关文献的梳理,本章对旅游业"资源诅咒"现象研究的理论基础、分析框架和实践应用进行了详细的整合与分析,并对旅游业"资源诅咒"现象产生的原因进行了归纳。

第二章 旅游业发展和城市经济增长:影响效应和传导机制。利用中国48个重点旅游城市数据,本章分析了旅游发展对城市经济增长的直接和间接影响。一些证据表明,"荷兰病"效应是高度依赖旅游业导致的结果。物质资本投资是旅游业对经济增长产生正面间接影响的重要传导渠道。

第三章 旅游产业依赖与全要素生产率增长——基于"资源诅咒"假说的检验。根据城市规模与旅游产业依赖度这两个维度,本章从全国290个地级及以上城市中筛选出30个经济对旅游业产生较高依赖的城市作为研究样本,以DEA-Malmquist指数法计算全要素生产率(TFP),借鉴"资源诅咒"理论分析框架,使用计量经济学方法,从经济增长质量的角度研究了旅游业"资源诅咒"效应的存在性及其影响机制。

第四章 长三角高速铁路网建设对城市旅游业发展的影响。本章利用2006—2013年长三角地区25个城市的统计数据和列车实际运营数据,定量分析了长三角高速铁路网建设对城市旅游业发展的影响。本章主要解决两个问题:一是通过多期DID模型,实证检验长三角高速铁路网逐步推进是否显著促进了地区旅游业发展;二是将交通可达性概念引入计量经济学模型中,研究铁路客运提速后长三角各城市可达性变化对旅游业产生的影响。

第五章　高铁配置对游客人数有影响吗？——基于中国地级市的经验证据。本章以中国高铁网络和 286 个地级城市作为研究样本，利用 DID 模型探讨高铁对旅游业发展的因果效应。由于各城市高铁部署配置不同，本章采用多期 DID 模型逐年检验高铁开通对游客人数的影响。考虑高铁频率、站点位置、站点等级等因素，本章尝试研究高铁配置对旅游业发展的差异影响。

第六章　酒店行业能从交通便利性提升中获益吗？——来自中国高速铁路的经验证据。高速铁路开通有效提高了城市的可达性、扩展了旅游目的地的客源范围、便利了游客出行，对旅游产业发展产生了重要的影响。本章基于中国 2010—2017 年 50 个重点旅游城市的面板数据，使用计量经济模型，实证研究了高铁运行特征对酒店客房出租率的影响。

第七章　国际旅游岛战略提升了海南旅游业国际化水平吗？——基于双重差分方法的政策效果评估。为了推进海南国际旅游岛建设，离岛免税、离境退税等一批支持旅游业发展的优惠政策在海南试点执行。如何识别出政策改革带来的净效果，准确衡量国际旅游岛战略对海南旅游业国际化的影响成为了政府和学术界关注的重大问题。本章遵循双重差分模型的思路，采用 2009—2014 年中国 12 个主要海滨旅游城市的面板数据，对发生在海南的这一轮旅游业重大政策改革效果进行了评估。

第八章　农村家庭收入来源、家庭特征与旅游消费：基于中国家庭追踪调查（CFPS）数据的微观分析。在收入不断提高的市场环境下，农村家庭旅游消费却远未达到与其收入匹配的预期水平，这可能与家庭收入结构有关。本章基于行为经济学中的"心理账户"理论，采用中国家庭追踪调查数据，从微观层面检验不同来源收入对农村家庭旅游消费需求的差异化影响，从理论和经验上验证农村家庭旅游消费行为中的"心理账户"效应。

第九章　发展旅游业有助于收缩城市复兴吗？——以中国收缩城市为例。尽管中国仍处在快速城镇化进程中，但越来越多的城市开始出现不同程度的收缩。由于对劳动技能要求低、环境污染少，旅游业已成为许多收缩城市应对收缩的重要发展产业。那么，旅游业可以帮助收缩城市实现复兴吗？基于中国 54 个收缩城市的面板数据，本章使用工具变量模型，从城市人口、经济、就业、消费和投资等多个角度研究旅游业对收缩城市复兴的影响。

第十章　地方领导与旅游业发展：一项定量评估。本章基于经济学视角，采用中国 2005—2018 年 30 个旅游城市地方官员的信息和城市特征因素的匹配数据，利用面板数据模型，实证研究地方官员对当地旅游业发展的影响，为理解并推动当地旅游业的发展提供了一个重要的新的研究维度。

第十一章　区域政策与旅游业发展：一个准自然实验。中国的西部大开发战略在旅游业发展的政策环境中产生着显著影响。以西部大开发作为一个准自然实验，本章将断点回归方法（RDD）首次应用于旅游研究中，通过比较政策地理边界附近城市的旅游业发展来考察区域政策对旅游业发展的因果影响。

本书的主题设计、框架确定及科研组织工作均由邓涛涛教授主持。各章具体分工如下：第一章，邓涛涛、王丹丹、刘璧如；第二章，邓涛涛、马木兰、万官旭；第三章，邓涛涛、刘璧如、马木兰；第四章，邓涛涛、赵磊、马木兰；第五章，邓涛涛、甘晨、王丹丹；第六章，邓涛涛、甘晨、胡玉坤；第七章，邓涛涛、邹光勇、马木兰；第八章，邓涛涛、胡玉坤、马木兰、杨胜运；第九章，邓涛涛、刘帅、胡玉坤；第十章，邓涛涛、赵韦舒、马木兰、万官旭、许泽庆；第十一章，邓涛涛、胡玉坤、马木兰、周秋阳。

邓涛涛
2022 年 10 月 15 日于上海财经大学

目　录

第一章　"资源诅咒"理论在旅游经济研究中的应用：研究进展与评述/001
　一、问题的提出/001
　二、"资源诅咒"理论的提出与应用/002
　三、旅游业"资源诅咒"效应的理论与实证研究/004
　四、旅游业"资源诅咒"产生的原因/008
　五、研究评述/010

第二章　旅游业发展和城市经济增长：影响效应和传导机制/012
　一、问题的提出/012
　二、关于"资源诅咒"效应的解释/013
　三、研究区域和方法/013
　四、旅游城市的"资源诅咒"效应/015
　五、结论与讨论/018

第三章　旅游产业依赖与全要素生产率增长
　　　　——基于"资源诅咒"假说的检验/020
　一、问题的提出/020
　二、旅游业发展对全要素生产率的影响机制分析/023
　三、样本选取与模型构建/027
　四、计量结果与分析/030
　五、主要结论与政策启示/036

第四章　长三角高速铁路网建设对城市旅游业发展的影响/038
　一、问题的提出/038

二、高速铁路对旅游业影响的文献综述/040

三、研究区域与数据来源/042

四、问题1：长三角高速铁路网建设是否显著促进了高铁沿线城市旅游业发展？/044

五、问题2：铁路客运提速后，长三角各城市可达性变化对旅游业产生的影响有多大？/047

六、结论与讨论/050

第五章 高铁配置对游客人数有影响吗？
——基于中国地级市的经验证据/052

一、引言/052

二、文献综述/055

三、理论假设/057

四、研究设计与数据来源/058

五、实证结果/060

六、稳健性检验/064

七、结论/072

第六章 酒店行业能从交通便利性提升中获益吗？
——来自中国高速铁路的经验证据/074

一、问题的提出/074

二、文献回顾与理论假说/076

三、研究设计与数据来源/079

四、实证结果分析/081

五、结论与展望/085

第七章 国际旅游岛战略提升了海南旅游业国际化水平吗？
——基于双重差分方法的政策效果评估/087

一、问题的提出/087

二、研究样本与研究方法/089

三、计量结果与分析/093

四、主要结论与政策启示/097

第八章 农村家庭收入来源、家庭特征与旅游消费:基于中国家庭追踪调查(CFPS)数据的微观分析/100

一、问题的提出/100

二、理论框架与研究假设/102

三、计量模型与数据/110

四、实证结果/113

五、异质性分析/120

六、结论与启示/123

第九章 发展旅游业有助于收缩城市复兴吗?
——以中国收缩城市为例/125

一、问题的提出/125

二、文献评述与假说提出/128

三、样本选择与研究设计/132

四、实证结果/137

五、主要结论/143

第十章 地方领导与旅游业发展:一项定量评估/145

一、问题的提出/145

二、文献综述与理论假说/146

三、模型与数据/149

四、回归结果/153

五、主要结论与政策建议/159

第十一章 区域政策与旅游业发展:一个准自然实验/161

一、问题的提出/161

二、文献综述/162

三、政策背景、方法与研究设计/165

四、实证结果/173

五、结论与讨论/181

参考文献/183

第一章 "资源诅咒"理论在旅游经济研究中的应用:研究进展与评述

旅游业作为第三产业,其经济价值日渐突出,学术界对"旅游经济"的关注度也在不断提升。尽管"旅游发展促进经济增长假说"(Tourism-Led Growth Hypothesis,TLGH)已成为旅游经济学的主流观点,然而一些地区的实践表明旅游业对经济增长的持续促进作用并不明显。当前国内外学者主要是借鉴资源经济学中的"资源诅咒"理论来探究为何一些地区旅游业发展在长期可能会面临风险与挑战。通过对相关文献的梳理,本章对旅游业"资源诅咒"现象研究的理论基础、分析框架和实践应用进行了详细的整合与分析,并对旅游业"资源诅咒"现象产生的原因进行了归纳。本章认为,针对"旅游发展促进经济增长假说"研究,今后应该加强更深层次的影响机制的讨论,研究重点要从"能否促进"向"如何规避风险、持续促进"转变。

一、问题的提出

作为第三产业的重要组成部分,旅游业对地区经济的影响一直是旅游经济学关注的重点和热点问题。由于旅游资源开发具有一定程度上的"可持续性",且旅游业本身具有综合性强、产业关联度高等特点,因此,很多国家和地区都将旅游业视为"朝阳产业"。目前,"旅游发展促进经济增长假说"(TLGH)已成为政府和学术界广为接受的观点。综合相关文献,可以将旅游发展对经济增长的促进作用归纳为以下几点:其一,入境旅游发展可以带来外汇收入的增加(Henry 和 Deane,1997;Noriko 和 Mototsugu,2007);其二,旅游业可以创造大量就业机会、增加就业(Durbarry,2002);其三,旅游景区开发可以促进当地基础设施投入增加(Law,1992);其四,旅游业发展可以刺激消费,增加地区收入(Divisekera,2010)。

"旅游发展促进经济增长假说"固然贴合旅游业推动经济增长的现

实,但在一定程度上也忽视了其对经济负面风险的分析,特别是旅游业快速扩张所引发的经济净福利效应影响没有引起足够的重视(钟伟,2016)。随着对旅游业与经济增长关系研究的不断深入,一些学者[例如 Oh(2005)对韩国的研究、Katircioglu(2009)对土耳其的研究]发现旅游业对经济增长的促进作用并不明显,有些地区甚至出现了显著的负向作用。针对这一现象,学术界开始探究其中的深层原因。一些学者开始借鉴资源经济学中的"资源诅咒"理论,试图解释旅游业对地区经济增长可能带来的负面影响。

本章以"资源诅咒"理论为出发点,探讨国内外"资源诅咒"在旅游经济学中应用的研究现状及存在的不足。除了对"资源诅咒"理论进行了详细的阐述外,更从多个角度对"资源诅咒"在旅游经济学中应用的研究文献进行了详细梳理与深入分析。旅游开发中"资源诅咒"现象是否真实存在?旅游发展通过哪些传导机制促进或抑制地区经济增长?这两个问题是当前旅游经济研究中亟待解决的关键问题。

二、"资源诅咒"理论的提出与应用

(一)"资源诅咒"的定义

"资源诅咒"(也称为"充裕悖论")是发展经济学中的一个著名命题,泛指自然资源对经济增长的不利影响,这一概念最早由 Auty 提出。Auty(1993)研究发现丰裕的资源对一些国家的经济增长并不是充分的有利条件,反而是一种限制。国内学者徐康宁和王剑(2006)较早提出了"资源诅咒"的概念,检验了中国各个省份的资源丰裕程度和经济增长的内在联系,结果显示"资源诅咒"现象在我国是存在的,中国多数省份丰裕的自然资源并未有效促进地区经济增长。

"资源诅咒"现象引发了学术界对"资源诅咒"研究的热潮。当前研究主要围绕两方面展开:一是对"资源诅咒"的存在性进行检验,即对资源禀赋与经济增长之间的关系进行理论或实证分析;二是探究"资源诅咒"的传导机制,即寻找资源禀赋影响经济增长的途径。

(二)"资源诅咒"理论的检验

Auty(1993)提出"资源诅咒"的概念之后,国外学者主要从以下两方面对"资源诅咒"理论做进一步实证检验。其一,"资源诅咒"现象是否存在?一些学者证实有些地区资源丰富度确实与经济增长存在负相关关系

(Sachs 和 Warner,1995),资源对经济的间接负效应大于直接正效应(Papyrakis 和 Gerlagh,2004),且开放程度较低的国家更容易产生"资源诅咒"(Arezki 和 Ploeg,2007)。其二,"资源诅咒"效应的存在是否需要条件?第一,资源分配。人均资源资本对经济增长有促进效用,而资源资本占总资本比值对经济增长则存在负效应(Ding 和 Field,2005)。第二,资源类型。不同自然资源禀赋国家的经济增长方式不同,矿产资源类的集中型资源经济体更容易发生"资源诅咒",而农业耕地等分散性资源没有表现出明显的"资源诅咒"现象(Isham 等,2002;Murshed 和 Perala,2002;Martin 和 Subramanian,2003)。第三,制度因素。制度因素对"资源诅咒"的发生具有重要影响,拥有良好高效社会制度的国家能够避免诅咒,而缺乏完善制度的国家会陷入诅咒(Martin 和 Subramanian,2003;Wen 和 King,2004;Robinson 等,2006)。

国内学者对于中国"资源诅咒"现象的研究日趋增多。一些学者分别从省级(徐康宁和王剑,2006;胡援成和肖德勇,2007)和城市(邵帅和杨莉莉,2010;邵帅等,2013)层面进行研究,支持了中国煤炭、石油等能源资源"资源诅咒"假说的成立。但也有学者对"资源诅咒"假说的成立持怀疑态度,认为"资源诅咒"现象在中国并不明显(丁菊红等,2007;方颖等,2011),且随着时间和制度等因素的变化,"资源诅咒"问题也可能会逐渐消失(Zhang 等,2008)。

(三)旅游资源与传统资源产业比较分析

"资源诅咒"理论提出以来,经济学家基于该理论对多种自然资源的经济效用进行了分析,如森林、能源、矿产等(Maconachie 和 Binns,2007;Mehrara,2009;刘红梅等,2009)。与一些传统产业类似,旅游业发展同样也基于资源,即旅游资源。旅游资源既包括地貌、水文、气候、生物等自然资源,也包括人文景观、文化传统、风俗民情、体育娱乐等人文和社会资源。旅游业通过对旅游资源进行开发获取经济效益,所以从本质来看,旅游业也是一种资源依赖型产业。

目前,"资源诅咒"理论主要应用在石油、煤炭等传统资源产业中,在旅游业研究中还比较少见。旅游资源和传统资源具有一些共性,也属于资源依赖型产业,因而"资源诅咒"在旅游产业中也可能存在。如表1—1所示,旅游产业与传统资源产业具有诸多相似之处:首先,传统资源型产业通过资源出口实现增长,旅游产业的实质也是通过自然资源的出口来增加一国或一地区的财富。尽管旅游资源无法移动,但是通过吸引境外游客入境旅游,可以实现旅游商品和服务在国际市场上贸易。其次,产业的"爆炸式"增长均来源于资源供给的突变。例如,油田、煤矿的发现会促进当地相关产业的迅猛发展,而地区旅游业的快速发展也是源于自然景观或者文化遗产的发现与开发。最后,相对于制造业部门,无论是传统资源型产业还是旅游业,对人力资本的需求都相对较低(Deng等,2014)。

表1—1　　　　　　　　旅游产业与传统资源产业比较

	旅游产业	传统资源产业
区别	资源可持续 依靠消费者流动实现出口 垄断性 产业关联度高、产品多样化	资源不可持续 直接出口 产品无差异,国际市场决定价格 产品单一
相似性	依靠资源出口增加财富 产业爆发于资源开发 人力资本、技术需求低	

需要指出的是,旅游业与采矿、煤炭、石油等传统资源开发业也存在显著区别,主要在于:第一,矿产资源开发不可持续,而旅游资源若合理开发,可以实现旅游业可持续发展;第二,旅游产业提供的商品和服务不可流动,需要游客的流动来实现贸易;第三,矿产资源是无差异产品,其价格由国际市场决定,即使作为资源出口国也只是价格接受者,而旅游商品和服务则具有一定的垄断性,资源出口国一定程度上可以制定价格,并且价格不受国际市场影响;第四,矿产资源商品较为单一,该产业的繁荣会造成当地产业单一化,而旅游产品和服务具有多样化的特征,并且具有较强的产业关联度(左冰,2013)。

三、旅游业"资源诅咒"效应的理论与实证研究

(一)旅游资源界定与测度

研究旅游业"资源诅咒"现象,首先应对旅游资源概念进行明确。目前,代表主流意见的是《旅游资源分类、调查与评价》(GB/T18972-2003)中的标准定义:旅游资源是指自然界和人类社会凡能对旅游者产生吸引力,可以为旅游业开发利用,并可产生经济效益、社会效益和环境效益的各种事物和因素。

实证研究中,专家学者通常使用景区数量和质量来测度各城市旅游资源禀赋。如曹芳东等(2012)用国家级重点风景名胜区数、国家级自然

保护区数、全国重点文物保护单位数、国家级非物质文化遗产数等赋权值计算旅游资源竞争力,用5A级景区数、4A级景区数、国家级工农业旅游示范点数、经典红色旅游景点数等计算旅游产品竞争力,从而得到城市旅游竞争潜力;孙根年等(2011)、Yang和Fik(2014)、邓涛涛等(2016)也使用国家5A级景点数和4A级景点数,通过加权模型计算各城市旅游资源丰度或禀赋,根据研究需求达到定量研究的目的。

资源经济学讨论"资源诅咒"问题时,常用自然资源丰裕度定量测度。邵帅等(2010)从"资源诅咒"命题实证研究的视角,对自然资源丰裕度的含义进行了界定:自然资源丰裕度即一个国家或地区各类自然资源的丰富程度,或者说可利用于社会经济发展的自然资源的数量。例如,何雄浪和江泽林(2016)探究劳动力结构是不是"资源诅咒"发生的一个原因时,用自然资源开发行业工业产值(煤炭、石油、天然气三大行业产值之和)占工业总产值的比重来度量自然资源丰裕度。研究旅游业"资源诅咒"问题时,通常用加权模型得到地区旅游资源丰裕度,如方叶林(2013)等用各类型旅游资源加权得到区域旅游资源优势度,方法林(2012)根据旅游资源的类型、数量、品质,建立江苏省旅游资源禀赋指数。

(二)旅游业"资源诅咒"效应:理论研究

关于旅游业"资源诅咒"效应的理论研究,国内外学者主要从以下三方面展开。

1. 贸易条件

非贸易商品和服务的价格由旅游接收国的境外游客需求、当地需求和供给决定,价格决定因素中存在生产垄断因素,当游客对非贸易商品和服务需求增加时,垄断的存在会导致非贸易商品和服务的价格下降,使贸易条件恶化,从而降低国内的福利水平(Hazari和Ng,1993)。当地居民福利水平的下降是由非贸易商品的价格的反向移动引起的,而如果垄断因素不存在的话,旅游业的扩展就会提高福利水平(Hazari和Kaur,1995)。第一,如果不存在扭曲,任何商品或者服务的发展都不会对当地居民造成潜在的帕累托损失,需求增加会导致非贸易品的相对价格随之上升,从而增加居民的净福利(Clarke和Ng,1993,1995)。第二,随着旅游需求的增加,曾经无法参与国际贸易中的商品的价格会上升,因此能够弥补提供这些商品的当地居民的福利。但是福利增加的同时也引起了一些负面效应,如游客会通过收入分配效应、外部成本、污染、垃圾以及旅游导致的仇外心理等方面对当地福利造成损害,且外资占有也会导致居民福利减少。第三,旅游需求增加导致的价格上涨,可以带来贸易条件优化;同时非贸易品价格的变化使得资源重新流动分配,在重新分配的过程中如果促使生产扩大、垄断扭曲缩小,就会对经济产生正向影响;另外,旅游还会在文化、生活方式等方面带来正外部性,但随着旅游需求增加、旅游消费集中,外部性转变为负(Chao等,2004)。

2. 旅游业可能存在的"荷兰病"效应

旅游业的快速发展,可能导致资本、劳动力流入旅游部门,推动非贸易部门的规模扩大,进而压缩制造业部门,导致"去工业化",如果工业扩张带来的外部效益大于旅游业,那么工业部门的压缩会导致社会福利受到影响(Copeland,1991)。同样,如果旅游业所属的非贸易部门比农业部门更加依赖劳动力,旅游业的快速增长就会抑制制造业的发展,同时旅游发展本身也会造成效率损失(Nowak和Sahli,2003)。

旅游业的收入效应也可能会促进工业发展,而转移效应会挤出工业,对于开放经济背景下的大国来说,决定两种效应相对大小的则是外生的本国居民偏好:如果居民对本国旅游产品的偏好较强,就会带来更大的收入效应,从而有利于集聚比初始资本比例更高的工业企业,进而摆脱"资源诅咒"(朱希伟和曾道智,2009)。

3. 经济结构与整体经济稳定性

第一,在旅游高速增长的情况下,承载力有限的旅游城市缺失土地、劳动力、资源,面对来自临近城市的竞争,难以转型,只能专注于旅游业,这样很容易产生副作用,例如"荷兰病"(Sheng,2010),因此,城市应该用旅游增长中所获得的收益来追求经济的多样性以保证城市的可持续发展。第二,当旅游发展导致环境污染时,经济的高增长率是不可持续的,即高增长和持续性不可共存。当游客污染厌恶不强烈或者对价格十分敏感时,高增长率可能发生,或者居民的环境偏好足够低,居民福利在长期才不会减少(Giannoni,2009),只有发展环境友好型旅游业才能实现旅游业持续快速增长。第三,魏敏(2010)提出了旅游依赖型城市的三种演进模式:旅游产业主导型、多元经济型以及衰退型,在旅游产业主导型模式下,城市过于依赖一种资源,导致经济不稳定性增加,如果旅游资源突然减少,会导致城市发展失去主导产业,经济衰退,进入衰退型模式。因此,只有不过度依赖旅游资源、发展高技术产业,进入多元经济型模式,才能保证城市经济持续发展。第四,旅游城市对小范围客源市场的过分依赖也会导致经济脆弱(刘家明,2000),旅游产品单一,对外界依赖程度过高均会受到外部城市的影响与控制,外部条件改变很容易导致地区经济衰退。

(三)旅游业"资源诅咒"效应:实证研究

实证研究中,针对旅游业资源诅咒问题的研究样本可以分为对小规模经济体的研究和对大规模经济体的研究,即旅游高度依赖的地区和旅游轻度依赖的地区。

1. 高度依赖旅游业地区的"资源诅咒"检验

(1)国外研究方面,Andrew(1997)发现旅游业的快速发展会对当地工业发展产生负面影响,加速工业衰退。旅游业作为新兴部门,与贸易部门和非贸易部门并立存在,如果只关注旅游部门和非贸易部门(服务和建设),这些地区会在经历了旅游爆发带来经济高速增长后陷入"荷兰病"效应,不能保持长期高增长率,同时教育、创新和技术进步也会受到阻碍(Capò 等,2007)。

(2)国内学者对旅游业"资源诅咒"现象的研究开始于旅游资源与旅游经济、旅游经济增长速度的"错配"现象,即丰富的旅游资源不一定意味着高水平旅游经济和高增长速度。旅游资源优势与旅游经济增长速度(韩春鲜,2009;方法林,2012)、旅游总收入(王玉珍,2010)、地区经济发展(方法林等,2013;何昭丽和孙慧,2015)等均存在不同程度的负相关关系。另外,国内学者对"资源诅咒"现象的作用途径进行了分析。第一,旅游业通过价格效应、"荷兰病"效应、漏出效应与收入分配效应、社会与生态环境成本四种途径对社会福利造成负面影响(刘长生,2011)。第二,旅游业存在投资回报递减、旅游产品缺少创新、旅游目的地人才层次低、产业结构升级换代难、旅游业过度占用资金等问题时,资源型旅游城市就会存在增长极限。旅游业比重与经济水平呈现反向关系,实质仍然是资源经济模式的发展路径导致过度依赖旅游资源,逐渐消耗旅游业的带动效益,最终陷入瓶颈(徐红罡,2006)。第三,旅游业是"有条件地去工业化":只有在经济不受干预的情况下,旅游业的发展才会挤出工业,此时可以通过宏观政策对要素的流动进行引导来阻止去工业化(左冰,2015)。对于发达国家来说,产业结构的升级、工业占比的下降符合经济发展的规律;而发展中国家在未完成工业化的基础上去工业化才是"诅咒",会阻碍经济的发展。

2. 轻度依赖旅游业地区的"资源诅咒"检验

国内外学者对轻度依赖旅游业地区的"资源诅咒"进行实证检验,主要得出以下四点结论:第一,旅游发展对经济增长的正效应需要条件

(Po 和 Huang,2008),这与地区的专业化程度有关。第二,很多地区旅游业的"资源诅咒"效应并不存在,实体部门的投资与旅游业投资存在互补关系,高生产率的制造部门和低生产率的旅游部门可以共存并且产生高于平均水平的收入水平(Holzner,2011)。第三,地域条件、资源禀赋、发展条件等区位差异,使区域的旅游资源丰度和游客数量、旅游收入之间存在错位现象(李连璞,2008;邓祖涛和尹贻梅,2009)。第四,在非旅游依赖的省级经济体中,旅游业的快速发展对工业生产的挤出效应并不明显,大的经济体虽然对"荷兰病"有一定的抵御作用,然而旅游资源部门的繁荣有可能对人力资本产生挤出效应,从而间接负面影响长期经济增长(Deng 等,2014)。

四、旅游业"资源诅咒"产生的原因

随着对"资源诅咒"现象研究的不断深入,国内外学者开始探讨旅游业"资源诅咒"现象产生的原因。

(一)"资源诅咒"的传导机制

总体来看,国内外大多数文献都证实了"资源诅咒"现象的存在。随之而来的重要问题就是资源开发如何影响经济增长,即"资源诅咒"的传导机制。根据已有研究文献,"资源诅咒"的传导机制可以归纳为以下四种:"荷兰病"效应、挤出效应、制度环境恶化和政策失误以及经济波动。

1."荷兰病"效应

"荷兰病"效应是指经济体中某一初级产品部门异常繁荣而导致其他部门衰退的现象,这是"资源诅咒"最主要的作用机制。资源部门的繁荣导致出口剧增,汇率提高,贸易条件恶化,削弱了其他部门在国际市场上的竞争力(Corden 和 Neary,1982;Sachs 和 Warner,1995,2001)。"荷兰病"效应主要表现为对工业部门发展的抑制,即"去工业化"。

2.挤出效应

第一,资源部门繁荣带来的财富激增促使当地政府对经济安全过分自信,可能会失去储蓄和投资的动力,储蓄和投资减少致使经济增长放缓(Gylfason 和 Zoega,2001)。第二,对自然资源的过度依赖导致金融系统发展速度放缓,间接减少了储蓄和优质投资。第三,资源部门繁荣会导致政府降低对人力资本的重视程度,由于低技术劳动力能够在资源部门得到很好的待遇,因而教育需求也随之减少(Gylfason 等,1999;Gylfason,2001)。第四,资源部门还会吸引潜在创新者和企业家从而挤出企业活动并导致创新衰退(Sachs 和 Warner,2001)。

3.制度恶化和政策失误

资源部门繁荣会诱使地方政府产生寻租活动(Hodler,2006；Robinson 等,2006),且自然资源越丰裕的地方,越有可能产生独裁政府(Wantchekon,1999)。此外,在许多非民主制国家还会因资源部门繁荣而发生暴力冲突(Ross,2001),资源所带来的利益也常常被用于政府消费而非投资建设,这些情况均会降低经济效率。

4.经济波动

依赖资源出口的单一经济体很难抵御经济波动,国际资源价格的冲击会导致汇率突变,进而影响一个国家经济发展的长期稳定性(Gylfason 等,1999；Herbertsson 等,2000)。Mikesell(1997)发现依赖初级产品出口的国家其收入波动幅度是工业化国家收入波动幅度的 2~3 倍。

(二)旅游业"资源诅咒"产生的原因

旅游业发展的初始阶段以资源型为主,随后旅游资源的边际收益递减,单一依靠资源的结构会阻碍产业的发展;且政府作用在旅游业发展中具有主导性,尽管政府主导在一定阶段内能够解决供求矛盾,但是随着旅游业的不断发展,政府主导也会出现资源配置效率低等弊端(杨勇,2008)。

旅游产业的发展主要是通过资本大量投入而非技术进步的拉动,且旅游业的发展也会对当地人力资本和教育投资的需求产生影响,旅游业发展在导致价格水平上涨的同时也会抑制制造业的发展,带来"去工业化"的负面效应。因此,旅游业虽然在短期内能够为当地提供短暂的资本积累和发展机会,但在长期也有可能存在"资源诅咒"问题(左冰,2011)。

旅游业发展吸收了大量资本和劳动力,导致工业部门资源不足,同时旅游商品和服务的大量出口造成汇率上升,削弱了制造业的国际竞争力,导致出口结构进一步向旅游业倾斜,对国家经济发展造成影响。

当旅游业通过资本转移"挤出"制造业的反向效应超过了旅游业促进经济开放、提高人力资本水平的正向效应时,旅游业会对经济长期表现产生"诅咒效应"(左冰,2013)。对于资源丰富的欠发达地区来说,将通过发展旅游业积累的财富投入制造业中,能够获得更高的回报以及创新,从而可以规避旅游业带来的"去工业化"问题。

五、研究评述

（一）基本范畴

尽管"旅游发展促进经济增长假说"已成为旅游经济学的主流观点，然而部分地区的实践表明旅游业对经济增长的促进作用并不明显。为探求其背后原因，资源经济学中的"资源诅咒"理论受到越来越多学者的关注。通过对相关文献的梳理，本章发现针对旅游业"资源诅咒"现象的研究具有以下几个特点：

第一，从理论框架来看，针对旅游业"资源诅咒"问题的研究，尤其是国内的研究，主要集中在旅游业的"荷兰病"效应，或者说"去工业化"问题，即旅游业的发展挤压了工业部门的发展，导致工业部门出现衰退。尽管这一效应没有得到完全一致的结论，但是一些研究也证实了旅游业发展确实存在"荷兰病"效应。

第二，从研究样本来看，已有的实证研究根据研究样本可以分为两类：一是对某个特定的旅游型城市或地区进行案例研究；二是使用面板数据进行回归分析，例如国外文献针对国际上主要国家的研究、国内文献针对省级层面的研究。

第三，从研究内容来看，国内学者的研究主要还是围绕经济增长进行，从省级层面等对旅游资源优势与旅游经济增长速度、旅游总收入、地区经济发展等的关系进行探讨。

（二）研究不足与展望

第一，虽然国内对于旅游经济研究的起步较晚，但近年来发展迅速，经济学、地理学、管理学等学科领域从不同角度对"旅游发展促进经济增长假说"进行了一定研究。但到目前为止，对于旅游经济依赖可能面临的潜在风险还关注不多，基于一个完整的"资源诅咒"框架研究旅游资源开发可能面临的负面影响的研究还比较少见。

第二，目前国内外都缺少针对旅游依赖型样本的研究文献，大多数文献在选择样本进行研究时，并没有考虑样本区域对旅游业的依赖程度，所选取的样本中既包含高度依赖旅游业的地区，也包括对旅游业不形成依赖的地区，得出的只能是一个综合结论。此外，国内的研究基本是在省域层面上的分析，并没有考虑省级经济对旅游业的依赖程度。从产业结构来看，旅游业对经济发展的重要作用在城市层面上更具有特征性。因此对该问题的进一步研究需要缩小空间尺度,从城市层面来分析以得到更准确的结果。

第三,从研究内容来看,国内学者的研究主要还是围绕经济增长进行,而国外对旅游业"资源诅咒"的研究已经不仅仅局限于对经济增长的影响,还扩展到对社会福利、环境等多方面。另外,旅游业对经济增长的相关研究目前主要还是集中在分析对经济增量的影响,基本都是以GDP作为经济增长的衡量指标。而经济增长的质量——TFP受到的影响却很少被关注,相对于直接描述经济表现的GDP而言,TFP还包含了技术进步、规模效率、产业结构优化、要素配置效率提高、市场机制完善等多方面的影响经济发展的因素,如果能够将旅游资源与TFP的关系分析清楚,势必有助于进一步加深对"资源诅咒"的理解,但是这一点不管是国外还是国内研究,都缺少相关的分析和讨论。

总体来看,目前针对旅游业"资源诅咒"的研究更多地集中在诅咒存在性问题上,即旅游发展能否促进经济增长,还缺乏更深层次的对影响机制的讨论。中国旅游业在快速发展中,尽管对拉动地区经济起到了重要作用,但长期粗放式发展的模式也导致旅游地出现供需错配等结构性问题(张广海和高俊,2016;廖淑凤和郭为,2016),当前一个突出表现就是中低端产品供给过剩,而高端产品却严重供给不足。当前,我国正着力推进供给侧结构性改革,旅游业作为就业容量大、关联带动性强的服务业,同样需要在供给侧进行改革。目前关于此方面的理论和应用研究还非常少。中国本土研究中,有必要结合当前中国旅游供给侧改革实践,从需求端、要素端、产品端入手,探索如何规避旅游开发中潜在的风险、促进旅游业转型升级和可持续发展。

第二章　旅游业发展和城市经济增长：影响效应和传导机制

本章对旅游依赖型经济体"资源诅咒"的潜在风险进行了实证分析。利用中国 48 个重点旅游城市 2000—2012 年的旅游数据，在资源诅咒的框架下，本章分析了旅游发展对城市经济增长的直接和间接影响。在城市层面，一些证据表明"荷兰病"效应是高度依赖旅游业导致的结果。然而，物质资本投资是旅游业对经济增长产生正面间接影响的重要传导渠道。对于高度依赖旅游业的城市来说，这一证据更加明显。

一、问题的提出

"旅游发展促进经济增长假说"（TLGH）作为一种主流假说，反映出丰富的旅游资源已成为旅游丰裕地区比较优势的现实情况。尽管如此，人们注意到，旅游业发达、制造业薄弱的国家，如希腊和塞浦路斯，在当前的经济危机中首先遭遇重创。一个关键问题是：丰富的旅游资源禀赋与脆弱的经济增长之间的联系机制是什么？TLGH 文献主要关注旅游业与经济增长之间的产出弹性或因果关系。对高度依赖旅游业模式的潜在风险关注相对较少。本章试图从"资源诅咒"理论的角度来加深对 TLGH 的理解。资源繁荣对经济增长产生不利影响涉及四个主要传导渠道："荷兰病"效应、挤出效应、资源价格波动和制度质量恶化。

现有相关研究未能考虑到地方经济对旅游业的依赖程度。在 Holzner(2011)对 134 个国家的研究和 Deng 等(2014)对中国 30 个省份的研究中，旅游业在样本地区经济活动中所占比例相对较小。在这样一个相对较大的区域范围内，可能不容易观测到源自旅游业的"资源诅咒"的影响。本章在城市尺度上对这一问题进行了再探讨。以中国主要旅游城市为"旅游依赖型经济体"样本，考察了旅游业影响经济增长的传导渠道，发现旅游业对经济增长的影响可能更大。本章从两个方面扩展了关于 TLGH 的文献。首先，对中国旅游依赖型城市的"资源诅咒"风险进行了实证分析。以往关于中国旅游业的研究一般采用省级数据或单个城市的样本，而我们采用详细的城市数据来考察 TLGH 假说的稳定性。其次，将旅游业繁荣的潜在风险分析与"资源诅咒"理论联系起来，重点分析旅游依赖型经济。

二、关于"资源诅咒"效应的解释

"资源诅咒"描述了拥有丰富的自然资源的国家往往会经历缓慢的经济增长（Sachs 和 Warner，1995，2001）。对"资源诅咒"效应的解释可以分为四种传导途径，丰富的自然资源通过这四种传导途径阻碍经济增长。

其一，"荷兰病"效应。资源繁荣导致对非贸易产品和价格的高需求。蓬勃发展的部门可能会将生产性资源（劳动力和资本）从制造业部门吸引到资源丰富的部门，从而使工业化部门的状况恶化。

其二，挤出效应。来自资源繁荣的财富往往会挤出其他促进增长的活动，如投资和人力资本开发。

其三，资源价格波动。对资源收入的高度依赖造成了对全球价格冲击的脆弱性，特别是在小型开放经济体。

其四，制度质量恶化。来自自然资源的暴利往往通过诱发政治精英的腐败和寻租来损害制度质量。

上述"资源诅咒"的特征常常出现在石油、天然气和矿产等采掘业。旅游业与采掘业既有区别，又有相似之处。旅游业通过开发自然和人文景观资源（如自然景观和野生动物保护区）增加一个国家的财富。当旅游者到达旅游目的地时，旅游业将非贸易商品和服务转化为出口商品和服务。旅游业繁荣（源于供给冲击，如发现自然和文化遗产）与资源繁荣相当，通常伴随着自然资源出口的意外收入。这一特征具有重要意义，因为资源繁荣带来的暴利将直接影响经济行为。

三、研究区域和方法

（一）研究区域

自 1999 年以来，中国旅游业蓬勃发展。为了对旅游业进行监测和管理，中国国家旅游局收集了中国 50 个主要旅游城市的旅游信息，其中包括 4 个直辖市、27 个省会城市和 19 个热门旅游城市。这些城市包括中国的主要旅游目的地，因此代表了中国旅游中心的广泛分布。在其中一些城市，旅游业是城市经济中最重要的一个部门。表 2—1 显示了中国

50个主要旅游城市的旅游资源依赖度。

表2—1 中国50个主要旅游城市的旅游资源依赖度

序号	城市	旅游依赖度	序号	城市	旅游依赖度
1	丽江	69.76%	26	郑州	11.04%
2	三亚	65.23%	27	沈阳	10.82%
3	张家界	50.82%	28	乌鲁木齐	10.79%
4	黄山	44.94%	29	长沙	10.77%
5	北京	22.59%	30	苏州	10.24%
6	厦门	21.99%	31	福州	10.05%
7	贵阳	19.66%	32	重庆	9.99%
8	拉萨	18.14%	33	大连	9.93%
9	珠海	18.13%	34	太原	9.74%
10	上海	17.98%	35	青岛	9.56%
11	杭州	16.07%	36	宜昌	9.42%
12	南京	15.97%	37	温州	8.68%
13	昆明	14.56%	38	深圳	8.62%
14	海口	13.59%	39	长春	8.26%
15	西安	13.46%	40	哈尔滨	8.03%
16	秦皇岛	13.44%	41	合肥	7.58%
17	桂林	13.16%	42	呼和浩特	7.29%
18	广州	12.83%	43	济南	6.75%
19	天津	12.07%	44	西宁	6.74%
20	武汉	11.83%	45	泉州	6.41%
21	洛阳	11.75%	46	南昌	5.07%
22	南宁	11.50%	47	东莞	4.47%
23	成都	11.48%	48	银川	4.68%
24	宁波	11.10%	49	石家庄	4.00%
25	无锡	11.09%	50	兰州	3.78%

注:中国50个主要旅游城市的名单按旅游资源依赖程度排序。

(二)研究方法

本章试图理清自然资源诅咒文献中提出的几种影响。基于"资源诅咒"假说文献中采用的方法(Sachs 和 Warner,2001;Papyrakis 和 Gerlagh,2004,2007),本章提出一个分析旅游业影响经济增长的渠道的框架。该框架包括两个独立的阶段:

第一阶段:为了检验旅游业对经济增长的直接影响,我们采用传统的收敛回归方法,将旅游资源依赖作为解释经济增长的解释变量。增长模型采用以下形式:

$$g_i = \beta_0 + \beta_1 \ln Y_{i,0} + \beta_2 TOU_i + \beta_3 Z_i + V_i \qquad (2-1)$$

其中,g_i 是人均实际 GDP 的增长率。$\ln Y_{i,0}$ 是初始人均 GDP 的对数。TOU_i 是旅游业总收入与 GDP 之比。Z_i 是一组变量(增长相关特征,在资源诅咒文献中被确定为可能的传导渠道),包括:IND_i 是工业增加值产值与 GDP 的比值,表示工业化的速度;INV_i 是固定资产投资占 GDP 的比率,表示物质投资水平;CPI_i 是居民消费价格指数,表示各城市的相对价格水平;FDI_i 是外商直接投资与 GDP 的比值,表示经济的开放程度。β_0、β_1、β_2 和 β_3 表示系数,V_i 表示误差项。

第二阶段:为了检验旅游业对经济增长的间接影响,我们进行了另一组回归,其中四个传导渠道影响旅游业在经济增长中的作用。

$$Z_i = \gamma_0 + \gamma_1 TOU_i + \mu_i \qquad (2-2)$$

其中,Z_i 是解释变量;γ_0、γ_1 表示系数;μ_i 是误差项。

将式(2—2)代入式(2—1)得出:

$$g_i = (\beta_0 + \beta_3 \gamma_0) + \beta_1 \ln Y_{i,0} + (\beta_2 + \beta_3 \gamma_1) TOU_i + \beta_3 \mu_i + V_i \qquad (2-3)$$

其中,$\beta_2 TOU_i$ 表示旅游业对经济增长的直接影响;$\beta_3 TOU_i$ 表示旅游业对经济增长的间接影响。

(三)数据来源

我们收集了中国 48 个主要旅游城市的城市统计年鉴和《国民经济和社会发展统计公报(2000—2012)》的数据。由于国内旅游收入缺乏完整的统计数据,因此样本中不包括福州和拉萨。为了将大 N 小 T 面板数据转换为横截面数据,我们对 2000—2012 年期间的变量值进行了平均。

四、旅游城市的"资源诅咒"效应

为了检验我们的结果是否可靠,我们将整个样本分为两组:低组(N

=19,对旅游业的依赖程度≤10%,平均为7.32%);高组($N=29$,对旅游业的依赖程度>10%,平均为19.95%)。

表2—2　　　　　　　　　　计量经济回归结果

变量	总样本	低依赖度组	高依赖度组
$\ln Y_{i,t-1}$	−2.083 7*** (−3.42)	−3.378 3** (−2.65)	−1.585 7** (−2.58)
TOU	−0.0362 (−1.65)	0.2054 (1.14)	−0.0077 (−0.36)
IND	0.0716** (2.38)	−0.1247 (−1.74)	0.1057*** (3.83)
INV	0.0365* (1.85)	−0.0114 (−0.29)	0.0498** (2.44)
CPI	0.1609 (1.17)	−1.0233 (−1.06)	0.2177* (1.97)
FDI	0.1782** (2.22)	0.4699** (2.61)	0.1103 (1.51)
Constant	9.9611 (0.63)	150.8214 (1.52)	−2.9723 (−0.22)
Prob>F	0.0005	0.0816	0.0003
R-squared	0.4309	0.5575	0.6546
N	48	19	29

注:括号内为T统计量。***、**和*分别表示1%、5%和10%水平的显著性。

表2—3　　　　　　　　　　间接影响渠道

		channel(1) IND	channel(2) INV	channel(3) CPI	channel(4) FDI
总样本 ($N=48$)	Constant	43.745 0*** (25.99)	42.498 5*** (15.48)	102.463 3*** (308.70)	3.582 091*** (4.91)
	TOU	−0.408 8*** (−4.95)	0.574 9*** (4.27)	0.002 6 (0.16)	0.049 0 (1.37)
	Prob>F	0.000 0	0.000 1	0.874 0	0.176 6
	R-squared	0.347 9	0.284 1	0.000 6	0.039 3

续表

		channel(1) IND	channel(2) INV	channel(3) CPI	channel(4) FDI
低依赖度组 ($N=19$)	Constant	38.013 3*** (6.50)	47.109 6*** (3.89)	102.000 4*** (280.19)	0.857 6 (0.38)
	TOU	0.188 3 (0.24)	0.147 3 (0.09)	0.040 2 (0.84)	0.339 5 (1.14)
	Prob>F	0.809 7	0.927 5	0.412 8	0.268 4
	R-squared	0.003 5	0.000 5	0.039 8	0.071 5
		channel(1) IND	channel(2) INV	channel(3) CPI	channel(4) FDI
高依赖度组 ($N=29$)	Constant	45.659 1*** (17.85)	40.465 4*** (10.94)	102.716 9*** (172.39)	4.429 4*** (3.85)
	TOU	−0.460 0*** (−4.59)	0.628 1*** (4.33)	−0.004 0 (−0.17)	0.026 3 (0.58)
	Prob>F	0.000 1	0.000 0	0.866 7	0.565 0
	R-squared	0.438 1	0.410 2	0.001 1	0.012 4

注：括号内为T统计量。***、**和*分别表示1%、5%和10%水平的显著性。

表2—2和表2—3分别显示了根据方程(2—1)和(2—2)估计总样本、低依赖度分组和高依赖度分组的增长回归结果。

表 2—4　　　　　　　　　传导渠道的相对重要性

	传导渠道		β_3	γ_1	Contribution to $\beta_3\gamma_1$	相对重要性
总样本 ($N=48$)	channel(1)	Industrialization (IND)	0.071 6**	−0.408 8***	−0.029 270	−33.9
	channel(2)	Investment (INV)	0.036 5*	0.574 9***	0.020 984	24.3
	channel(3)	Inflation (CPI)	0.160 9	0.002 6	0.000 418	0.5
	channel(4)	Openness (FDI)	0.178 2**	0.049 0	0.008 732	10.1
		Total			0.000 864	
	传导渠道		β_3	γ_1	Contribution to $\beta_3\gamma_1$	相对重要性
低依赖度组 ($N=19$)	channel(1)	Industrialization (IND)	−0.124 7	0.188 3	−0.023 481	−25.2
	channel(2)	Investment (INV)	−0.011 4	0.147 3	−0.001 679	−1.8
	channel(3)	Inflation (CPI)	−1.023 3	0.040 2	−0.041 137	−44.1
	channel(4)	Openness (FDI)	0.469 9**	0.339 5	0.159 531	171.1
		Total			0.093 234	

续表

	传导渠道		β_3	γ_1	Contribution to $\beta_3\gamma_1$	相对重要性
高依赖度组 ($N=29$)	channel (1)	Industrialization (IND)	0.105 7***	−0.460 0***	−0.048 622	317.5
	channel (2)	Investment (INV)	0.049 8**	0.628 1***	0.031 279	−204.3
	channel (3)	Inflation (CPI)	0.217 7**	−0.004 0	−0.000 871	5.69
	channel (4)	Openness (FDI)	0.110 3	0.026 3	0.002 901	−18.9
	Total				−0.015 313	

注：***、**和*分别表示1%、5%和10%水平的显著性。

表2—4描述了各传导渠道的规模和相对重要性，用于解释旅游业对经济增长的间接影响。在总样本中，旅游资源依赖度与产业发展呈负相关，与物质投资呈正相关，在1%的水平上具有显著的统计学意义。在低依赖度组，四个传导渠道似乎都不明显。然而，在高依赖度组，结果与我们对总样本城市统计的结果相似。唯一不同的是，两个传导渠道（工业化、投资）的规模和相对重要性在高度依赖度组中较高。这说明对旅游业依赖程度较高的城市去工业化现象较为严重。由此推断，我国城市旅游业存在"荷兰病"效应。旅游业的繁荣及其带来的旅游收入的激增会推高旅游部门的工资，从而将生产性资源（劳动力和资本）从其他行业中抽离，或对它们施加更高的工资成本。因此，蓬勃发展的旅游业恶化了工业化部门的状况。在经历了过去十年的旅游业繁荣之后，许多旅游城市未能发展出强大的工业部门。

然而，与采掘业不同（Papyrakis和Gerlagh，2004；Papyrakis和Gerlagh，2007），我们没有发现任何证据表明旅游资源依赖性降低了物质投资。相反，物质投资是旅游业对经济增长产生积极间接影响的最重要的传导渠道。旅游业的繁荣可以导致旅游相关部门的迅速扩张，从而吸引对旅游基础设施项目的投资。

五、结论与讨论

近年来的实证研究试图讨论旅游业与经济增长的关系。本章通过运用"资源诅咒"理论分析高度依赖旅游业发展对整体经济的潜在风险。在宏观层面上，基于旅游业的"资源诅咒"的症状并不容易辨别。利用2000年至2012年中国城市层面的数据，我们发现一些证据表明，由于高度依赖旅游业，"荷兰病"症状是存在的。以旅游业总收入占GDP的比重来衡量，过度依赖旅游业似乎与去工业化有关。分组样本对旅游业的依赖程度越高,回归检验的结果越有说服力。

　　旅游业繁荣带来的暴利可能会产生一种错误的经济安全感,并导致政府忽视制定良好经济政策以应对潜在风险的必要性。对政策制定者来说,了解旅游业繁荣所产生的间接影响是很重要的。在旅游业构成单一结构经济的主要旅游城市,避免旅游城市"资源诅咒"的解决办法是使其经济多样化。旅游业繁荣带来的收益可以用来帮助发展经济多样化。

第三章 旅游产业依赖与全要素生产率增长
——基于"资源诅咒"假说的检验

"旅游发展促进经济增长假说"(TLGH)在强调旅游业对地区"经济提速"的同时,较少关注其对"经济提质"的影响,同时也忽略了旅游经济依赖面临的潜在风险。本章使用 2002—2014 年城市层面数据,根据城市规模与旅游产业依赖度两个维度,从全国 290 个地级及以上城市中筛选出 30 个经济对旅游业产生较高依赖的城市作为研究样本。本章以 DEA-Malmquist 指数法计算全要素生产率(TFP),借鉴"资源诅咒"理论分析框架,使用计量经济学方法,从经济增长质量的角度研究了旅游业"资源诅咒"效应的存在性及其影响机制,研究结果表明:(1)在中小型旅游依赖型城市中,旅游产业依赖度与城市 TFP 增长表现出明显的 N 型曲线关系,即旅游产业依赖可能会对城市 TFP 增长产生先促进、后抑制、再促进的效应。(2)旅游产业依赖会通过制造业发展和对外开放程度这两个因素对 TFP 增长产生间接影响。其中,"荷兰病"效应是旅游业产生"资源诅咒"效应的重要原因,而提高地区对外开放水平是规避旅游业"资源诅咒"效应的关键因素。本章认为今后应加大对旅游与经济深层次作用机制的分析,研究重点要从"能否促进"向"如何促进"转变。

一、问题的提出

尽管"旅游发展促进经济增长假说"已经得到了政府和学术界的广泛认可(赵磊,2012;Castro-Nuño 等,2013;Brida 等,2016;邓涛涛等,2017),然而,近年来一些高度依赖旅游业的经济体却出现了经济增长放缓甚至衰退的现象。一个明显可见的事实是:全球金融危机爆发后,首先倒下的是希腊、塞浦路斯等一批拥有发达旅游业与弱小制造业的国家。这种现象固然与旅游业自身面对自然、经济危机的脆弱性有关,同时也与 TLGH 的内在作用机制有着重要关系。

目前学术界关于 TLGH 的实证研究主要集中在两个方面:一是基于

协整检验、Granger 因果检验等方法（Kim 等，2006；杨勇，2006；Schubert 等，2011；罗文斌等，2012；隋建利等，2017），探究旅游业发展和经济增长的因果关系；二是基于计量经济学中的各种回归模型（Chang 等，2012；吴玉鸣，2014；张攀等，2014；赵磊，2015；Vita 等，2016；赵磊等，2017；Zuo 等，2017；Shahzad 等，2017），测算旅游业对经济增长的贡献程度。然而，在对 TLGH 的实证检验中，Oh（2005）针对韩国旅游业、Katircioglu 等（2009）针对土耳其旅游业的研究却发现，TLGH 并不成立。这两篇文章相继发表在旅游研究国际期刊《旅游管理》（*Tourism Management*）上，形成了比较大的学术影响力，由此也引发了研究者们对 TLGH 成立条件、内在机制的探讨。Song 等（2012）也明确指出，TLGH 在实证中还存在争议，格兰杰因果检验仅能证明数据存在统计意义上的因果联系，并不能真正揭示旅游发展与经济增长的内在因果关系。因此，理解和厘清 TLGH 争议的关键就要从研究 TLGH 影响机制入手。旅游发展通过哪些渠道直接和间接影响经济？一个经济体若长期依赖旅游业是否会出现不利影响？这两个涉及 TLGH 影响机制的问题就成为当前学术研究中亟待解决的重要问题。

关于旅游业快速扩张可能引发的负面影响，学术探讨主要集中在"荷兰病"效应上（即"去工业化"问题）。理论研究方面，Copeland（1991）、Nowak 等（2003）和 Chao 等（2004）使用一般动态均衡模型，发现小型开放经济体中旅游业过快发展可能会对制造业产生"挤出效应"。实证研究方面，Sheng 等（2009）针对澳门博彩旅游业、Capó 等（2007）针对西班牙两个著名旅游岛的研究发现，旅游业过度繁荣会对制造业发展产生抑制作用。左冰（2015）在对中国著名旅游城市桂林进行研究时指出，如果政府不出台产业政策对经济进行干预，旅游业过快发展会对工业投资资本产生挤出效应，进而导致制造业的衰落。

"荷兰病"效应是"资源诅咒"理论分析的一个重要影响机制。"资源诅咒"是资源经济学中的一个重要概念，主要是指丰裕的自然资源对经济增长产生的不利影响。Sachs 等（2001）和 Papyrakis 等（2004；2007）均证实了资源丰裕度与经济增长存在一定负相关关系。目前关于"资源诅咒"的影响机制研究可归为四类：(1)"荷兰病"效应（Sachs 等，2001）；(2)对人力资本的挤出效应（Kurtz 等，2011；杨莉莉等，2014）；(3)制度环境恶化（邓明等，2016）；(4)经济结构单一性难以抵御经济波动（Gylfason 等，1999）。国内自徐康宁等（2006）引入"资源诅咒"概念后，邵帅等（2008）、邵帅等(2010)、张在旭等(2015)和何雄浪等(2016)分别对资源开发与经济增长之间的关系进行了实证检验,研究结果均证实了中国也存在"资源诅咒"效应,煤炭、石油等资源产业依赖抑制了地区经济增长。[①] 此外,"资源诅咒"效应也开始应用在农业虚拟水(刘红梅等,2009)、房地产(范言慧等,2013)、社会资本(万建香等,2016)、耕地资源(张志刚,2018)等非传统资源型产业研究中。

旅游资源虽然与煤炭、石油等自然资源存在一定差别,但可将其视为一种特殊的自然资源加以研究(朱希伟等,2009;Holzner,2011;左冰,2013;Deng 等,2014)。本章关心的核心问题是:地区经济对旅游资源的依赖行为是否会导致"资源诅咒"现象。在完整的"资源诅咒"理论框架下,已有研究者开始探索旅游业快速扩张引起的经济净福利效应。例如,Holzner(2011)利用 1970—2007 年全球 134 个国家数据来研究旅游业快速扩张对经济增长的直接效应,他认为,虽然从长期(38 年)来看旅游发展不会导致"资源诅咒"现象,但也特别指出中短期影响还有待进一步观察。Deng 等(2014)分析了 1987—2010 年中国 30 个省份的数据后指出,从省级层面看,旅游业发展并未产生明显的"荷兰病"效应;相反,旅游业发展会带动地区固定资产投资,从而对旅游目的地经济产生积极影响。然而,在分样本研究中,他指出,如果地区经济活动中旅游业占据主导作用,可能更容易发现旅游业"资源诅咒"效应的存在。

以上研究无疑加深了学术界对 TLGH 的理解,但现有研究还存在三个值得进一步拓展的地方:一是理论机制分析需要加强。国内研究虽然开始关注旅游发展中可能出现的"荷兰病"效应,但对于其他间接影响机制很少提及,且当前研究主要为单个案例研究,基于完整"资源诅咒"理论框架探讨旅游产业依赖潜在风险的研究还极为缺乏。二是实证样本选取有待细化。当前研究中有些样本的旅游收入占 GDP 比值都远远低于 5%,如 Holzner(2011)和 Deng 等(2014),这说明旅游业在经济结构中远未占据主导地位。严格来讲,根据"资源诅咒"理论中关于资源依赖的内涵,这些样本尚不能称为旅游依赖型经济体(Tourism-Dependent Economies),因此得出的也只能是一个综合结论。三是 TLGH 研究对象要进一步拓展。目前,国内外研究者主要围绕旅游业扩张如何影响经济增长

[①] 有研究认为,"资源诅咒"效应在中国并不明显(方颖等,2011)。争议在于如何度量自然资源依赖度。

速度来讨论。然而,新常态下的中国旅游经济发展无疑应更加注重经济增长的质量,而不再是以往粗放式发展模式下片面追求经济增长的速度。当前,旅游业已成为中国发展势头最强劲、规模最大的产业之一,一些城市(比如黄山、丽江)借助旅游大开发的东风,凭借高品质的人文、自然景观资源迅速崛起,整个城市在经济和就业方面都对旅游业产生了严重依赖。那么,就经济增长质量或进一步增长潜力而言,这些高度依赖旅游业发展的地区是否已经出现了"资源诅咒"效应?旅游产业依赖会通过哪些渠道促进或抑制经济增长效率?这正是本章要揭示的两个学术问题。

基于现有研究不足,本章将在以下三个方面进行深化:

第一,加强旅游业对经济影响的理论分析。一方面,本章从全要素生产率(Total Factor Productivity,TFP)增长来源的角度切入,分析了旅游业对 TFP 增长的直接影响机制;另一方面,借鉴"资源诅咒"的分析框架,本章探索旅游业对 TFP 增长可能的间接影响渠道。

第二,样本选择上进行创新探索。结合"资源诅咒"理论中关于资源依赖的内涵,本章从城市规模、城市职能定位切入,缩小研究的空间尺度,使用 2002—2014 年城市层面数据,从全国 290 个地级及以上城市中筛选出 30 个旅游业在其经济结构中占主导地位的样本,从城市层面来分析以得到更准确的结果。

第三,研究对象进一步深化。本章认为,经济增长的关键是全要素生产率。TFP 包含了技术进步、要素配置效率、产业结构优化等影响经济发展的多个因素。因此,本章以 DEA-Malmquist 指数计算出全要素生产率来衡量经济增长的质量,研究旅游产业依赖的增长效应。

二、旅游业发展对全要素生产率的影响机制分析

(一)旅游业发展对 TFP 增长的直接影响

TFP 的来源主要包括三个方面:技术提高、效率改善和规模效应。旅游业发展对 TFP 增长的直接影响如表 3—1 所示。

表 3—1　　　　　　旅游业发展对 TFP 增长的直接影响机制

	促进作用	抑制作用
技术水平	新型旅游模式与科技结合	传统旅游模式技术含量低
生产效率	高附加值	生态破坏、环境污染、季节性强

续表

	促进作用	抑制作用
规模效应	高产业关联度有利于产业扩张	盲目扩张容易导致旅游产品同质化

资料来源:作者整理。

第一,技术水平。旅游业发展初期,主要提供传统观光式旅游产品,发展模式是将旅游资源开发为景区,通过景区门票赚取收入。这种模式对技术水平的要求不高,容易导致政府和旅游从业人员对技术和研发投入缺乏重视,无疑对当地生产技术水平的提高造成阻碍。然而,随着旅游业发展升级,一些新型旅游发展模式也逐渐出现,例如,"互联网+"概念下移动互联网、大数据、云计算、物联网等开始在旅游业中应用,直接刺激了较高的技术需求,旅游业开发逐渐从观光式旅游向体验式旅游转变。在旅游业转型升级的压力下,政府会加大对技术和研发的投入,从而推动了地区技术水平的提高,促进 TFP 的增长。

第二,生产效率。对旅游资源的要素投入常常能够获得比较高的回报,这有利于比较高效地进行资源配置和利用。然而,旅游开发中也常会出现一些对生产效率有负面影响的问题。首先,对于自然资源景区开发,如果超过景区承载力容纳太多游客,给景区的生态环境造成了极大破坏,将严重影响旅游业的可持续发展。其次,旅游业具有极强的季节性特征,旅游淡季和旺季的客流量具有很大差异。如果不能及时随着淡旺季调节景区生产活动,常会导致生产浪费或者生产不足,对生产效率造成极大的影响。

第三,规模效应。旅游业具有综合性强、产业关联度高的特点,因而旅游业的发展常常会带动相关产业同步发展,形成区域旅游产业综合体。在基础设施和配套设施逐渐完善的基础之上,旅游产业规模迅速扩大,从而有利于发挥规模效应。然而,地方政府和开发商若盲目对景区进行开发,容易造成旅游产品同质化,反而降低了地区旅游产品的吸引力,不仅没有打开新的市场,反而造成大量建设资金的浪费。

(二)旅游业发展对 TFP 的间接影响

作为资源依赖型产业,旅游业可能通过多种因素间接对 TFP 增长产生影响(见表3—2)。

表 3—2　　　　　　　旅游业发展对 TFP 增长的间接影响机制

	促进作用	抑制作用
制造业发展水平	再工业化与深工业化:旅游迅速发展创造大量收入,吸引制造业企业入驻,形成技术外溢以及规模效应	"荷兰病"效应:通过要素分配和要素价格挤压制造业发展,抑制企业研发创新能力,阻碍技术进步
人力资本	高端旅游对技术及人才的需求,吸引人力资本投入	传统旅游业对劳动力素质要求不高,忽视人力资本投入
制度环境	政府规划:从宏观角度高效配置资源;通过完善基础设施以减少地区要素流动成本,提高要素配置效率 对外开放:吸引外资力量进入,形成技术扩散、示范作用等	政府干预:资源部门繁荣诱使寻租活动;对经济的过度干预影响市场效率

资料来源:作者整理。

借鉴"资源诅咒"的分析框架,具体而言:

第一,制造业发展水平。制造业具有明显的"干中学"特征,对技术创新有强烈的需求、有更高的技术溢出效应,这对推动 TFP 增长具有重要作用。然而,旅游业依赖于旅游资源的开发,相对于制造业来说,对创新能力缺少需求,技术溢出效应较弱。旅游业对制造业的挤压,主要体现在以下三个方面:(1)地区发展政策对旅游业的偏向性和旅游产业高回报的吸引力,导致旅游部门获得更多的要素,制造业能够获得的生产要素被旅游部门挤占;(2)旅游业发展导致要素价格上涨,使制造业承担了更高的生产成本、压缩了利润空间;(3)旅游商品和服务的大量出口造成汇率上升,导致制造业的国际竞争力下降,出口结构进一步向旅游业偏重。在这三种效应的共同作用下,制造业逐渐衰退,导致地区整体的技术创新水平被拉低,进而影响全要素生产率。然而,旅游业快速发展创造的大量收入也可以用于制造业的发展。通过再工业化(Re-industrialization)(Zeng 等,2011),推动地区的技术水平重新发展,从而对 TFP 提升产生正面影响。

第二,人力资本。大多数旅游城市依赖景区开发,实现门票创收。这种发展模式吸收了大量工作技能相对较低的劳动者,可能致使当地政府对高素质劳动力的重视不足,忽视对当地的人力资本投入,继而影响该地区的创新能力以及技术水平。但是随着城市旅游业的发展和旅游模式的创新,游客数量的迅速增加,对旅游行业劳动力素质也提出了越来越高的要求,因此,旅游业快速发展也可能在一定程度上促进人力资本的发展;另外,旅游资源的可持续是有条件的可持续,无论是自然景区的保护、动植物资源的考察研究、历史文物的修缮维护、历史文化的考察研究等，都对技术水平提出了较高的要求，因此会直接促进人力资本和技术水平的发展，从而促进TFP增长。

第三，制度环境。虽然政府对经济的过分干预会影响市场对要素的配置效率，但在某些情况下，市场调节的盲目性和滞后性也必须由政府力量进行弥补。尤其是在基础设施建设方面，政府能够从宏观角度进行规划，通过推动基础设施建设，减少要素流通成本、提高要素配置的效率。旅游城市的特殊性在于旅游景区的开发需要从城市整体发展的角度进行规划，因此往往伴随着城市基础设施的同步建设，从而对TFP增长产生促进作用。然而，从长远角度看，如果城市的景区开发已经完善，此时对政府介入的需求就会降低，会吸引更多市场力量的加入，逐渐"挤出"政府的力量。同时，一旦政府对经济的干预力度过大，就会导致搅乱市场正常的秩序，甚至还有可能出现政府寻租行为，严重影响市场竞争和效率，对TFP增长产生抑制作用。外资进入除了能够带来资金外，还能够带来先进的技术水平和管理经验，这些会对当地企业形成良好的示范作用。此外，外资企业进入也有利于自由竞争市场的形成，对要素配置效率的提高起到促进作用。就旅游城市而言，随着旅游业的发展，地区知名度会逐渐提高，容易吸引越来越多的外资加入。外资带来的技术扩散效应、示范模仿效应等作用，都会对TFP增长产生积极作用。

第四，经济波动性。经济的稳定性是保证经济健康发展的基础。如果经济剧烈波动，则会导致市场无法有序运行，资源配置效率也会受到显著影响。对旅游城市而言，对旅游业的高度依赖可能会导致整体经济结构单一，增加了外部冲击可能带来的风险。由于旅游资源开发具有较强的垄断性，旅游产品定价不像传统矿产资源那样易受国际价格波动的影响。国内旅游产品定价具有一定的自主性和稳定性，因此能够在一定程度上抵御外部的冲击。由于本章研究的是国内的城市，这些城市所受到的外部经济影响大体相同，汇率的变化对不同城市的影响不具有明显差异，因此无法在现有数据上分析经济波动作为传导途径对TFP造成的影响。

根据以上分析，我们认为，旅游发展既会对TFP增长产生直接影响，也会通过多种因素对TFP增长形成间接作用。具体的影响机制如图3—1所示。

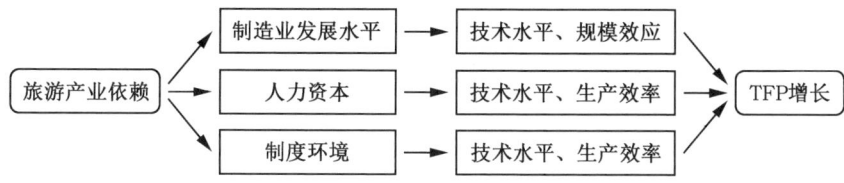

资料来源:作者绘制。

图 3—1　旅游产业依赖对 TFP 增长的影响机制框架

三、样本选取与模型构建

(一)样本选取

旅游城市包括两类:一类是北京、上海、杭州等经济发展水平高且旅游产业规模大的城市。这类城市拥有巨大的游客接待量和旅游收入,其定位是随着城市经济发展到一定程度、旅游职能地位逐渐上升而产生的。然而,这类城市的旅游业虽然总体发展水平很高,但是旅游业在其经济总量中的占比并不是特别突出。另一类旅游城市是原本经济发展较落后、依靠旅游资源开发带动发展的中小城市。这类城市的特征是旅游收入在经济总量中占比很高,如三亚、黄山、桂林等城市。这两类城市都属于旅游城市,但是我们认为,后者的旅游业具有更高的专业化(发展)水平。

需要说明的是,旅游专业化(发展)水平与旅游产业依赖度在内涵上有相似之处。旅游研究中,一般采用旅游收入占 GDP 比重[①]来衡量一个地区旅游专业化(发展)水平或旅游产业依赖度。旅游产业依赖度反映了地区经济对旅游业的依赖程度,具体体现在旅游业对地区经济结构、就业结构等方面的影响。本章参考 Holzner(2011)、Deng 等(2014)的研究,从产业依赖的角度出发,使用"旅游产业依赖度"这一概念描述旅游业在地区经济中的作用。

本章依据旅游产业依赖度和城市规模两个维度,从全国 290 个地级及以上城市样本中,选取在 2002—2014 年期间平均旅游产业依赖度大于

---

①　严格来讲,旅游收入是旅游相关产业的总产值,GDP 为国内生产总值,两者不具有可比性。然而,旅游产业关联度广,涉及餐饮、旅行社、景区等多个细分行业,目前国内外都缺少统一的旅游产业增加值统计数据。国内外研究文献大多采用旅游收入占 GDP 的比重作为旅游产业依赖程度的衡量指标。从数值上来说,尽管该指标不代表 GDP 中旅游产业的贡献比例,但在很大程度上仍然能够反映旅游产业在城市经济中的地位。

10%,同时城区人口在100万以下①的城市为研究样本。剔除部分数据统计有严重缺失的城市样本,最终我们挑选出30个地级市作为样本(见表3—3),文中相关数据主要来源于《中国区域统计年鉴》《中国城市统计年鉴》,个别数据通过各省市统计年鉴以及各城市国民经济和社会发展统计公报进行了补充。

表3—3　　　　　样本城市2002—2014年平均旅游依赖度

序号	城市	旅游依赖度	序号	城市	旅游依赖度
1	丽江	0.831 2	16	景德镇	0.156 4
2	三亚	0.640 2	17	丽水	0.153 1
3	黄山	0.621 1	18	晋中	0.146 1
4	张家界	0.470 2	19	湖州	0.145 0
5	池州	0.388 9	20	云浮	0.141 0
6	安顺	0.387 2	21	南平	0.136 8
7	舟山	0.248 5	22	辽阳	0.136 0
8	丹东	0.236 9	23	安庆	0.130 2
9	忻州	0.218 3	24	梅州	0.129 5
10	乐山	0.214 3	25	遂宁	0.127 3
11	葫芦岛	0.173 2	26	河源	0.124 8
12	本溪	0.170 4	27	广元	0.124 5
13	秦皇岛	0.167 9	28	遵义	0.119 1
14	桂林	0.163 0	29	贺州	0.115 9
15	开封	0.157 4	30	商洛	0.108 3

注:样本中个别城市虽然不具有全国知名的旅游吸引物,但这些城市本身经济规模小,旅游业在其经济中占有重要地位。地区经济对旅游业产生了较高的依赖程度。

资料来源:作者计算。

从城市的空间分布来看,样本城市大多集中在东中部地区(尤其聚集

---

① 本书样本的选取与Brau等(2007)的研究有一定的相似之处。另外,Copeland(1991)、Nowak等(2003)和Chao等(2004)采用一般动态均衡模型进行理论分析时,均将小型开放经济体作为研究对象,因此本书选取样本时也根据城市规模进行筛选。根据我国城市规划划分标准,城区常住人口100万以下的城市为中型城市和小型城市。因此,本书的研究样本也可以称作中小型旅游产业依赖型城市。

于浙江、安徽、广东、四川等旅游大省内),少数分布在西部地区。其中,丽江、三亚、黄山这三个城市的旅游产业依赖度相当突出,城市发展几乎完全围绕旅游业开展,旅游业在其经济结构中起着绝对的支撑作用。

(二)计量模型构建

本章研究旅游产业依赖对 TFP 增长的影响及其作用机制,分两步展开:一是研究旅游产业依赖是否会对 TFP 增长有显著影响;二是在此基础上分析产业依赖影响 TFP 增长的作用机制。

1. 旅游产业依赖对 TFP 增长的影响模型

我们首先建立旅游产业依赖对 TFP 增长影响的回归模型:

$$TG_{i,t} = \beta_0 + \beta_1 DT_{i,t} + \beta_2 DT_{i,t}^2 + \beta_3 DT_{i,t}^3 + \beta_4 Z_{i,t} + \beta_5 X_{i,t} + V_{i,t} \quad (a)$$

模型(a)中,TG 代表 TFP 指数,利用 DEA-Malmquist 指数法测算,以 2002 年为基期的固定资产投资及年末社会从业人员为投入指标、以 2002 年为基期的 GDP 为产出指标进行计算,用来衡量地区经济增长质量。DT 代表旅游产业依赖度,用城市旅游总收入与 GDP 比值来计算,该变量衡量了旅游业在整体经济中的重要程度。Z 为预测的传导机制变量,其中包括:MD 代表制造业发展水平,本章参考徐康宁等(2006)、邵帅等(2010)的研究,采用制造业从业人员占总从业人员比重进行衡量,将其作为"荷兰病"作用的测度指标,预期对 TFP 增长的回归系数符号为正;HC 代表人力资本水平,考虑到部分城市缺少高等教育相关设施,因此用城市普通中等及高等学校在校学生数占当地总人口的比重进行衡量,预期对 TFP 增长的回归系数符号为正;G 代表财政支出,用扣除科技教育支出后的财政支出占 GDP 的比重进行计算,衡量了政府对整体经济的干预程度,由于旅游城市中财政支出很大一部分用于景区及配套设施建设,因此该指标在一定程度上也衡量了地区的基础设施建设水平,该变量对 TFP 增长的影响暂时无法明确;FDI 代表了城市的对外开放程度,用外商直接投资占 GDP 比重进行计算,预期对 TFP 增长的回归系数符号为正。X 代表基本控制变量,包含了 RD 这个指标,代表城市的科研水平,用科研相关从业人员占总从业人员比重进行计算,衡量了城市高素质人才的储备水平和科研水平,用此指标测度城市的科研支出对 TFP 增长的作用,预期对 TFP 增长的回归系数符号为正。V 表示误差项。

2. "资源诅咒"传导机制模型

为进一步验证旅游产业依赖对 TFP 增长的传导机制,我们建立如下模型:

$$z_{i,t} = \alpha_0 + \alpha_1 DT_{i,t} + \gamma_1 Y_{i,t} + \mu_{i,t} \tag{b}$$

模型(b)中，z 代表了上述某个传导机制变量(包含 MD、HC、G、FDI)，Y 为控制变量。该模型分别估计了旅游产业依赖度对可能的传导机制变量的影响，从而验证"资源诅咒"的主要传导机制是否适用于旅游产业以及各个传导机制作用效果如何。

我们将模型(b)代入模型(a)中，可以得到旅游依赖型城市"资源诅咒"的综合模型：

$$\begin{aligned} TG_{i,t} &= \beta_0 + \beta_1 DT_{i,t} + \beta_2 DT_{i,t}^2 + \beta_3 DT_{i,t}^3 \\ &\quad + \beta_4 (\alpha_0 + \alpha_1 DT_{i,t} + \gamma_1 Y_{i,t} + \mu_{i,t}) + \beta_5 X_{i,t} + V_{i,t} \\ &= (\beta_0 + \alpha_0 \beta_4) + (\beta_1 + \alpha_1 \beta_4) DT_{i,t} + \beta_2 DT_{i,t}^2 + \beta_3 DT_{i,t}^3 \\ &\quad + \beta_4 \gamma_1 Y_{i,t} + \beta_5 X_{i,t} + \beta_4 \mu_{i,t} + V_{i,t} \end{aligned} \tag{c}$$

模型(c)中，β_1、β_2、β_3 代表旅游产业依赖对 TFP 增长的直接效应，$\alpha_1 \beta_4$ 代表旅游产业依赖对 TFP 增长的间接效应。

四、计量结果与分析

(一)旅游产业依赖对 TFP 增长的直接效应分析

本章首先对模型(a)进行回归，分别向模型中加入仅包含旅游产业依赖度的一次项、二次项和三次项，结果如表3—4所示。可以看出，在仅包含旅游产业依赖度 DT 及其二次项的模型中，旅游产业依赖对 TFP 增长的影响并不显著。然而，加入三次项后，可以看到旅游产业依赖对 TFP 增长产生显著的影响，即旅游产业依赖度一次项显著促进 TFP 增长、二次项显著抑制 TFP 增长、三次项显著促进 TFP 增长。这说明随着旅游业的发展和深化，旅游产业依赖可能会对城市 TFP 的增长产生先促进、后抑制、再促进的影响，表现出明显的 N 型曲线关系。

表3—4　　　　旅游产业依赖对 TFP 增长的回归结果

变量	模型1 TG	模型2 TG	模型3 TG
DT	0.018 0 (0.281 7)	0.134 7 (1.126 9)	0.416 5** (2.551 7)
DT^2		−0.115 5 (−1.434 1)	−0.805 7** (−2.634 2)
DT^3			0.379 8** (2.357 5)

续表

变量	模型 1 TG	模型 2 TG	模型 3 TG
MD	0.478 1* (2.018 7)	0.501 5** (2.193 1)	0.549 6** (2.454 7)
HC	0.165 4 (0.231 5)	0.302 0 (0.424 1)	0.323 8 (0.458 0)
G	0.145 5 (1.121 0)	0.119 2 (0.939 0)	0.092 7 (0.755 9)
FDI	0.404 2* (1.989 7)	0.417 6** (2.107 2)	0.458 8** (2.606 4)
RD	11.446 2*** (2.799 0)	11.412 6** (2.713 2)	10.291 5** (2.422 4)
常数项	0.808 7*** (11.809 0)	0.784 1*** (10.837 6)	0.766 7*** (11.377 2)
观测值	360	360	360

注：***、**和*分别表示1％、5％和10％水平的显著性。

为了得到更稳健的回归结果，在模型(a)的基础上，本章运用固定效应模型对样本数据进行控制变量的逐步回归，进一步对旅游产业依赖对TFP增长的影响进行研究。如表3—5所示，旅游产业依赖程度 DT 及其二次项、三次项都对TFP增长指数始终表现出显著的影响，旅游产业依赖与TFP增长之间呈现N型关系。可能的原因在于，研究期间内中国旅游业正处在一个"井喷式"发展过程，旅游产业扩张和发展速度远超一般产业的正常发展速度，因此能够在短期内观测出旅游产业依赖对TFP的不同影响。

表3—5　　　　旅游产业依赖对TFP增长的逐步回归结果

变量	模型 1 TG	模型 2 TG	模型 3 TG	模型 4 TG	模型 5 TG	模型 6 TG
DT	0.462 4*** (3.361 6)	0.558 1*** (3.640 3)	0.576 7*** (4.185 1)	0.563 1*** (4.364 4)	0.622 1*** (5.160 9)	0.416 5** (2.551 7)
DT^2	−0.880 7*** (−3.739 2)	−0.996 4*** (−3.828 5)	−1.000 1*** (−3.915 8)	−0.989 6*** (−4.128 0)	−1.146 5*** (−4.936 4)	−0.805 7** (−2.634 2)
DT^3	0.449 2*** (4.008 3)	0.497 0*** (4.004 9)	0.492 7*** (3.850 9)	0.488 4*** (4.031 1)	0.565 4*** (4.675 6)	0.379 8** (2.357 5)
MD		0.778 1*** (3.519 2)	0.788 9*** (3.560 9)	0.793 7*** (3.542 9)	0.811 2*** (3.514 3)	0.549 6** (2.454 7)

续表

变量	模型 1 TG	模型 2 TG	模型 3 TG	模型 4 TG	模型 5 TG	模型 6 TG
HC			0.442 6 (0.543 5)	0.436 2 (0.523 7)	0.616 0 (0.935 3)	0.323 8 (0.458 0)
G			0.032 2 (0.256 2)	0.062 8 (0.519 9)	0.092 7 (0.755 9)	
FDI					0.505 2*** (4.435 7)	0.458 8** (2.606 4)
RD						10.291 5** (2.422 4)
常数	0.954 1*** (53.003 8)	0.844 7*** (21.975 4)	0.810 0*** (11.860 7)	0.807 6*** (11.769 0)	0.775 0*** (13.567 5)	0.766 7*** (11.377 2)
观测值	360	360	360	360	360	360

注：***、**和*分别表示1%、5%和10%水平的显著性。

综上可见，旅游产业依赖对 TFP 增长的影响并非 TLGH 理论所描述的单纯的促进作用，也不是传统矿产资源型产业对经济的"资源诅咒"。究其原因，可能在于旅游业既有传统资源型产业的部分特征，又具备第三产业的特有性质。本章研究发现，样本城市的旅游业发展大体可以分为三个阶段：第一阶段，与传统资源型产业相似，旅游业的快速增长源于旅游资源的开发，通过吸引游客、赚取门票收入、带动相关消费行业的发展在短时间内创造大量收入，带动该地区的经济迅速起步。在这一阶段，旅游业吸引了大量生产要素的流入，因此在旅游业发展初期，对旅游资源的依赖能够显著促进地区的 TFP 增长。然而，与传统资源型产业类似，在这种旅游发展模式下，行业生产的都是比较初级的产品，技术含量较低，带动的相关行业也是附加值相对较低的低端消费行业。这一模式下的旅游产业生产模式比较简单，对技术并没有很高的要求，造成居民对技术和研发的重视程度不足。第二阶段，由于地方政府将大部分资源投入旅游业，忽视了对技术的投入与积累，导致地区技术的发展受到了限制，技术水平得不到提高。此外，地方政府及开发商试图从旅游业中获取更多收益，因此常常盲目地对旅游产业进行扩张，导致旅游景区"同质化"愈发严重，对游客的吸引力逐渐降低。这一时期的旅游业进入了一种"粗放型"发展模式，依靠对产业的高投入来拉动地区的经济发展，造成了一定程度的资源浪费，影响了社会的生产效率，抑制了 TFP 的增长。第三阶段，随着旅游专业化程度的不断提高，旅游业的发展模式也会随着市场需求而不断变化,同时旅游产业也在寻求自身的转型升级。旅游城市定位会逐渐明确,追求城市的特色旅游产品。在这一阶段,地方政府及开发商更愿意将资源投入到某个特色领域,追求旅游产业在该领域的高端化、专业化,以高端旅游产品及配套服务吸引游客并从中获取高附加值,对资源进行了有效的配置和高效的利用,因此对 TFP 的增长又起到了推动作用。

同时,从表 3—4、表 3—5 可以看出,制造业发展水平 MD 和对外开放程度 FDI 均对 TFP 增长表现出显著的影响,而人力资本水平 HC 和财政支出 G 对 TFP 增长的影响并不显著。制造业发展水平以及对外开放程度均对 TFP 增长有显著的正向作用,制造业发展水平对技术进步、效率提高的推动都促进了 TFP 的增长。对外开放程度在一定程度上提高了地区的市场自由竞争程度,促使资源实现有效的配置,因此促进了 TFP 的增长。基于这一回归结果,我们可以认为,旅游产业依赖对 TFP 增长产生间接效用的潜在传导机制包括了制造业发展水平和对外开放程度。

(二)旅游产业依赖对 TFP 增长的间接影响机制分析

在模型(b)的基础上,本章分别以制造业发展水平 MD、对外开放程度 FDI 作为被解释变量,对旅游产业依赖度进行回归。以往研究大多采用静态的一元回归模型来研究传导机制变量的作用效果,本章针对不同的传导机制变量,在回归模型中分别加入了与被解释变量密切相关的因素作为控制变量,以保证回归结果更加稳健和准确。我们认为,城市的交通条件、劳动力成本以及科研水平都是吸引制造业企业入驻的有利因素,并且对制造业的发展有重要的促进作用,因此将这几个因素作为控制变量纳入回归模型;同时,城市的固定资产投资水平、财政收入水平以及劳动力成本都是吸引外商直接投资的重要因素,因此,我们认为将这些因素纳入模型能够较好地解释对外开放程度 FDI 所受到的影响。具体指标说明如表 3—6 所示。

表 3—6　　　　　　　　　　　指标说明

变量	含义	指标说明
TC	交通条件	道路面积占城市面积比重
GI	财政收入水平	财政收入占 GDP 比重
FI	固定资产投资水平	固定资产投资占 GDP 比重

续表

变量	含义	指标说明
LC	劳动力成本	职工平均工资水平
RD	科研水平	科研从业人员占总从业人数比重

通过对模型(b)回归,我们可以看出:旅游产业依赖对制造业发展水平 MD 以及对外开放程度 FDI 都有不同程度的显著影响(见表 3—7)。旅游产业依赖对制造业发展水平 MD 有显著的抑制作用,而对对外开放程度 FDI 都有显著的促进作用。

表 3—7　　　　　　旅游产业依赖对机制变量的回归结果

变量	MD	FDI
DT	−0.040 1** (−2.092 1)	0.091 5* (1.915 4)
LC	−0.003 1 (−1.117 6)	−0.011 7** (−2.116 0)
RD	3.484 8*** (4.618 2)	
TC	0.615 0 (0.527 2)	
GI		−0.063 0 (−1.558 7)
FI		0.029 7 (1.404 0)
常数项	0.107 9*** (13.759 1)	0.019 9*** (3.853 6)
观测值	360	360

注:***、**和*分别表示 1%、5% 和 10% 水平的显著性。

通过模型(a)的回归得到的是旅游产业依赖对 TFP 增长的直接效应 β_1、β_2 和 β_3；而根据推导出的模型(c),将模型(b)的回归系数与模型(a)的回归系数结合,就可以得到旅游产业依赖通过传导变量对 TFP 增长产生的间接效应 $\alpha_1\beta_4$。

$$\begin{aligned} TG_{i,t} &= \beta_0 + \beta_1 DT_{i,t} + \beta_2 DT_{i,t}^2 + \beta_3 DT_{i,t}^3 \\ &\quad + \beta_4(\alpha_0 + \alpha_1 DT_{i,t} + \gamma_1 Y_{i,t} + \mu_{i,t}) + \beta_5 X_{i,t} + V_{i,t} \\ &= (\beta_0 + \alpha_0\beta_4) + (\beta_1 + \alpha_1\beta_4)DT_{i,t} + \beta_2 DT_{i,t}^2 + \beta_3 DT_{i,t}^3 \\ &\quad + \beta_4\gamma_1 Y_{i,t} + \beta_5 X_{i,t} + \beta_4\mu_{i,t} + V_{i,t} \end{aligned} \quad (d)$$

计算得到旅游产业依赖对 TFP 增长的间接效应如表 3—8 所示，β_4 为传导机制变量对 TFP 增长率的回归系数，α_1 为传导机制变量对旅游产业依赖的回归系数，将两个回归系数相乘得到旅游产业依赖通过传导机制变量对 TFP 增长的影响系数。

表 3—8　　　　　　　　旅游产业依赖对 TFP 增长的间接效应

传导因素	β_4	α_1	$\alpha_1\beta_4$
MD	0.549 6**	−0.040 1**	−0.022 2
FDI	0.458 8**	0.091 5*	0.042 0

注：***、**和*分别表示 1%、5% 和 10% 水平的显著性。

结合上表所示的回归系数，旅游产业依赖对 TFP 增长的间接效应的分析如下：

传导机制一：制造业发展水平。从模型(b)的回归结果可以看到，旅游产业依赖对制造业发展水平具有显著的负向影响。这说明在旅游依赖型城市中，旅游产业依赖对制造业有一定的挤出作用，即证实了"荷兰病"效应的存在。可能的原因在于：第一，政府部门对旅游业的偏向性以及旅游业本身高回报的吸引力，导致产业要素向旅游部门集中，制造业部门无法得到足够的生产要素。第二，旅游业的繁荣提高了资本和劳动力的价格，导致制造业需要承担更高的生产成本，减少了制造业的生产利润。制造业部门在面对成本要素不足、生产成本高昂、市场缩减的情况下，不得不减少生产甚至退出市场。制造业被挤压削弱后，无法发挥产业的技术溢出作用，而日益壮大的旅游业本身对技术创新的要求不高，为技术进步贡献的作用有限，在这种情况下，旅游产业开发会通过挤压制造业间接抑制 TFP 的增长，回归结果显示影响系数为 −0.022 2。

传导机制二：对外开放程度。从回归结果来看，旅游产业依赖对对外开放程度表现出显著的促进作用。对旅游依赖型城市而言，一方面产业发展需要大量资金，地区会主动招商引资，寻求外部资本的进入；另一方面，随着旅游产业布局逐步完善，城市旅游业逐渐扩大，游客逐渐增加，城市知名度逐步提升，逐渐吸引了越来越多的外商投资。外部资本进入后可能会从两方面产生正向影响：第一，通过先进的技术和管理经验对当地的企业形成技术溢出和示范效应，本地企业则通过学习和模仿，不断提高自身的运营能力。第二，外资优秀企业的进入也对当地企业带来了巨大的挑战,如果本地企业不能快速适应这种竞争状态,很容易被市场淘汰。因此外资企业通过竞争效应也促进了本地企业的优胜劣汰,并且推动了本地企业自身不断进步提高竞争力,对当地的技术水平提高和效率改善都形成了重要的正向影响,进而推动了 TFP 增长,因此旅游产业开发会通过吸引外商直接投资间接对 TFP 产生促进作用,回归结果显示影响系数为 0.042 0。

五、主要结论与政策启示

(一)主要结论

本章以 2002—2014 年城市面板数据为基础,分析了旅游产业依赖对 TFP 增长的影响及其作用机制,主要结论如下:第一,在中小型旅游依赖型城市中,旅游产业依赖度与城市 TFP 增长表现出明显的 N 型曲线关系,即旅游产业依赖可能会对城市 TFP 增长产生先促进、后抑制、再促进的影响。第二,制造业发展水平和对外开放程度对 TFP 增长表现出显著的直接正向影响。影响机制研究发现,旅游产业依赖会通过地区制造业发展水平和对外开放程度这两个因素对 TFP 增长产生间接影响。其中,"荷兰病"效应是旅游业产生"资源诅咒"效应的重要原因,而提高地区对外开放水平是规避旅游业对 TFP 产生"资源诅咒"效应的关键因素。第三,旅游产业依赖对制造业表现出明显的挤出作用,导致制造业发展无法发挥自身的技术溢出效应和规模效应,从而对 TFP 增长形成明显抑制作用。同时,旅游业发展有助于提高地区对外开放水平,间接促进了 TFP 增长。

(二)政策建议

基于以上研究结论,本章给出以下几点政策建议:

第一,旅游业确实能够带动城市经济的起步,经济发展较落后的城市可以通过对旅游资源的开发快速积累财富、增加就业、刺激消费,从而带动当地经济的发展。然而,从长远角度考虑,旅游业对社会生产率的促进并不是持续不变的,当经济对旅游产业的依赖达到一定程度时,反而有可能抑制经济效率的增长,导致地区经济增长放缓甚至衰退。因此,政府在进行区域发展规划、制定产业政策时需要谨慎地对其在经济发展中的角色进行正确定位,避免盲目推动旅游产业的扩张,避免地区经济完全依赖旅游产业而导致产业结构单一化。

第二,要推动旅游业自身的创新升级,寻找旅游产业新的突破。传统旅游业的基本发展模式依赖于景区资源,模式单一、技术性低、对劳动力素质的要求不高。如果城市一直走这种传统的发展路线,容易陷入诅咒陷阱。因此旅游产业也需要进行自我创新升级,寻找新的发展模式。例如,互联网+、VR等高科技与旅游业的结合,能够将更多的文化、科技因素融入旅游产业。通过这些模式的创新,可以推动当地的技术水平和人力资本的发展,进而促进城市全要素生产率的增长。

第三,充分利用旅游业高产业关联度的优势,发挥旅游产业对其他产业的带动作用,避免对单一产业的过度依赖。旅游产业的发展与餐饮、交通、能源、信息等产业密不可分,随着旅游产业的不断发展,这些相关产业在旅游业的带动下逐渐起步之后,需要克服对旅游业的依赖性,通过升级优化寻求产业自身的发展。相关产业与旅游产业的同步健康发展,既能够避免产业结构的单一,也能够为旅游业创造新的增长动力。

最后,政府应该有足够的危机意识。尽管旅游业能够快速带动经济的增长,在短期内可以创造巨大的财富,但是政府不能仅仅满足于眼前的成绩,而应该以更长远的眼光看待地区经济的可持续发展。旅游业的发展帮助地区完成了资本的原始积累,而这部分资本如何更有效率地使用是政府需要慎重思考的问题。技术创新和人才培养应该是政府需要时刻重视的方面,用积累的原始资本对技术和人才进行投资,才能够保证地区经济增长的可持续性。

第四章　长三角高速铁路网建设对城市旅游业发展的影响

本章利用 2006—2013 年长三角地区 25 个城市的统计数据和列车实际运营数据,定量分析了长三角高速铁路网建设对城市旅游业发展的影响。本章主要解决两个问题:一是通过多期 DID 模型,实证检验长三角高速铁路网逐步推进是否显著促进了地区旅游业发展;二是将交通可达性概念引入到计量经济学模型中,研究铁路客运提速后长三角各城市可达性变化对旅游业产生的影响。研究结果发现:(1)2007—2008 年长三角高速铁路开通初期并未对当地旅游业产生显著的促进作用。直到 2009 年,高速铁路对沿线城市旅游业的促进作用才开始显现。(2)随着长三角高速铁路网络的逐步建成,高速铁路对沿线城市旅游业的影响呈现出逐渐增大的趋势。(3)2006—2013 年高速铁路沿线城市的可达性提升了 41.3%。(4)由高铁开通引起的城市可达性提升对于沿线城市旅游业的影响是显著的,且影响程度明显高于铁路提速对区域的整体影响以及非高铁城市旅游业所受的影响。(5)在高铁沿线城市,由高铁开通引起的城市可达性每提高 1%,城市旅游客流增加约 1.02%。

一、问题的提出

高速铁路本质上是一种城市间的快速交通工具,在解决大通道上大量旅客快速输送问题方面有着极为重要的作用(Givoni,2006;汪德根等,2012)。高速铁路的开通极大地缩短了城市间的时空距离,增强了生产要素的流动能力,并对区域和城市发展产生了重要影响(王缉宪和林辰辉,2011;王姣娥和丁金学,2011;Chen,2012)。对旅游业而言,可达性是实现旅游产品销售,为旅游者创造愉悦体验的前提条件。鉴于旅游资源的不可移动性,交通运输工具,尤其是高速铁路作为旅游可达性的新型载体形式,为现代旅游发展带来了深远的影响。毋庸置疑,高速铁路网的建设,对旅游业的利好发展主要表现在有效缩短了客源地与目的地之间的"时空距离",实质上是降低了旅游产品供求均衡作用的交易成本,进而为旅游产品交易创造了帕累托效率改进空间。在需求端,高速铁路拓展了旅游者出游范围,旅游半径的扩大为旅游者带来综合性的体验效用;在供给端,高速铁路通过优化旅游目的地空间结构,提高了旅游产品的优化配置效率(Masson 和 Petiot,2009)。因此,高速铁路网建设所产生的"时空压缩"效应,不仅克服了旅游者旅游活动距离衰减,同时又可释放出旅游目的地空间结构重构红利(汪德根等,2012;周杨,2013)。

在全国高速铁路建设热潮中,长三角地区高速铁路建设尤为突出,并成为全国高速铁路网络最为密集的地区。2010 年 7 月和 10 月相继开通的沪宁、沪杭城际高速铁路以及 2013 年 7 月开通的宁杭甬高速铁路,标志着长三角地区高速铁路三角网络初步建成。长三角地区不仅区域综合实力强大,同时也是旅游资源密集度最高的区域之一,拥有众多高品级旅游资源。毫无疑问,高速铁路网络化发展所形成的交通优势为长三角地区旅游业发展带来了契机和活力。特别地,高速铁路对城际距离边界的拉近,为长三角地区旅游产品要素的流动频率和强度提供了重要驱动,"旅游同城效应"标志着长三角地区旅游业空间格局正在发生深刻变化(汪德根和章鋆,2015)。正如崔保健等(2014)所指出的,高铁影响下长三角区域内的短距离旅游将会增多,长三角旅游经济将会逐渐形成以区域中心城市为核心,从中心城市到长三角多个旅游目的地多次往返的旅游组织形式。

从逻辑推理上来说,高铁带来的更快捷的人流、物流、信息流或多或少会对长三角各城市旅游业带来冲击。那么,这种影响是否显著?影响程度有多大?高铁沿线城市与非高铁沿线城市获益又如何?本章利用 2006—2013 年长三角地区 25 个城市的统计数据和列车实际运营数据,通过定量方法来研究长三角高速铁路网建设对城市旅游业发展的影响,这具有十分重要的理论和实践意义。一方面可以为高铁旅游研究文献提供更加翔实可靠的经验证据,另一方面为长三角各城市决策者从区域交通网络的角度来理解铁路客运提速对长三角不同城市旅游业带来的冲击影响。基于此,本章一方面构建了多期双重差分法(Difference-in-Difference,DID)模型,另一方面将交通可达性概念引入到计量经济学模型中,对长三角高速铁路网建设是否影响以及如何影响城市旅游业发展这两个问题,进行了相关实证检验和分析。

本章其他部分安排如下：第二部分对高铁影响下城市旅游业变化的相关文献进行了梳理；第三部分介绍了研究的样本区域和数据来源；第四部分通过多期 DID 模型，验证长三角高速铁路网逐步推进是否显著促进了地区旅游业发展；第五部分将交通可达性概念引入计量模型中，定量研究铁路客运提速后长三角各城市可达性变化对旅游业产生的影响有多大；第六部分是总结与讨论。

二、高速铁路对旅游业影响的文献综述

旅游业发展与旅游交通休戚相关。高速铁路极大地缩短了城市间的时空距离，通过影响旅游经济活动区位选择及空间竞争，从而对地区旅游业发展产生持久而深远的影响。从既有的研究文献看，国外高铁开通较早，关于高速铁路对旅游业影响方面的研究也颇为丰富，主要集中在探讨日本新干线和欧洲（西班牙、法国、英国等）高铁对区域旅游业发展的影响。吉瓦提（Givoni，2006）认为高速铁路开通缩短了旅行时间，极大地促进了英国高铁沿线城市商务和休闲旅游发展。马森和珀蒂奥（Masson 和 Petiot，2009）分析了法国佩皮尼昂与西班牙巴塞罗那之间的高速铁路线运行对区域旅游市场的影响，研究发现，虽然高速铁路扩大了区域旅游市场规模，但也加剧了目的地共享客源市场的空间竞争，即高速铁路在增强巴塞罗那旅游资源吸引力的同时，也削弱了佩皮尼昂的旅游资源竞争力。加门迪亚等（Garmendia 等，2011）通过调查问卷的形式，分析了西班牙马德里与安达卢西亚之间的游客出行行为，研究表明高速铁路已成为当地近距离通勤和远距离旅行的主要出行模式。帕利亚拉（Pagliara，2015）研究了西班牙高速铁路对游客出游动机及行为意向的影响，结果显示，高速铁路并未显著增加首都马德里对游客的吸引力，但是极大地加强了马德里周边高铁沿线城市对海内外游客的吸引力。

近年来，随着我国铁路跨越式发展战略的实施，中国在十余年间已拥有了全世界最大规模以及最高运营速度的高速铁路网络。高速铁路网建设所产生的"时空压缩"效应，正在对我国旅游业产生全面而深刻的影响。魏小安和金准（2012）指出，高铁影响下由于游客的时间成本和空间成本发生了重要变化，游客对旅游目的地的选择也将随之变化。蔡卫民和熊翠（2011）认为，高速铁路给旅游业带来的最大影响，是降低了游客对于客源地与目的地之间的感知距离。高速铁路的开通虽然拓展了旅游客源市场，但同时也加剧了高铁沿线城市间的激烈竞争。葛全胜和席建超

(2015)指出,由高速铁路等高速交通工具串联起的各种旅游目的地,将推进区域旅游业向"点""线""面"联动网络化发展格局演变。

为进一步刻画区域发展的"高铁效应",一些学者开始利用可达性工具,探究高铁影响下区域发展中旅游的可达性变化。例如,蒋海兵等(2014)采用 GIS 空间分析方法,测度了 2020 年规划全国高铁网络影响下旅游景点可达性空间格局及其变化,研究表明高速铁路的开通不仅节约了旅客与旅游目的地的时间成本,而且为短期的中远途旅游提供了可能。汪德根和章鋆(2015)利用成本加权栅格法分析了高铁对长三角地区都市圈可达性的影响,研究认为高铁扩展了长三角地区都市圈一日交流圈范围,都市圈高铁站点城市将成为时间收敛的最大受益者。

近几年,随着京沪、武广、郑西等一批重要高铁干线的开通运行,国内学者开始聚焦在某条高速铁路对其沿线区域旅游业发展的影响方面。例如,黄爱莲(2011)以武广高铁为例,研究武广高铁开通后对区域旅游发展的影响,结果发现武广高铁的开通打破了区域原有旅游客源市场格局,原因在于其促进粤湘鄂等地区周末游和短途游增加,同时催生了商务旅游的发展。殷平(2012a)以郑西高铁为例,根据高铁给沿线城市带来的旅游时间成本变化,对郑西高铁沿线区域旅游空间结构的变化进行了预测,研究认为郑西高铁扩大了西安和郑州的旅游市场规模。张岳军和张宁(2013)结合沪宁高铁的开通运行,分析了高速铁路对沿线城市旅游业的影响效应和作用机制,并对沪宁城际铁路沿线城市旅游业发展提出了相关建议。汪德根(2014)以京沪高铁为例,通过对比旅游者乘坐火车和高铁出行的特征,比较了京沪高铁开通前后的旅游流时空分布变化特征。研究发现京沪高铁开通后,北京、上海、南京等重要旅游城市的领先地位得到进一步增强;然而,靠近京沪宁但竞争处于劣势的城市旅游流则呈现出"过道效应"。

以上文献丰富了高铁旅游方面的研究内容,深化了学术界对高铁影响下旅游业发展问题的认识,但研究中还存在以下不足:第一,虽然高速铁路对旅游业的影响受到各方面关注,但研究内容仍主要以新闻报道和评论形式出现,学术价值欠缺,对问题研究仅停留在现象描述层面(殷平,2012b)或假设推断研究层面(汪德根等,2012)。尽管高速铁路对旅游业发展的积极影响得到学术界支持,但相关研究主要以定性描述为主,缺少定量研究,特别是缺乏通过详实数据支撑得出的客观研究结论。在全国旅游业规模持续扩张背景下,仅运用趋势对比观察方法,简单比较高铁开通前后旅游业是否存在显著变化,并不足以证明高速铁路对于沿线城市旅游业发展的重要程度。不可否认,全国旅游市场持续升温,仍有很多至今尚未开通高铁的城市,其旅游业发展同样取得了很大的进步。因此,这些高铁途经城市的旅游业近些年获得了巨大发展,这种积极影响到底是得益于高铁的开通效应,还是因为高铁本身选择在一个旅游业蓬勃发展的城市来修建,这个问题还需要进一步探讨。第二,目前学者主要是以单一高速铁路线路为对象,研究其对城市旅游业的影响。然而,中国高速铁路是个逐渐成网的建设布局,旅游目的地之间的激烈竞争并非仅仅局限在单一线路上,研究高铁对旅游业的影响也不应局限在单一线路上。随着区域内多条高速铁路相继开通,有必要从区域范畴考虑多条高速铁路线对城市旅游业的共同影响。此外,2007年4月18日全国铁路系统进行第6次大提速,对传统铁路线路中的T字头、K字头列车的提速,使得城市间旅行时间普遍缩短,这些都对区域旅游市场格局重构产生了较大的冲击。

基于现有研究不足,本章尝试在以下两个方面进行拓展:

第一,本章采用近似自然实验的双重差分(Difference-in-Difference)模型,利用2006—2013年长三角25个城市的统计数据,实证检验长三角高速铁路网建设是否对区域内开通高铁城市的旅游业产生了显著影响。

第二,本章将交通地理学中的可达性概念引入研究模型中,利用城市间列车实际运营数据,通过提取两两城市间的最短旅行时间,将列车提速对各城市区位的空间影响进行量化,定量分析铁路客运提速后长三角各城市可达性变化对旅游业产生的影响。

三、研究区域与数据来源

本章选取长三角两省一市(江苏省、浙江省和上海市)25个地级以上城市作为研究样本。本章研究的高速铁路系统包括G字头(高速列车)、D字头(动车组)和C字头(城际列车)三种运营铁路客车。2007—2013年间,长三角地区高铁建设迅猛发展,短短七年间合宁线、甬台温高铁、沪宁高铁、沪杭高铁、京沪高铁、宁杭高铁、杭甬高铁七条高铁线路相继开通,这从根本上改变了长三角运输市场的竞争格局,极大地提升了铁路运输的竞争力。

表 4—1　　　　2006—2013 年长三角两省一市高铁通车情况

年份	开通 G 字头列车地区 个数	开通 G 字头列车地区 占长三角城市比重(%)	开通 D 字头列车地区 个数	开通 D 字头列车地区 占长三角城市比重(%)	开通 G+D 字头列车地区 个数	开通 G+D 字头列车地区 占长三角城市比重(%)
2006	0	0	0	0	0	0
2007	0	0	9	36	9	36
2008	0	0	10	40	10	40
2009	0	0	15	60	15	60
2010	8	32	15	60	15	60
2011	9	36	15	60	15	60
2012	9	36	15	60	15	60
2013	14	56	16	64	16	64

资料来源:作者根据《全国铁路旅客列车时刻表》自行整理。

表 4—1 报告了 2006—2013 年长三角两省一市 G 字头、D 字头列车通车情况。2006 年,长三角地区尚未开通高铁。2007 年 4 月全国铁路系统进行第 6 次大提速,截至 2007 年底,长三角已有 9 个城市开通了 D 字头列车[①]。2010 年长三角有 8 个城市开通 G 字头列车,同时有 15 个城市开通 D 字头列车。此后,长三角开通 D 字头、G 字头列车的城市逐步增加。截至 2013 年底,长三角两省一市地区已有 14 个城市开通 G 字头列车,16 个城市开通 D 字头列车,高铁网覆盖范围达到了 64%。截至 2013 年底,只有浙江省的丽水、舟山,江苏省的南通、泰州、盐城、扬州、淮安、连云港、宿迁等 9 个城市尚未开通 G 字头或 D 字头列车。

本章使用的数据来源于 2007—2014 年版《中国城市统计年鉴》《中国区域经济统计年鉴》《上海统计年鉴》及相应各地级市的城市统计年鉴;旅游景区数据来源于国家旅游局公布的《全国 A 级景点名录》以及全国旅游景区质量等级评定委员会公告;高铁列车运营数据来自 2006—2013 年纸质版"全国铁路旅客列车时刻表"以及软件版"极品列车时刻表"。

[①] 2003 年 10 月 12 日开通运营的秦沈客运专线是中国第一条铁路快速客运专线,但是秦沈客运专线属于局部试验运行线路,中国大规模的高速铁路建设是从 2007 年开始的。

四、问题1：长三角高速铁路网建设是否显著促进了高铁沿线城市旅游业发展？

（一）模型设定与变量选择

本章采用双重差分模型来检验长三角高速铁路网建设是否对高铁沿线城市的旅游业产生显著影响。2006—2013年间长三角地区的旅游市场持续升温，各个城市的旅游接待人数均呈现出"井喷"式发展态势。2007年长三角首次开通高铁（动车）线路，并逐年增开运营线路。由于高铁沿线城市和非高铁沿线城市旅游业在研究期内都获得了很大的发展，简单地比较高铁开通前后受影响城市的旅游业变化，并不足以证明高铁途经城市的旅游业发展是主要得益于高铁。因此，本章以未开通高铁的城市为对照组，采用 DID 模型，研究高铁开通对城市旅游业的净效应影响。

本章将长三角 25 个样本城市分为受到政策影响的实验组（treated group，开通高铁城市）和没有受到政策影响的对照组（control group，未开通高铁城市）。DID 方法分别计算实验组和对照组的旅游业在政策实施（高铁开通）前后的变化量，然后再计算这两个变化量的差值，即倍差。DID 模型的回归形式如下：

$$TOU_{it}=\beta_0+\beta_1 H_{it}+\beta_2 T_{it}+\beta_3(H_{it}\times T_{it})+\beta_4 X_{it}+V_{it} \quad (4—1)$$

其中，TOU_{it} 表示 i 城市 t 时期旅游接待总人数（包括国内旅游人数和入境旅游人数）的对数；H_{it} 为政策虚拟变量，如果样本属于对照组（未开通高铁）取值为 0，如果样本属于实验组（开通高铁）取值为 1；T_{it} 为时间虚拟变量，通高铁前取值为 0，通高铁后取值为 1；X_{it} 为控制变量；V_{it} 为随机干扰项。按照 DID 模型的要求，交叉乘积项（下文简称交叉项）$H_{it}\times T_{it}$ 前面的系数 β_3 是倍差估计量，衡量的是政策净效应，即高铁开通对城市旅游业的净效应影响。

由于长三角高铁网 2007—2013 年间是分阶段逐步开通运营的，为了更准确地测算高铁逐步开通对旅游业发展的影响及其在时间上的变化趋势，本章选择 2007—2013 年七个年份时间，构建了一个多期 DID 模型，专门考察高铁逐步开通对旅游业的影响。交叉项 $H\times T_{2007}$ 为 1，表示 2007 年该城市已开通高铁，否则取值为 0；$H\times T_{2008}$、$H\times T_{2009}$、$H\times T_{2010}$、$H\times T_{2011}$、$H\times T_{2012}$、$H\times T_{2013}$ 依次类推。如果该统计量为正，且在一定统计水平下显著，则表示高速铁路开通显著地促进了沿线城市旅游业发展。

为了保证估计方程有较好的稳健性,根据孙根年等(2011)、杨(Yang)和菲克(Fik)(2014)文献对影响旅游业的主要因素进行考虑,本章选取了四个控制变量,控制其他因素对观测变量的影响。X_{it}为控制变量,具体包括:旅游资源丰度(RES)——选取各城市 5A 级景点数和 4A 级景点数,采用加权模型计算旅游资源丰度;公路交通运输水平($ROAD$)——除铁路外,公路运输也是长三角地区一种重要的旅游交通工具;服务业发展水平(SER)——采用各城市服务业增加值占 GDP 比重来衡量;对外开放程度(EXP)——采用各城市进出口外贸总额占 GDP 的比重来衡量。

(二)回归结果分析:高铁逐步开通对长三角旅游业的分阶段影响

基本回归结果列于表 4—2。为了检测交叉项系数的估计敏感性,基准计量模型(1)采用逐步加入控制变量的回归策略。表 4—2 报告了 2007—2013 年间长三角高铁逐步开通对旅游业影响的时间变化趋势。Hausman 检验表明(1)—(3)、(5)栏采用固定效应面板模型回归,(4)栏采用随机效应面板模型回归。其中,表 4—2 中的交叉项系数反映了政策的净效应,即高铁开通对沿线城市旅游业的净效应影响。(1)栏报告了 2007—2013 年各年份交叉项的估计结果。(2)—(4)栏报告了逐步添加了社会经济控制变量后的参数估计结果。从(1)栏到(5)栏,R^2 值逐渐增大。

从表 4—2 可以看出,2007—2008 年的交叉项系数除了第(1)栏在 10% 的水平上显著,其他系数均不显著。2009—2013 年各年份的交叉项系数均显著,并且绝大多数是在 1% 的显著水平上显著为正。这表明,虽然 2007 年长三角已开通高铁(动车),但高铁开通前两年对旅游业的促进效应并不明显。可能的原因在于:一方面,旅游者对其传统旅游行为方式存在固有依赖,出游方式的转变需要一定时间,且长三角初期引入的高铁均为对既有线路改造,运营时速不超过 250km/h 的动车组(D 字头车);另一方面,无论是区域旅游空间结构宏观优化还是区域旅游产品组合配置,高铁建设对旅游产品供给的时变影响同样需要一定过程。需要注意的是,为应对 2008 年国际金融危机,国家出台了进一步扩大内需、促进经济平稳较快增长的"四万亿计划",基础设施的投资溢出效应逐渐显现,尤以高速铁路建设投资为重,且侧重于新建时速达到 300~350km/h 的高铁线路(G 字头车)。所以,通过计量实证结果可以看到,2009 年以后,高速铁路建设对旅游业发展才开始呈现出明显的正向促进作用。此外，2007—2013年的交叉项系数逐渐增大，表明随着新的高铁线路不断开通，在长三角高速铁路逐渐形成网络的条件下，高铁建设对旅游业发展影响的时间效应逐渐增强。由此，进一步验证了交通基础设施改善对地区旅游业发展的积极意义。为了得到稳健的估计结果，本章逐步回归，并且控制了四个主要影响旅游绩效的因素。控制变量的结果同样符合预期。长三角各城市旅游资源丰度、公路交通运输水平、服务业发展水平、对外开放程度的提高，均对旅游业发展有显著的积极影响。

表 4—2　　　　　　　　DID 回归结果及其时间变化趋势

变量	(1)	(2)	(3)	(4)	(5)
交叉项系数					
$H \times T_{2007}$	0.0934 (0.79)	−0.0058 (−0.05)	0.0270 (0.27)	−0.0046 (−0.05)	0.01225 (0.16)
$H \times T_{2008}$	0.2056* (1.75)	0.1095 (1.02)	0.0850 (0.86)	0.09646 (1.04)	0.0999 (1.31)
$H \times T_{2009}$	0.3273*** (3.39)	0.2219** (2.48)	0.1590* (1.93)	0.2726*** (3.45)	0.1821*** (2.69)
$H \times T_{2010}$	0.5243*** (5.61)	0.3855*** (4.38)	0.2766*** (3.35)	0.3386*** (4.36)	0.1926*** (2.95)
$H \times T_{2011}$	0.6768*** (7.24)	0.5265*** (5.95)	0.3373*** (3.86)	0.3899*** (4.78)	0.2030*** (2.93)
$H \times T_{2012}$	0.8079*** (8.64)	0.6259*** (6.95)	0.3487*** (3.66)	0.4195*** (4.73)	0.1584** (2.04)
$H \times T_{2013}$	0.9163*** (10.18)	0.7228*** (8.24)	0.4364*** (4.62)	0.5178*** (5.89)	0.1859** (2.33)
控制变量系数					
ROAD		0.7983*** (6.06)	0.6292*** (5.07)	0.4944*** (4.85)	0.3131*** (3.09)
RES			0.0146*** (5.78)	0.0176*** (8.72)	0.0134*** (6.00)
EXP				0.5309*** (5.17)	1.0049*** (7.64)
SER					8.9201*** (9.00)
Constant	7.5657*** (207.69)	6.5941*** (40.27)	6.5196*** (43.35)	6.3090*** (41.22)	2.8372*** (7.49)

续表

变量	(1)	(2)	(3)	(4)	(5)
Prob>F	0.0000	0.0000	0.0000	—	0.0000
Prob>chi2	—	—	—	0.0000	—
R-squared	0.5027	0.5923	0.6606	0.7570	0.8018
Model	FE	FE	FE	RE	FE
obs	200	200	200	200	200

注：括号内是 t 值；***、**和*分别表示1%、5%和10%的显著性水平。

五、问题2：铁路客运提速后，长三角各城市可达性变化对旅游业产生的影响有多大？

（一）模型设定与变量选择

铁路客运提速以及长三角高速铁路网的初步建成使得长三角城市的相对区位发生了重大变化，对长三角旅游业发展产生了非均衡的时空收敛效应。本章考察高铁影响下城市"可达性"变化对旅游业的影响，选取2006年（长三角通高铁前）和2013年（长三角高铁网建成后）两个时间断点进行研究。本章的回归模型及主要研究变量如下所示：

$$\ln TOU_{it}=\beta_0+\beta_1\ln HSR_{it}+\beta_2 RES_{it}+\beta_3 ROAD_{it}+\beta_4 SER_{it}+\beta_5 EXP_{it}+V_{i,t} \quad (4-2)$$

其中，$\ln TOU_{it}$ 为被解释变量，表示 i 城市旅游接待总人数的对数。$\ln HSR_{it}$ 为解释变量，表示 i 城市通过铁路运输的交通可达性的对数。目前学术界常用的衡量一个地区"可达性"主要有三个指标（Gutiérrez，2001）：加权平均旅行时间、经济潜能、日常可达性。城市间的经济联系不仅与交通运输水平有关，还与各城市的社会经济发展水平和城市规模有关。加权平均旅行时间指标是评价某个节点到各经济中心的时间测度，融合了城市规模和经济发展水平对可达性的影响（冯长春等，2013）。本章采用加权旅行时间作为描述城市可达性的指标，其计算公式如下：

$$HSR_i=\frac{\sum_{j=1}^{n}(T_{ij}\times M_j)}{\sum_{j=1}^{n}(M_j)} \quad (4-3)$$

其中，HSR_i 表示 i 城市的可达性，该值越小，表示该城市可达性越高，与区域内各城市的联系越紧密；M_j 表示 j 城市的质量参数，本章采用各城市的地区生产总值来衡量；T_{ij} 表示 i 城市与 j 城市间使用高铁的最短旅行时间（单位为分钟），若两城市间有直达列车，则采用直达列车运行时间；若无，则采用城市间通过中转运行的最短时间；n 指研究范围内城市总数。"可达性"变量中包含了空间要素，反映出了高铁开通后城市之间旅行时间的变化，因此能够反映出高铁开通对某一城市相对区位变化的影响。

与上文模型相同，本章选取了四个控制变量（旅游资源丰度、公路交通运输水平、服务业发展水平、对外开放程度）反映其他经济社会发展条件对旅游业的影响。

（二）铁路客运提速后长三角城市可达性变化

2007 年 4 月全国铁路系统进行第 6 次大提速。长三角地区一些城市虽未开通高铁，但铁路客运普遍提速，T 字头、K 字头列车的提速使得城市间旅行时间普遍缩短，未开通高铁城市的交通可达性也获得了较大地提高。表 4—3 报告了 2006—2013 年铁路提速后长三角城市可达性的变化。[①]

表 4—3　　2006—2013 年铁路提速后长三角城市可达性的变化

时间	全部样本城市 (N=22) 均值	最大值	最小值	高铁沿线城市 (N=15) 均值	最大值	最小值	非高铁沿线城市 (N=7) 均值	最大值	最小值
2006 年	351.3	627.4 (连云港)	172.0 (上海)	291.7	620.7 (温州)	172.0 (上海)	481.8	627.4 (连云港)	299.7 (扬州)
2013 年	247.5	553.0 (丽水)	109.5 (南京)	171.1	301.1 (温州)	109.5 (南京)	399.3	553.0 (丽水)	280.3 (扬州)
可达性变化值	−103.8	—	—	−120.6	—	—	−82.5	—	—
可达性变化率(%)	−29.5	—	—	−41.3	—	—	−17.1	—	—

总体来看，2006—2013 年铁路客运提速后长三角城市的可达性普遍获得了较大提升，平均提升水平为 29.5%。其中，高铁沿线城市可达性提升了 41.3%，非高铁沿线城市可达性提升了 17.1%。相比较而言，高铁沿线城市的可达性要比非高铁沿线城市的可达性提升幅度更大些，平均多提升 24.2%。

[①] 舟山市、台州市、宿迁城区 2006 年未开通火车，为了保证前后一致，特别是交通可达性的前后对比，本章第二个回归模型中选取长三角 22 个城市作为分析对象。

(三)回归结果分析:铁路客运提速对长三角城市旅游业的影响

前文实证检验得出长三角高速铁路建设前后,区域旅游业发展发生了显著变化。即随着时间演化,高速铁路建设对长三角旅游业的影响效应渐次增强。在探讨高速铁路是否开通对旅游业发展影响变化基础上,本章更深入地探讨铁路提速是否也对长三角旅游业发展存在积极作用。

表4—4　　　2006—2013年铁路客运提速对长三角城市旅游业的影响

变量	全部样本城市(1)	高铁沿线城市(2)	非高铁沿线城市(3)
lnHSR	−0.505 0*** (−3.58)	−1.016 3** (−3.09)	−0.847 4*** (−2.66)
控制变量			
$ROAD$	0.039 6 (0.26)	0.207 8 (0.70)	0.182 5 (0.72)
RES	0.009 4** (2.56)	0.004 0 (0.71)	0.049 6*** (6.95)
EXP	0.212 3* (1.70)	0.587 9 (1.80)	0.013 9 (0.02)
SER	5.970 9*** (4.46)	6.159 7 (1.56)	2.303 7 (0.99)
$Constant$	7.832 2*** (7.16)	10.202 7 (3.32)	10.605 5*** (4.51)
Prob>F	—	0.000 0	—
Prob>chi2	0.000 0	—	0.000 0
R-squared	0.868 1	0.928 6	0.947 7
Model	RE	FE	RE

注:括号内是t值;***、**和*分别表示1%、5%和10%的显著性水平。

除了从总体上考察铁路客运提速对长三角旅游业的影响外,本章还区分出高铁沿线城市与非高铁沿线城市,分别考察铁路客运提速对其旅游业的影响。从表4—4的回归结果可以看出,铁路客运提速所引起的城市可达性变化对旅游业有着明显的影响。(1)、(2)、(3)栏中,解释变量的系数均为负数,且分别在1%、5%、1%的显著水平上显著。

从总体上看,第6次铁路提速后,长三角城市的旅游客流获得明显提升。铁路客运提速所引起的城市可达性每提高1%,城市旅游客流增加0.51%。其中,在高铁沿线城市,高铁开通所引起的城市可达性每提高

1%,城市旅游客流增加1.02%。在非高铁沿线城市,铁路客运提速所引起的城市可达性每提高1%,城市旅游客流增加0.85%。其中存在两点结论:一是分样本铁路客运提速所带来的可达性变化对地区旅游业发展的提升效应要强于整体样本;二是高铁沿线城市铁路客源提速对该地区旅游业发展的正向影响效应强于非高铁沿线城市。这不仅证实了本章所得出的长三角高速铁路建设对区域旅游业发展存在积极影响这一研究结论的稳健性,同时区域旅游业发展存在强烈的"高铁效应"。高速铁路网建设,有效提高了一定空间尺度范围内旅游产品的生产交易效率,即旅游市场规模的拓宽所释放的旅游市场需求潜力得到了有效满足,旅游产品相对供给效率同样得以提升。长三角旅游业发展的"高铁效应",本质上是高速铁路建设运营将该地区旅游产品供给和需求提升到高层次效率均衡,最终推动了地区整体旅游业发展。

六、结论与讨论

随着铁路跨越式发展战略的实施,中国在较短时间内建成了规模庞大的高速铁路网络。铁路客运提速缩短了城市间的旅行时间,给时间价值较高的行业(比如旅游业)带来了深刻变革。虽然高铁旅游逐渐受到各方关注,但遗憾的是,国内学术界关于高速铁路与旅游业关系的研究主要以定性描述为主,缺少定量研究,特别是缺乏通过翔实数据支撑得出的结论。本章尝试在两个方面进行拓展,以弥补实证研究的不足。

第一,本章利用2006—2013年长三角地区25个城市的统计数据,以未开通高铁的城市为对照组,实证检验长三角高速铁路网逐步建成对高铁沿线城市旅游业的影响。本章采用政策评估分析中常用的双重差分模型(DID),对高铁开通效果进行评估。同时在DID模型中加入了旅游资源丰度、公路交通运输水平、服务业发展水平、对外开放程度等控制变量,保证了结果的稳健性和可靠性。研究发现,2007—2008年长三角高速铁路开通初期并未对当地旅游业发展产生显著的促进作用。直到2009年,高铁对长三角旅游业的促进作用才开始显现。随着新的高铁线路不断开通,长三角高速铁路网络的逐步建成,高速铁路对旅游业的影响呈现出逐渐增大的趋势。

第二,本章将交通地理学中的可达性概念引入计量经济学模型中,利用2006—2013年列车实际运营数据,分析铁路客运提速后长三角各城市可达性变化对旅游业产生的影响。研究发现,铁路客运提速后,高铁沿线城市的可达性要比非高铁沿线城市的可达性提升幅度更大些,平均多提升24.2%。由高铁开通引起的城市可达性变化对于沿线城市旅游业的影响是显著的,且影响程度明显高于区域总体影响以及非高铁城市旅游业所受的影响。在高铁沿线城市,高铁开通所导致的城市可达性每提高1%,城市旅游客流增加1.02%。

从上述研究结论来看,高速铁路建设给区域旅游业发展带来显著而深刻的变化,"高铁效应"在旅游业发展过程中不可忽视。第一阶段研究论证出"高铁旅游"的真实客观性。第二阶段讨论了铁路客运提速所带来的城市可达性水平变化对区域旅游业发展的对比影响。本章的政策含义显而易见。高速铁路作为地区旅游业发展的重要契机,地方政府如何通过借助高速铁路网建设来驱动旅游业发展成为地区旅游业发展转型升级和提质增效的战略焦点。值得注意的是,鉴于城市基础条件不同,旅游发展潜力各异,无论是高铁建设对旅游业发展的影响过程,抑或影响效应均存在较大差异。因此,在后续研究中,可以考虑将样本范围扩大到全国层面,利用大样本数据,一方面可以从整体上考察全国高铁建设对旅游业发展的影响,另一方面可对城市类型进行划分(比如根据城市规模),进而比较特定类型之间旅游业发展的高铁效应强度大小。

第五章 高铁配置对游客人数有影响吗?
——基于中国地级市的经验证据

本章基于2006—2015年中国286个地级城市数据,采用双重差分(DID)模型来检验高速铁路是否以及如何影响游客人数。实证结果显示:(1)虽然高铁开通对游客人数有显著促进作用,但多期DID模型(the multi-stage DID model)表明高铁对旅游业具有时滞效应;(2)高铁开通对游客人数的正向效应逐渐增强;(3)高铁频率的提高有助于城市吸引更多的游客;(4)高铁站点的位置对游客人数没有显著影响;(5)与普通站相比,城市高铁枢纽站可以通过增强网络效应吸引更多的游客。

一、引言

政府新建高速铁路的成本过高,需要对其经济效益和社会效益进行实证研究(Guirao 和 Campa,2015)。例如,中国高铁的建设成本是每千米1 700万~2 100万美元,日本和欧洲的建设成本是2 500万~3 800万美元。[①] 旅游业是许多国家的基础产业,这些国家倾向于增加对高铁的建设需求。因此,政府实施新的高铁线路需要关注旅游业的效益(Guirao 和 Campa,2015)。高铁在旅游业中的作用越来越受到研究者和决策者的关注。高铁开通缩短了旅行时间,提高了高铁服务城市的可达性和竞争性,这对旅游业产生了显著影响(Masson 和 Petiot,2009)。例如,西班牙首次侧重旅游业与高铁之间关系的研究,始于马德里—托莱多线路(Guirao 和 Soler,2008)。他们通过问卷调查发现,高铁的容量可以满足游客在工作日的需求。如果未来游客对高铁的需求增加,高铁运营公司将通过增加列车数量来满足这些需求。目前,大多数研究集中在欧洲高铁的案例,特别是西班牙的高铁(Pagliara 等,2015;Albalate 和 Fageda,2016;Guirao 和 Campa,2016;Campa 等,2016;Albalate 等,

---

① 数据来源于世界银行发布的《中国高速铁路发展》报告。

2017)。具体而言,一方面,一些文献认为高铁对旅游业有影响,但影响不大。基于西班牙国家统计局数据,Albalate 和 Fageda(2016)运用 DID 模型研究了高铁对旅游业的影响。结果表明,高铁对旅游业发展可能有积极影响,但影响较小。Campa 等(2016)通过固定效应模型评估了西班牙高铁对旅游业的影响。结果显示,旅游产出(外国游客和收入)的增长与高铁网络之间存在正相关关系,但影响也较小。Albalate 等(2017)利用 DID 模型分析了西班牙高铁项目与当地旅游业发展的关系。研究结果表明,这些高铁项目对旅游业的影响极其微弱,或仅局限于较大的城市。另一方面,一些研究认为高铁对旅游业的影响仍存在争议。Pagliara 等(2015)运用 Logistic 回归模型考察了西班牙高铁对游客旅游动机和行为意愿的影响。结果表明,高铁并没有显著提高首都马德里对游客的吸引力。然而,它却大大提高了马德里周围高铁沿线城市对游客的吸引力。Guirao 和 Campa(2016)以西班牙为例,利用面板数据的多元回归模型考察了高铁对旅游需求的影响。结果表明,高铁对旅游需求的影响仍存在争议,且尚无明确的实证证据。此外,以往研究也探讨了中国高铁对旅游业的影响。例如,Hou(2019)通过广义 DID 模型和剂量反应(dose-response,DR)评估研究了中国高铁对旅游业的影响。结果表明,高铁对旅游业的发展总体上具有积极的促进作用。Yin 等(2019)讨论了当前高铁网络和未来的旅游空间互动。他们以中国的首都地区为例,结果显示:在未来情景下,高铁网络的扩展将显著增加整体旅游空间互动,减少空间差异。但是 Hou(2019)利用了 EPS(Easy Professional Superior)数据①,这是一家私营公司运营的数据库,并且数据源可能有一些问题。而 Yin 等(2019)仅采用变异系数(CV)方法进行研究。这种方法比较浅显,无法揭示高铁对旅游业的真实影响。

诸多文献已经就高铁对旅游业影响进行了详细的分析和评价。然而,仍有几个领域值得进一步探索:(1)由于使用的样本不同,以往的研究对高铁项目与旅游业之间的关系存在一些争议。即高铁是否真的促进了旅游业发展,仍需仔细而深刻地检验。(2)现有研究仅采用普通的 DID 模型来识别高铁开通前后对旅游业的影响,却忽略了高铁开通后何时会对旅游业产生影响。此外,高铁配置(例如频率、车站位置和等级)也可能会对旅游业产生不同的影响,但鲜有研究考虑这些变量。(3)在亚洲的背

---

① EPS 数据库由北京预测信息技术有限公司运营。

景下，相应文献提供的实证证据较少。特别是，现有的实证研究仍然缺乏来自中国的权威数据。

作为世界上最大的旅游市场，中国已经建成了世界上最大的高铁网络，并且还在不断扩大。2017年，中国旅游业总收入达到5.40万亿元，同比增长15.1%。[①] 在整个一年中，全国旅游业对国内生产总值（GDP）的总体贡献为9.13万亿元，占GDP总量的11.04%。旅游业直接从业人员2 825万人，直接和间接从业人员7 990万人，占全国就业总人数的10.28%。因此，旅游业在国民经济中起着至关重要的作用。它的壮大可以刺激相关产业的发展，如酒店业、运输业等，而这种变化能够带来前所未有的时间压缩和城市间的流动性（Chen，2012）。鉴于旅游需求的不断增长，研究中国高铁是否以及如何影响游客人数是当务之急。这个话题最近被研究过，但主要集中在一条高铁走廊上，比如武广高铁（Yan等，2014）或京沪高铁（Wang等，2014）。随着我国高铁网络逐步覆盖越来越多的城市，旅游目的地之间的竞争已不再局限于一条线路，而是分布于高铁网络。由于对要素流动性的高度依赖，旅游业可能受到高铁配置的重大影响。然而，目前却鲜有研究涉及高铁配置对旅游业的影响。

为了丰富该方面的文献，本章以中国高铁网络和286个地级城市为研究样本。首先，我们利用DID模型探讨高铁对旅游业的因果效应。其次，由于各城市高铁部署年限不同，本章进一步采用多期DID模型逐年检验高铁开通对游客人数的影响。最后，考虑高铁频率、站点位置、站点等级等因素，本章尝试研究高铁配置对旅游业的差异影响。

本章主要从两个方面对现有文献关于高铁项目与旅游业之间的关系做出贡献：

(1) 既有文献（Albalate 和 Fageda，2016；Campa 等，2016；Albalate 等，2017；Hou，2019）一般通过设置一个简单的虚拟变量（即高铁开通后取1，其他取0）来衡量城市是否开通高铁。然而，这种方法却未能识别高铁项目对城市的不同影响。显然，尽管每个城市都运行了高铁，但高铁配置，如高铁列车频率、车站位置和车站级别，是显著不同的。不同于以往研究，本章采用了新的高铁配置变量。与传统的高铁虚拟变量设置方法相比，新的高铁配置数据能够更好地反映高铁项目对城市的差异影响。

(2) 现有研究普遍采用DID模型来检验高铁对旅游的影响（Albalate

[①] 资料来源：http://www.ctaweb.org/html/2018-12/2018-12-28-15-55-12622.html。

和Fageda,2016;Albalate等,2017;Hou,2019)。然而,高铁往往需要运营一段时间才能充分发挥其旅游作用。因此,以往研究采用的DID模型无法检验高铁对旅游业影响的具体时间。在这种情况下,多期DID模型成为本章合理使用的计量模型。与标准的DID模型不同,多期DID模型可以有效地帮助我们识别因果关系的动态过程,即高铁逐年对旅游业的影响。

二、文献综述

(一)高铁对游客的影响

一些学者研究了高铁对游客旅游动机和决策的影响。Harvey等(2014)调查了英国游客对高铁旅游的态度和看法。通过问卷调查,他们确定了6个影响游客高铁出行的因素,包括出行安全、道路空气改善、高铁声誉、舒适度、高铁负面影响和有效出行时间。研究结果表明,不同类型游客对高铁出行的态度不同,从而导致不同的决策行为。Pagliara等(2015)关注了高铁对游客目的地选择的影响。他们通过对马德里地区的游客进行调查,建立Logistic回归模型进行定量分析。结果表明,高铁的舒适性和出行时间的缩短是影响旅游目的地选择的重要因素。Cartenì等(2017)评估了高铁项目对游客旅游决策的影响。他们通过对意大利大学生进行问卷调查发现,城市旅游吸引力和服务对游客的交通选择有显著影响。与普通列车相比,高铁在旅行时间和服务质量方面更具有优势,游客愿意支付比传统列车高出40%的票价。

(二)高铁对旅游业的影响

高铁的开通往往能在短期内促进沿线地区旅游业的发展。Fröidh(2005)认为,瑞典斯韦阿兰(Svealand)高铁线路的开通,使原本难以到达的边境地区成为新的旅游热点。此外,它的开放在短期内极大地刺激了沿线区域的旅游行为。Harman(2006)调查了法国巴黎和里昂之间的TGV高铁。结果表明,高铁加速了巴黎和里昂的一体化效应,从而带动了里昂旅游业的快速发展。

上述学者已经证明了高铁对旅游业的短期效应。但由于高铁开通前后的观测时间通常为几个月,数据受到较大的干扰和波动,故研究结果可能并不真实反映高铁对区域旅游业发展的影响。对此,某些学者建议,应关注高铁对区域旅游业的长期影响。Chen和Haynes(2015)选取中国

1997—2012年的数据,研究高铁对旅游业的影响。通过动态面板模型分析,他们证实了高铁对区域旅游业的发展具有正向影响。Campa等(2016)根据Chen和Haynes(2015)的研究方法,对西班牙47个省1999—2012年的数据进行了对比研究。结果表明,旅游客流量、旅游收入与高铁网络建设呈正相关关系。然而,与中国相比,西班牙的相关程度相对较低。Pagliara等(2020)运用回归树方法(regression tree approach)分析了意大利高铁项目对旅游市场的影响。他们有证据支持高铁与旅游成果之间的正相关关系。此外,还有一些学者认为,高铁在旅游业中的作用会受到其他因素的影响。例如,Campa等(2019)将固定效应计量模型应用于面板数据,重点研究了高铁在文化旅游中的作用。结果表明,高铁对文化旅游具有正向影响。但根据目的地和博物馆的特点,这种影响是不同的。以西班牙加泰罗尼亚南部地中海沿岸的旅游区为例,Gutiérrez等(2019)利用问卷调查来研究游客从位于外部的高铁车站到最终目的地所选择的交通方式。结果表明,良好的公共交通(如公共汽车、出租车等)在促进旅游业发展中发挥着关键作用。

然而,其他学者认为,高铁对区域旅游业的影响很小。Guirao等(2016)利用西班牙1999—2014年的面板数据进行研究。研究结果显示,没有证据表明高铁建设与旅游业发展之间存在必然联系。Albalate和Fageda(2016)以及Albalate等(2017)分析并验证了西班牙高铁项目和旅游业的面板数据,但他们没有得到高铁促进旅游业发展的直接证据。

以往研究基于不同时空尺度的数据,分析了高铁对旅游业的影响,得出的结论存在较大差异。目前,学术界形成了"高铁对区域旅游业的促进作用很大"和"高铁对区域旅游业的影响不大"两种截然不同的观点。因此,高铁对旅游业的影响还有待进一步探索和验证。

在此背景下,本章首先以2006—2015年中国286个地级城市的面板数据为研究样本,[①]并使用DID模型考察高铁对旅游业的影响;其次,采用多期DID模型,逐年识别高铁对旅游业的因果影响;最后,进一步分析高铁配置对旅游业发展的具体影响,其中高铁配置是通过频率、车站位置和等级来测量。

---

① 中西方在行政区划上存在着一定的差异。中国的行政区划由中央政府领导的四个行政层级构成,它们是省级、地级市、县级和乡级(Ma,2005)。省级包括直辖市、自治区等(Li等,2015)。本章使用的样本为地级市(包括直辖市、副省级城市)。

三、理论假设

（一）高铁开通与游客人数

交通基础设施在旅游业发展中的重要性是毋庸置疑的（Masson 和 Petiot，2009）。交通改善通过降低运输成本，促进旅游要素的集聚和扩散。高铁对旅游业影响的主要优势在于对旅行时间的显著压缩。从需求方面来看，高铁的开通大大降低了游客的时间成本。高铁节省的旅行时间可以转化为观光时间和旅游消费。从供给角度来看，高铁增加的可达性可以提高城市的综合竞争力（Kim 和 Sultana，2015），这是现代旅游业的关键要素。因此，我们提出以下假设：

$H1_a$：高铁开通对游客人数有正向的因果效应。

$H1_0$：高铁开通对游客人数没有正向的因果效应。

（二）高铁配置与游客人数

本章集中研究了高铁配置对游客人数的具体影响，其中高铁配置至少包括频率、车站位置和等级。

高铁列车频率是衡量交通网络质量提高的自然指标，对轨道交通系统的改善起着至关重要的作用。具体而言，更高的频率减少了游客的旅行时间，提高了高铁的竞争力，增加了铁路运输的份额（Llorca 等，2018）。根据中国京沪高铁的经验证据，Jiang 和 Meng（2017）证实由于增加了城市列车的总发车频率，高铁接入可以提高城市之间的客流强度。总体而言，高频率保证了高铁乘客的周转率，这可能会增加游客人数的数量。因此，我们提出第二个假设：

$H2_a$：高铁频率的提高对游客人数有正向影响。

$H2_0$：高铁频率的提高对游客人数没有正向影响。

高铁站在城市中的位置可分为两种类型（Diao 等，2017）：一种位于市中心，那里的公共交通（如公交、地铁等）已经比较发达，而另一种则位于远离市中心的郊区。在中国快速的城市化进程中，为了促进城市扩张和节约建设成本，许多城市倾向于在郊区建设高铁车站。事实上，位于郊区的高铁站在交通上明显不如位于市中心的高铁站（Diao 等，2017）。由于交通不便，游客在到达郊区车站时不得不在市内占用大量时间。因此，位于郊区的高铁站可能会影响游客的整体旅行时间和体验，从而可能降低城市对游客的吸引力，减少游客人数。因此，我们提出第三个假设：

H3$_a$：高铁车站的位置会影响游客人数。

H3$_0$：高铁车站的位置不会影响游客人数。

高铁站等级可分为两类：枢纽站和非枢纽站。由于枢纽站是旅客的集散地，连通性高，因此枢纽站可能对旅游产生积极的影响。高铁枢纽站是多条高铁线路交会的地方，这里的火车向四面八方延伸，旅客可以方便地换乘火车。因此，大量的乘客会在枢纽站上下车，从而使得高铁枢纽站的开通和运营往往聚集大量客流。此外，站级也揭示了连接的重要性。以往研究发现，机场作为枢纽对旅游有显著影响（Costa 等，2010），主要原因是枢纽机场通常有很高的连通性（Pels，2001）。而高铁枢纽站具有与枢纽机场类似的功能。由于更好的连通性可以扩大城市的旅游市场，更高级别的高铁站往往对游客人数产生积极影响。因此，我们提出第四个假设：

H4$_a$：更高级别的高铁站会对游客人数产生正向影响。

H4$_0$：更高级别的高铁站不会对游客人数产生正向影响。

四、研究设计与数据来源

（一）实证策略

不少城市都在不同的年份逐步开通了高铁。不同城市高铁的部署时间往往存在差异，这使得高铁的开通成为一种"准自然实验"。因此，本章拟运用 DID 模型来分析高铁对游客人数的影响。截至 2015 年底，我国已有 157 个地级市开通了高铁。这 157 个地级市构成处理组，其余成为对照组。具体而言，本章通过双向固定效应实现了 DID 模型，基准模型如下所示：

$$TOUR_{it}=\alpha+\beta HSR_{it}+\gamma X_{it}+u_i+v_t+\varepsilon_{it} \qquad (5-1)$$

其中，$TOUR_{it}$ 表示城市 i 在 t 年的旅游业发展，以总游客人数来衡量。HSR_{it} 是高铁运营的虚拟变量。u_i 为城市固定效应，v_t 为时间固定效应，ε_{it} 是误差项。α 和 γ 是要估计的系数。β 为 DID 估计量，衡量高铁运营对旅游业的净效应。X_{it} 是一组控制变量，包括交通容量、旅游接待能力、开放程度和人口规模。

（二）定量估计的固定效应模型

本节采用固定效应模型来考察高铁配置对旅游业发展的影响，实证模型如下所示：

$$TOUR_{it}=\alpha+\beta CHARA_{it}+\gamma X_{it}+u_i+v_t+\varepsilon_{it} \qquad (5-2)$$

其中，$CHARA$ 表示高铁配置，包括：(1) $freq$：高铁的频率；(2) $dist$：从高铁站至市中心的旅行距离；(3) hub：高铁枢纽站的虚拟变量。

(三) 变量测算与数据来源

本章着重研究高铁对城市游客人数的影响。鉴于其他因素也会影响游客人数，故本章引入一组控制变量，且所有变量均以地级市为研究对象。详细的变量符号、定义和描述性统计见表5—1。

表 5—1   变量符号、定义和描述性统计

变量	符号	定义	均值	标准差	最小值	最大值
被解释变量	$tour$	总游客人数(100万人)	18.72	26.24	0.05	283.70
高铁开通	HSR	若城市有高铁服务，则$HSR=1$；否则，$HSR=0$	0.31	0.46	0	1
高铁配置	$freq$	高铁的频率	21.70	62.09	0	692
	$dist$	从高铁站到市中心的距离(千米)	11.88	10.20	1.60	60
	hub	如果高铁站为枢纽站，则$hub=1$；否则，$hub=0$	0.12	0.33	0	1
控制变量	$airp$	航空旅客吞吐量(万人次)	203.43	782.07	0	9 918.89
	$road$	每万人道路里程(千米/万人)	31.11	20.87	4.63	395.16
	$hotel$	每万人星级酒店数(酒店/万人)	0.13	0.22	0	4.34
	$trade$	进出口总额占国内生产总值的比重(%)	0.24	0.40	0	3.50
	pop	人口规模(万人)	432.26	306.23	16.41	3 375.20
	$airport$	若城市有机场，则$airport=1$；否则$airport=0$	0.46	0.50	0	1

(1) 因变量($tour$)：$tour$＝入境游客人数＋国内游客人数。①入境游客是指在报告时间内，因观光、度假、探亲、就医、购物、开会或参加经济、文化、体育、宗教等活动而来中国的外国人或港澳台同胞。每入境一次统计一人次，合计为入境游客人数。入境游客(国际游客)包括入境(过夜)游客和入境当日游客。②国内游客是指在报告时间范围内，因观光、度假、探亲、就医、开会或参加经济、文化、体育或宗教活动而在境内旅行的中国公民。他们的旅行目的不是为了从举办上述活动中获得报酬，每出游一次统计一人次。国内游客包括国内(过夜)游客和国内当日游客。

(2) 感兴趣的变量：HSR 是高铁运营的虚拟变量。当城市 i 在 t 年开通高铁时，HSR 为1；否则，它是0。HSR_{2009} 赋值为1，表示该城市在

2009 年已经开通了高铁；否则，它是 0。此外，HSR_{2010}、HSR_{2011}、HSR_{2012}、HSR_{2013}、HSR_{2014}、HSR_{2015} 均有类似的定义。$freq$：高铁的频率；$dist$：从高铁站到市中心的旅行距离，市中心是指地级市的政府驻地。本章首先利用百度地图采集高铁站点和城市中心的地理坐标；其次，运用 Stata 15.1 软件的 geodist 命令计算从高铁车站至市中心的距离。hub：高铁枢纽站的虚拟变量。如果高铁站为枢纽站，hub 等于 1；否则，它等于 0。枢纽站被定义为拥有 4 条或更多高铁线路的高铁车站。Baum-Snow（2007）使用每个城市的公路射线数量来衡量交通可达性。同样，我们也利用城市的高铁射线数来测量高铁站的等级。当城市内高铁射线数大于或等于 4 条时，hub 等于 1；否则，它等于 0。

（3）控制变量：既有研究发现人口规模（Lim，1997；Albalate 和 Fageda，2016）、旅游目的地运输水平（Albalate 和 Fageda，2016）、开放程度（Lim，1997）和城市旅游接待能力（Corte 等，2010）会对旅游业产生影响。因此，本章选择了以下控制变量：①人口规模（pop）：城市人口数量。②旅游目的地运输水平：航空客运量（$airp$）：航空旅客吞吐量；机场扩建（$airport$）：当第 t 年城市 i 有机场时，$airport$ 为 1；否则为 0；道路客运能力（$road$）：每万人道路行驶里程。③开放程度（$trade$）：进出口总额占 GDP 的比重[①]。④旅游接待能力（$hotel$）：每万人拥有星级酒店数。

考虑数据的可得性，本章以 2006—2015 年中国 286 个地级城市数据为研究样本。[②] 地级市数据来源于《中国区域经济统计年鉴》《中国城市统计年鉴》和各城市统计年鉴。高铁的相关数据来源于"全国铁路旅客列车时刻表"。从高铁车站到城市中心的旅行距离由 Stata 15.1 计算而得。机场的相关数据来自中国民用航空局。

五、实证结果

（一）高铁开通对旅游业的因果影响

本章利用 Stata 15.1 软件进行回归分析，考察高铁对游客人数的影

[①] 本章将 GDP 转换为 2006 年不变价格。
[②] 286 个地级市的旅游相关指标（游客人数、国内游客数、星级酒店数）仅在《中国区域经济统计年鉴》中有相对详细的记载。然而，《中国区域经济统计年鉴》目前只公布了截至 2013 年的数据。在这种情况下，本章首先使用了截至 2013 年的这些指标数据；然后，从各个城市的统计年鉴中逐一收集数据。目前，由于 2016 年及以后的数据缺失较多，我们已经尽力收集了截至 2015 年 286 个城市相对完整的数据。因此，考虑到数据的可用性和完整性，本章以 2006—2015 年为研究时段。

响。回归结果见表 5—2。

表 5—2　　　　　　　高铁开通与旅游业(多期 DID 模型)

模型	(1)	(2)	(3)	(4)
HSR	4.099 9*** (3.408 1)	2.609 4*** (3.079 2)		
HSR_{2009}			−1.760 6 (−1.369 3)	−0.577 3 (−0.601 9)
HSR_{2010}			2.227 9* (1.843 9)	1.165 7 (1.184 5)
HSR_{2011}			6.119 5*** (3.879 9)	3.580 3*** (3.278 2)
HSR_{2012}			7.581 5*** (5.126 0)	4.256 7*** (5.155 0)
HSR_{2013}			9.716 8*** (5.181 8)	5.852 4*** (5.181 7)
HSR_{2014}			11.973 6*** (5.288 4)	7.168 8*** (4.903 8)
HSR_{2015}			13.494 8*** (5.465 5)	7.520 5*** (4.652 0)
airp		0.030 0*** (6.800 4)		0.027 8*** (6.535 3)
road		0.023 6** (2.340 1)		0.021 8** (2.516 1)
hotel		3.054 8* (1.889 9)		
trade		4.496 5 (1.099 5)		6.408 7* (1.733 0)
pop		0.014 8 (0.557 8)		0.017 7 (0.710 5)
airport		−0.036 9 (−0.023 3)		−0.246 7 (−0.161 3)
Constant	8.350 4*** (12.363 9)	−3.450 2 (−0.303 7)	8.322 9*** (12.345 9)	−4.368 5 (−0.413 3)
City FE	Yes	Yes	Yes	Yes
Year FE	Yes	Yes	Yes	Yes
R^2	0.463 6	0.706 7	0.501 9	0.716 8

注:(1)括号里为系数的 t 统计量,根据地级市群的稳健标准误计算而得;(2)***、**、*分别表示1%、5%、10%水平的显著性;(3)由于共线性,模型(4)中的自变量 hotel 被省略。

为了保证结果的稳健性,模型(1)是没有控制变量的回归结果,而模型(2)是有控制变量的回归结果。由模型(1)、(2)可知,HSR 的系数均在 1% 水平上显著为正,说明回归结果较为稳健。这些结果强烈显示,高铁开通对游客人数产生了正向影响。具体而言,高铁开通使其服务的城市平均增加了 261 万人次的游客人数。因此,我们拒绝 $H1_0$,即由于高铁开通节省了旅行时间、扩大了游客的流动范围,故吸引了更多的游客来到高铁服务的城市。

中国的高铁线路正逐步建成。本章使用多期 DID 模型来估计高铁对旅游业的时间趋势效应,并引入 2009—2015 年高铁开通的虚拟变量。[①] 此外,为了得到稳健的结果,模型(3)是无控制变量的回归结果,而模型(4)包含控制变量。模型(3)和模型(4)逐年估计了高铁开通后对游客人数的影响。从模型(3)和模型(4)可以看出,在第一年,高铁开通对游客人数没有显著影响,回归结果也相对稳健。但从第二年开始,高铁开通对游客人数的正向影响逐渐显现并增加,说明高铁对旅游业的影响存在时滞效应。随着我国高铁网络的不断完善,高铁对旅游业的促进作用越来越大。本章认为有两个原因可以解释这些结果:首先,初始的高铁线路来源于现有的铁路线,频率和速度都较低;其次,随着中国高铁网络的逐步完善,新高铁线路的增加有助于提高整个高铁连接地区的可达性,促进旅游流动。

(二)高铁配置对旅游业的差异影响

本章进一步研究了高铁配置对游客人数的影响。回归结果如表 5—3 所示。

表 5—3　　　　　　　　　高铁配置与旅游业

模型	(5)	(6)	(7)	(8)	(9)	(10)
HSR					1.437 4 (1.502 2)	1.984 9*** (2.684 6)
$freq$	0.154 0*** (4.899 5)	0.062 3** (2.341 2)				
$HSR \times dist$			−0.079 5 (−1.172 4)	−0.061 3 (−1.366 8)		

---

① 本章拟从 2009 年到 2015 年逐年检验高铁对旅游业的影响。中国首个高铁项目是京津城际铁路。该高铁项目于 2008 年 8 月 1 日开通,最高时速为 350 千米。参考 Deng 等(2019)的方法,我们也假设高铁项目在 6 月 30 日后部署,那么高铁服务将在下一年可用。因此,中国第一个高铁项目于 2009 年投入使用。我们认为,高铁对旅游业的影响可能是从 2009 年开始的。

续表

模型	(5)	(6)	(7)	(8)	(9)	(10)
$HSR \times hub$					14.512 2*** (4.333 4)	3.926 7* (1.719 2)
$airp$		0.022 8*** (4.651 4)		0.030 6*** (6.616 3)		0.029 1*** (6.537 8)
$road$		0.018 5** (2.164 5)		0.305 7** (2.026 3)		0.023 4** (2.291 0)
$hotel$		2.948 3** (1.971 7)		3.105 0 (1.631 2)		2.941 5* (1.838 8)
$trade$		7.021 3** (2.059 8)		6.812 3 (1.116 8)		4.636 3 (1.123 0)
pop		0.010 8 (0.420 5)		0.000 4 (0.011 5)		0.013 4 (0.511 7)
$airport$		0.437 3 (0.298 9)		4.384 4* (1.719 4)		0.005 8 (0.003 7)
$Constant$	8.208 6*** (14.022 9)	−1.588 4 (−0.144 9)	11.969 7*** (9.492 9)	−5.864 5 (−0.296 9)	8.350 0*** (13.510 5)	−2.753 6 (−0.247 7)
City FE	Yes	Yes	Yes	Yes	Yes	Yes
Year FE	Yes	Yes	Yes	Yes	Yes	Yes
R^2	0.652 4	0.720 8	0.483 3	0.737 0	0.495 8	0.708 6

注:(1)括号里为系数的 t 统计量,根据地级市群的稳健标准误计算而得;(2)***、**和*分别表示1%、5%和10%水平的显著性。

(1)高铁的频率对游客人数有影响吗?

根据表5—3,模型(5)是在1%水平上显著为正,而模型(6)是在5%水平下显著为正。因此,我们拒绝 H2₀。这一结果表明,提高高铁频率可以正向影响游客人数。更高的高铁频率可以提高城市的可达性和吸引力,从而吸引更多的游客。

(2)高铁车站的位置对游客人数有影响吗?

从模型(7)和(8)可以看出,交叉项($HSR \times dist$)的系数并不显著。因此,我们接受 H3₀。虽然高铁站与城市中心的距离确实影响了出行便利性,但高铁站的位置似乎并不是决定游客出行行为的关键因素。一般来说,游客可能只关心城市是否有高铁服务,而不会进一步考虑高铁车站的位置。

(3)高铁车站的等级对游客人数有影响吗?

根据表5—3,模型(9)是在1%水平上显著为正,而模型(10)是在

10%水平下显著为正。因此,我们拒绝 H4₀。该结果表明,高铁枢纽站可以增强高铁对旅游客流的正向影响。提升效应主要来自枢纽站提升的网络效应,可以拓展城市潜在的旅游市场。

六、稳健性检验

为了进一步验证结论的可信度,本章进行了一系列稳健性检验。

(一)平行趋势检验

使用 DID 模型的前提是处理组和对照组在高铁开通前应该有平行的趋势。为了保证结论的可信度,我们采用了四种方法对平行趋势进行检验。

首先,本章通过估计方程(5—1)的微修正形式,正式检验了处理组(即高铁服务的城市)和对照组(即没有高铁的城市)在干预前时间趋势是相同的。遵循以往研究(Galiani 等,2005)中的先进方法,我们选择了2006—2014 年对照组城市的所有观测值,而仅选择处理组城市预处理期(the pretreatment period)的观测值。然后,我们去掉高铁(HSR)的虚拟变量,引入(最终)处理组和对照组的单独年份虚拟变量作为自变量来估计稍微修正的方程(5—1)。平行趋势检验的模型可写为:

$$TOUR_{it} = \theta_0 + \theta_1 TREAT \times Y_{2006} + \theta_2 TREAT \times Y_{2007} \\ + \theta_3 TREAT \times Y_{2008} + \theta_4 X_{it} + \varepsilon_{it} \quad (5—3)$$

$\theta_0 \sim \theta_4$ 是要估计的系数。如果该城市最终将被高铁服务,那么 $TREAT$ 的值为 1;否则,它为 0。Y_{2006} 为年份虚拟变量,2006 年取 1。在其他情况下,该值为 0。同理,Y_{2007}、Y_{2008} 均有类似的定义。其余变量的定义方法与方程(5—1)相同。

回归结果见表 5—4。由表 5—4 可知,$TREAT \times Y_{2006}$、$TREAT \times Y_{2007}$ 和 $TREAT \times Y_{2008}$ 的回归系数并不显著,且结果稳健。因此,我们可以认为,高铁开通前(最终)处理组和对照组的游客人数趋势没有显著差异,这证实了本章使用的数据满足平行趋势假设。由此可得,本章使用 DID 模型是恰当的。

表 5—4　　　　　　　　　　平行趋势检验结果

模型	(1)	(2)
$TREAT \times Y_{2006}$	0.777 0	−0.236 5
	(0.532 6)	(−0.180 6)

续表

模型	(1)	(2)
$TREAT \times Y_{2007}$	−0.947 0	−1.382 9
	(−0.901 6)	(−1.308 9)
$TREAT \times Y_{2008}$	−0.095 3	−0.705 3
	(−0.075 4)	(−0.578 5)
Constant	11.082 8***	9.925 2***
	(18.581 2)	(10.988 7)
Covariates	No	Yes
N	1 728	1 678

注：(1)括号里为系数的 t 统计量，根据地级城市群稳健标准误计算而得。(2)***、** 和 * 分别表示 1%、5% 和 10% 水平的显著性。(3)平行趋势检验方法与 Galiani 等(2005)非常相似，只是他们使用了更长的预处理期和固定效应模型。

第二，根据以往研究中的常用方法(Jacobson 等，1993；Beckd 等，2010；Tanaka，2015)，我们类似地应用事件研究方法(Event Study Approach)来检验平行趋势假设。表 5—5 中事件研究法的结果表明，无论是否加入控制变量，b_1、b_2 和 b_3 的回归系数在统计上均不显著。该结果也支持了处理组和对照组在预处理期的游客人数符合共同趋势假设。

表 5—5　　　　　　　　事件研究法分析结果

模型	(1)	(2)
b_3	−0.751 5	−0.808 9
	(−0.738 9)	(−1.051 7)
b_2	0.121 7	0.033 3
	(0.109 9)	(0.038 6)
b_1	0.989 3	1.113 6
	(0.804 9)	(0.996 3)
a_0	2.376 3	1.580 5
	(1.603 6)	(1.120 2)
a_1	4.407 3**	2.976 9
	(2.199 5)	(1.637 3)
a_2	5.084 5***	4.091 3**
	(3.502 6)	(2.451 4)
a_3	6.055 6***	5.193 7***
	(3.012 6)	(3.066 6)
Constant	6.704 8***	−17.457 6*
	(16.829 8)	(−1.773 0)

续表

模型	(1)	(2)
Covariates	No	Yes
City FE	Yes	Yes
Year FE	Yes	Yes
R^2	0.5036	0.6639

注：(1)括号里为系数的 t 统计量，根据地级城市群稳健标准误计算而得。(2)***、**和*分别表示1%、5%和10%水平的显著性。(3)b_3 赋值为1，表示城市 i 在2009年之前已经有3年的高铁服务（即城市 i 在2006年已经有高铁服务）；否则，它是0。a_3 取1，表示城市 i 在2009年之后3年才有高铁服务（即城市 i 在2012年有高铁服务）；否则，它取0。同理，b_2、b_1、a_0、a_1、a_2 均有类似的定义。

第三，我们在图5—1中绘制了 b_1、b_2 和 b_3 在95%置信区间下的估计系数。图5—1描述了高铁开通前（即2006—2008年），b_1、b_2 和 b_3 的估计系数在零附近波动，且与零的差异不显著（即95%置信区间中包含零值）。结果表明，处理组与对照组在预处理期间的游客人数没有显著性差异，故满足平行趋势假设。

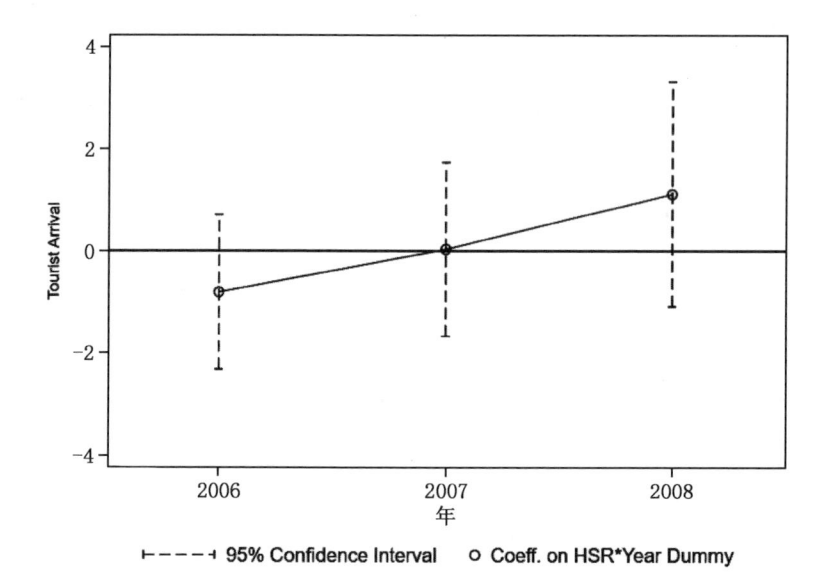

图5—1 事件研究方法分析结果

第四,本章还使用反事实检验来验证平行趋势假设。我们假设在高铁服务的城市中,将高铁实际开通年份提前一年和两年。对此,本章分别构建了两个"伪高铁开通"变量(HSR_{-1}, HSR_{-2})。如果"伪高铁开通"变量对游客人数没有显著影响,则满足平行趋势假设。表 5—6 中的回归结果显示,HSR_{-1} 和 HSR_{-2} 的系数在统计上均不显著,说明这些结果符合平行趋势假设,即在高铁开通前,处理组与对照组无显著性差异,从而进一步证明了采用 DID 方法是可靠的。

表 5—6　　　　　　　　　　检验结果

模型	(3)	(4)
HSR_{-2}	−2.554 9	−1.018 0
	(−1.095 0)	(−0.504 7)
HSR_{-1}	−1.722 3	−0.309 8
	(−0.550 5)	(−0.120 2)
HSR_{2009}	−5.328 4**	−1.690 3
	(−2.401 2)	(−1.146 0)
HSR_{2010}	−0.540 8	−0.363 4
	(−0.224 5)	(−0.189 5)
HSR_{2011}	4.277 0*	2.822 6
	(1.845 5)	(1.456 2)
HSR_{2012}	4.496 8***	3.101 3***
	(4.405 8)	(4.273 9)
HSR_{2013}	6.619 2***	4.219 1***
	(4.732 5)	(4.312 4)
HSR_{2014}	9.137 4***	5.714 7***
	(5.097 1)	(4.086 3)
HSR_{2015}	10.876 8***	4.642 3***
	(5.301 4)	(3.007 7)
Constant	11.075 4***	−1.472 4
	(15.995 2)	(−0.140 4)
Covariates	No	Yes
City FE	Yes	Yes
Year FE	Yes	Yes
R^2	0.503 3	0.708 7

注:(1)括号里为系数的 t 统计量,根据地级城市群稳健标准误计算而得。(2)***、** 和 * 分别表示 1%、5% 和 10% 水平的显著性。

(二)剔除区域中心城市

我国铁路部门在决定高铁规划布局时,可能会优先考虑区域中心城市的高铁开通。[①] 对于非区域中心城市,高铁的部署取决于城市是否位于区域中心城市之间的线路上。也就是说,非区域中心城市的城市规模和经济发展条件并不是决定高铁是否通过城市的直接原因。因此,本节的研究样本为非区域中心城市,这在很大程度上避免了反向因果关系导致的内生性问题。

表5—7和表5—8是在剔除区域中心城市后,高铁对游客人数的回归结果。而表5—7和表5—8的结果与表5—2和表5—3的结果没有显著性差异。因此,我们可以认为表5—2和表5—3中的回归结果是稳健的。

表5—7　　　　　高铁开通与旅游业(剔除区域中心城市)

模型	(1)	(2)	(3)	(4)
HSR	3.234 9***	2.592 3***		
	(4.198 2)	(3.864 4)		
HSR_{2009}			0.241 1	0.305 1
			(0.471 4)	(0.639 2)
HSR_{2010}			1.060 4**	1.208 5***
			(2.356 8)	(2.867 9)
HSR_{2011}			2.436 4***	2.525 6***
			(4.345 8)	(4.590 9)
HSR_{2012}			3.795 8***	3.963 2***
			(5.176 5)	(5.501 8)
HSR_{2013}			4.891 4***	4.711 4***
			(4.947 5)	(4.945 6)
HSR_{2014}			6.256 4***	5.037 2***
			(4.924 5)	(3.955 9)
HSR_{2015}			7.309 2***	5.333 2***
			(4.653 0)	(3.341 6)
$airp$		0.011 2*		0.010 1
		(1.830 4)		(1.636 8)
$road$		0.026 3**		0.024 3**
		(2.272 1)		(2.530 3)

---

① 区域中心城市定义:规模大、经济发展条件优越的城市。其中,本章提到的区域中心城市是指直辖市和省会城市。

续表

模型	(1)	(2)	(3)	(4)
hotel		2.318 8**		2.472 4**
		(2.297 1)		(2.557 3)
trade		0.636 9		1.209 9
		(0.172 2)		(0.345 3)
pop		0.023 3*		0.023 2*
		(1.862 9)		(1.920 0)
airport		0.065 5		0.453 0
		(0.050 1)		(0.357 2)
Constant	5.986 9***	−4.525 7	5.970 4***	−4.668 0
	(16.558 9)	(−0.929 3)	(16.511 1)	(−0.994 0)
City FE	Yes	Yes	Yes	Yes
Year FE	Yes	Yes	Yes	Yes
R^2	0.686 5	0.701 7	0.703 4	0.714 5

注:(1)括号里为系数的 t 统计量,根据地级城市群稳健标准误计算而得。(2)***、** 和 * 分别表示 1%、5% 和 10% 水平的显著性。

表 5—8　　　　高铁配置与旅游业(剔除区域中心城市)

模型	(5)	(6)	(7)	(8)	(9)	(10)
HSR					2.607 2***	2.219 7***
					(3.430 0)	(3.241 6)
freq	0.085 0***	0.077 7***				
	(5.246 5)	(5.115 9)				
HSR× dist			0.001 6	−0.009 3		
			(0.040 7)	(−0.270 7)		
HSR× hub					7.121 7***	5.226 3***
					(4.284 7)	(3.016 0)
airp		0.004 2		0.009 7		0.008 5
		(0.685 1)		(1.438 5)		(1.404 8)
road		0.020 2**		0.084 7		0.026 3**
		(2.318 8)		(0.808 2)		(2.281 0)
hotel		2.405 4***		2.855 2*		2.182 9**
		(2.596 0)		(1.898 5)		(2.219 8)
trade		3.735 4		−0.813 6		0.546 3
		(1.538 4)		(−0.120 4)		(0.149 2)
pop		0.016 2		0.010 8		0.023 4*
		(1.447 9)		(0.480 6)		(1.897 6)

续表

模型	(5)	(6)	(7)	(8)	(9)	(10)
$airport$		0.579 2		2.121 1		0.128 9
		(0.458 4)		(1.434 2)		(0.099 6)
$Constant$	5.933 2***	−2.334 1	7.864 4***	0.019 9	5.985 9***	−4.464 4
	(16.337 9)	(−0.527 6)	(12.845 5)	(0.001 9)	(16.709 5)	(−0.933 6)
City FE	Yes	Yes	Yes	Yes	Yes	Yes
Year FE	Yes	Yes	Yes	Yes	Yes	Yes
R^2	0.726 6	0.733 0	0.734 0	0.740 1	0.698 9	0.706 9

注：(1)括号里为系数的 t 统计量，根据地级城市群稳健标准误计算而得。(2)***、**和*分别表示1%、5%和10%水平的显著性。

(三)使用工具变量(IV)法

DID 模型只有在两组之间不存在未观察到的时变异质性才有效。在理论上，工具变量(IV)法可以较好地解决这一异质性问题。因此，我们采用 IV 方法进行一系列稳健性检验。本章以高铁变量的滞后一期作为工具变量。表5—9、表5—10 报告了使用 IV 方法的回归结果。我们发现表5—9、表5—10 与表5—2、表5—3 的结果在统计上没有显著性差异，从而进一步证实了结论的可靠性。

表 5—9　　　　　　　　　高铁开通与旅游业(使用 IV)

模型	(1)	(2)	(3)	(4)
HSR	10.319 4***	6.577 7***		
	(6.301 1)	(5.365 1)		
HSR_{2009}			0.000 0	0.000 0
			(.)	(.)
HSR_{2010}			1.842 3	1.281 2
			(1.112 0)	(1.042 7)
HSR_{2011}			6.600 6***	4.144 1***
			(4.510 7)	(3.800 9)
HSR_{2012}			8.449 9***	4.775 4***
			(6.174 3)	(4.671 2)
HSR_{2013}			10.094 4***	5.978 4***
			(7.848 9)	(6.216 6)
HSR_{2014}			15.168 4***	9.443 5***
			(9.253 5)	(7.248 2)

续表

模型	(1)	(2)	(3)	(4)
HSR_{2015}			17.7365***	9.8364***
			(10.3692)	(7.4482)
$airp$		0.0319***		0.0288***
		(38.7110)		(35.6164)
$road$		0.0276**		0.0255**
		(2.1404)		(2.0080)
$hotel$		3.8880***		
		(3.3722)		
$trade$		3.1631**		6.0269***
		(1.9977)		(4.2616)
pop		0.0133*		0.0143*
		(1.6648)		(1.8709)
$airport$		0.5608		0.2442
		(0.5399)		(0.2484)
$Constant$	7.8688***	−4.1685	9.6048***	−2.8743
	(12.2367)	(−1.2114)	(17.6690)	(−0.8699)
City FE	Yes	Yes	Yes	Yes
Year FE	Yes	Yes	Yes	Yes
R^2	0.4287	0.6952	0.4950	0.7109

注:(1)括号里为系数的 t 统计量,根据地级城市群稳健标准误差计算而得。(2)***、**和*分别表示1%、5%和10%水平的显著性。(3)由于共线性,模型(4)中的自变量 $hotel$ 被省略。

表5—10 高铁配置与旅游业(使用 IV)

模型	(5)	(6)	(7)	(8)	(9)	(10)
HSR					4.1182**	5.0550***
					(2.4234)	(4.0551)
$freq$	0.1498***	0.1292***				
	(8.0857)	(5.4808)				
$HSR \times dist$			0.0054	−0.0248		
			(0.0467)	(−0.2925)		
$HSR \times hub$					33.2953***	11.5806***
					(11.5102)	(4.2797)
$airp$		0.0171***		0.0323***		0.0298***
		(6.1056)		(29.9848)		(30.7720)

续表

模型	(5)	(6)	(7)	(8)	(9)	(10)
road		0.017 7		0.283 8**		0.026 3**
		(1.380 9)		(2.217 5)		(2.024 0)
hotel		3.769 1***		3.534 6**		3.542 1***
		(3.343 2)		(2.339 0)		(3.038 9)
trade		7.929 0***		5.608 4**		3.730 0**
		(4.466 7)		(2.080 1)		(2.326 7)
pop		0.003 6		−0.004 5		0.011 4
		(0.458 4)		(−0.356 3)		(1.416 7)
airport		1.529 2		4.638 1*		0.654 5
		(1.459 9)		(1.934 3)		(0.624 1)
Constant	8.945 4***	1.145 6	13.633 3***	−3.323 1	7.239 5***	−3.507 4
	(19.514 9)	(0.337 0)	(12.764 4)	(−0.451 8)	(10.803 8)	(−1.009 8)
City FE	Yes	Yes	Yes	Yes	Yes	Yes
Year FE	Yes	Yes	Yes	Yes	Yes	Yes
R^2	0.653 1	0.708 0	0.481 5	0.734 4	0.390 5	0.689 9

注：(1)括号里为系数的 t 统计量，根据地级城市群稳健标准误计算而得。
(2)***、** 和 * 分别表示1%、5%和10%水平的显著性。

七、结论

本章基于2006—2015年中国286个地级城市数据，研究了高铁对游客人数的影响。研究结果表明，高铁开通对游客人数产生了正向影响，且结论经过一系列稳健性检验后仍然有效，并与既往研究一致(Chen 和 Haynes,2015;Campa 等,2016;Pagliara 等,2020)。

此外，本章还逐年检验了高铁开通对游客人数的影响。然而，多期DID模型已经证实高铁对旅游业具有时滞效应。而且我们发现，从第二年开始，高铁开通对游客人数的正向影响逐渐显现并增强。除此之外，本章还重点研究了高铁配置对游客人数的影响。结果表明，高铁配置对旅游业具有不同的影响，其中高铁频率和枢纽功能对游客流量产生正向影响，而高铁站的位置对旅游业没有显著影响。

尽管本章对以往关于高铁项目和旅游业之间关系的文献有所贡献，但也存在一定的局限性。由于数据的可获得性，本章用于平行趋势检验的预处理期(即2006—2008年)较短，这使得检验共同趋势的存在性较为困难。为了获得更多的样本，本章以我国286个地级市为研究对象，考察了高铁对游客人数的影响。目前,我们致力于收集 286 个城市 2006—2015 年的相对完整的数据,而其他年份则有大量的数据缺失。在这种情况下,由于数据的可得性,本章仅以 2006—2008 年作为预处理期进行平行趋势检验。然而,我们仍不遗余力地用四种方法来证明本章所用的数据符合共同趋势假设。为解决这一局限性,未来的研究可以在中国官方统计年鉴公布更完整数据的前提下,利用更长的预处理期,仔细地进行平行趋势检验。

第六章 酒店行业能从交通便利性提升中获益吗？
——来自中国高速铁路的经验证据

高速铁路开通有效提升了城市的可达性，扩展了旅游目的地的客源范围，便利了游客出行，对旅游产业发展产生了重要的影响。本章基于中国 2010—2017 年 50 个重点旅游城市的面板数据，使用 Tobit 计量模型，实证研究了高铁运行特征对酒店客房出租率的影响。研究结果表明：高铁停靠频次和枢纽站对酒店客房出租率具有显著的正向影响。与位于城市中心的高铁站相比较而言，位于城市郊区的高铁站对酒店客房出租率有显著的负面影响。本章从将酒店进一步划分为奢侈型酒店和经济型酒店来看，高铁停靠频次和枢纽站对奢侈型酒店和经济型酒店客房出租率均具有显著的正向影响。然而，高铁站位置对于奢侈型酒店和经济型酒店客房出租率的影响不同。位于城市郊区的高铁站对奢侈型酒店客房出租率的影响不显著，而对经济型酒店客房出租率有显著的负面影响。

一、问题的提出

近年来，高速铁路（以下简称"高铁"）建设逐渐在全球范围内掀起新一轮热潮。目前，欧洲大陆（包括法国、西班牙、德国等）、中国等已经建成较为完善的高铁网络（Wang 等，2017）。高铁具有快速、高效、准时的特征和突出的客运能力，大幅降低沿线地区的出行阻力，加速了沿线地区人员、资金、信息等的流动（Wang 等，2018）。

高铁开通提升了接入城市的可达性（Ortega 等，2012；Zhang 等，2016；Diao，2018），游客在时间距离不变的情况下，空间距离逐渐增大，这对于游客选择旅游目的地产生了深远的影响。交通便利和出行范围扩大激发新的旅游需求，增强了目的地的旅游吸引力，推动了沿线地区的旅游发展（Jones 等，2016）。因此，旅游业是高速铁路开通之后受益较大的行业。目前，对高铁影响旅游业的研究成果众多，主要集中在高铁对区域旅游业发展（Albalate 和 Fageda，2016；Pagliara 等，2017）、旅游者出游行为的影响(Gao 等,2019;Masson 和 Petiot,2019)等方面。作为旅游业的重要组成部分,酒店业在经济发展中占有重要地位(Yang 等,2017;Hernández-Perlines 等,2019)。然而,总的来看,目前已有的研究都是分析高铁开通对旅游行业整体的影响,却较少关注高铁对目的地酒店业的影响。

以中国为例,改革开放以来,中国酒店业得到了飞速发展。作为世界上最大的出口中心之一,中国正成为全球最热门的旅游目的地之一。海外游客的大量涌入和国内旅客的大量出行对中国的酒店业产生了巨大的需求,带动了中国酒店业的快速发展(Yu,2015)。因此,国内外学者对中国酒店业的发展问题进行了广泛的研究(Gu 等,2012;Huang 等,2012;Yang 和 Mao,2016;Yang 等,2017;Walheer 和 Zhang,2018)。

高铁在以中国为代表的发展中国家取得了巨大的成功。目前,中国已经建成"四纵四横"高铁网络,高铁营业里程 2.9 万千米,居世界第 1 位,超过世界高铁总里程的三分之二。① 根据近期中国《中长期铁路网规划》(2004 年制定,2008 年和 2016 年修编),到 2025 年,中国高铁网络总长度将达到 3.8 万千米,连接所有人口超过 50 万的城市。在中国高速铁路网络快速扩张的背景下,关于中国高铁旅游的研究仅仅停留在高铁开通对旅游业的整体影响(Wang 等,2014;Wang 等,2018;Gao 等,2019),对分行业(如酒店业)的研究不多见。而且现有研究未能深入研究高铁运行特征对旅游经济的影响。高铁使布站城市旅游类型发生变化,其中一日游城市显著增加,部分布站城市过夜旅客增多,旅游消费额增加;部分城市过夜旅客显著减少,平均旅游消费额减少(Zhang 等,2013),可能会对酒店客房出租率产生影响,但相关的研究还较少。由于酒店业高度依赖人口的流动,高铁停靠频次、车站位置和车站等级等特征可能会影响酒店业的发展。高铁停靠频次高保证了较高的旅客周转量。位于郊区的高铁站和市中心之间的经济联系相当薄弱。而枢纽站往往会汇集大量的旅客。因此,高铁运行特征可能会影响目的地酒店的客房出租率。然而,鲜有研究将高铁停靠频次、车站位置和车站等级运行特征纳入实证分析。

因此,本章以中国 2010—2017 年 50 个重点旅游城市为分析样本,采用 Tobit 模型,研究高铁对酒店客房出租率的影响。本章重点关注高铁停靠频次、车站位置和车站等级 3 个核心高铁运行特征。本章可以在高

---

① 资料来源:http://js.people.com.cn/n2/2018/1225/c359574-32447440.html。

铁经济时代为决策者更好地进行高速铁路规划和制定酒店业发展政策提供参考依据。

本章的边际贡献体现在：第一，以往研究多使用设置 0—1 变量的方法分析高铁对旅游业的影响。本章聚焦高铁停靠频次、车站位置和车站等级 3 个核心高铁运行特征对酒店客房出租率的影响。在实证分析中研究高铁运行特征对酒店客房出租率的影响。第二，本章在进一步分析中将星级酒店划分为奢侈型酒店和经济型酒店，探索高铁运行特征对不同类型酒店客房出租率的异质性影响。

本章剩余部分的结构安排如下：第二部分简要回顾现有文献并提出研究假说；第三部分介绍变量定义、数据来源和研究方法；第四部分采用计量经济学模型分析高铁对酒店客房出租率的影响；第五部分总结本章的研究结论并进行展望。

二、文献回顾与理论假说

（一）文献回顾

高铁具有快速、高效、准时的特征和突出的客运能力。高铁的开通使沿线城市具备了更重要的区位特征，提升了沿线城市的交通可达性（Ortega 等，2012；Martínez 和 Givoni，2012；Zhang 等，2016）。交通基础设施是连接旅游客源地和旅游目的地的重要桥梁，对旅游业发展具有重要影响，良好的外部交通也有利于提高地区旅游业的竞争力。如果旅游目的地的交通不够便捷，消费者很可能会改变选择（Prideaux，2000）。近年来，随着高铁的快速发展，高铁对旅游业的影响开始引起学界的极大关注。

一是高铁对区域旅游业和旅游经济的影响分析。高铁大幅推动了沿线地区的旅游发展，旅游市场上往往会出现以高铁线路为主干、以停靠站点为集散地、以沿途周边地区为辐射的客源流向新格局（Jones 等，2016；Pagliara 等，2017；Campa 等，2018）。Wang 等（2018）以中国高铁为例的研究就表明，高铁加强了城市间的旅游经济关系，表现出旅游外部经济关系变化率空间分布的"廊道"效应。同时，大部分研究都显示，高铁对区域旅游产业发展产生了积极影响。Pagliara 等（2015）分析了高铁对西班牙首都马德里旅游服务力格局的影响。研究发现，在高铁影响下拉大了节点城市和非节点城市之间旅游服务力的差距。Campa 等（2016）以中国和西班牙为例的研究显示，高铁开通后对于旅游收入具有非常显著的正面促进作用。

二是高铁对旅游行为和旅游形式的影响。一些研究结果认为高铁对消费者旅游行为产生了重大影响,从瑞典(Fröidh,2005)、意大利(Pagliara 等,2017)和中国(Gao 等,2019)的案例研究发现所有高铁服务的城市中,高铁对游客数量都是显著的正面影响。Masson 和 Petiot(2009)认为,高铁节省了旅途时间,增加了旅客在目的地的逗留时间,从而使旅游消费者获得效应最大化。同时,高铁使布站城市旅游的类型发生了变化,其中一日游城市显著增加,部分布站城市过夜旅客显著增多,另一部分城市过夜旅客则减少(Zhang 等,2013)。因此,高铁开通之后对旅游行为的重塑可能会对酒店业产生影响。

作为旅游业的支柱产业之一,酒店业是旅游服务接待的关键主体。目前,学者对酒店业的研究成果丰富繁杂,此处仅做简要介绍。一方面,现有的研究立足整个行业,主要集中在评估酒店业的效率(Huang 等,2012;Ashrafi 等,2013)、探索酒店业的空间分布及其影响因素(Balaguer 和 Pernías,2013;Li 等,2015;Gutiérrez 等,2017;Fang 等,2019)、分析酒店业发展的影响因素(Yang 和 Cai,2016;Mao 和 Yang,2016;Brien 等,2017;Ivanov 和 Stavrinoudis,2018)。另一方面,已有的研究从微观个体层面上研究酒店的经营绩效(Lei 等,2019;Woo 等,2019)、客房定价策略(Yang 等,2016;Melis 和 Piga,2017;Soler 等,2019;Sánchez-Pérez 等,2019)以及收益管理(Aydin 和 Birbil,2018;Saito 等,2019;Xu 等,2019)等方面。

国内外学者关于高铁对旅游业的影响已经积累了相当有价值的文献,但是仍然存在一些不足之处。第一,现有的成果主要以旅游业为研究对象,仅仅使用高铁开通的虚拟变量(开通前取值为0,开通后取值为1)分析高铁对城市旅游业的影响,较少关注高铁停靠频次、车站位置和车站等级等运行特征对旅游业的影响。尽管酒店业作为旅游产业的重要组成部分,可是鲜有文献分析高铁对酒店业发展的影响。第二,从酒店业的角度来看,不同星级的酒店提供的服务以及面对的消费群体都存在明显的差异,高铁对不同类型星级酒店客房出租率的影响存在何种差异,鲜有学者对此进行深入挖掘。

鉴于此,本章基于研究的科学性和数据的可得性,尝试通过中国50个重点旅游城市2010—2017年的面板数据实证检验高铁停靠频次、车站位置和车站等级3个核心高铁运行特征对酒店客房出租率的影响,试图来填补这一研究空白。同时,本章还进一步探究了高铁运行特征对不同类型星级酒店发展的差异性影响。本章对于丰富城市地理学、旅游地理学的学科内容和对酒店的选址以及城市旅游部门制定政策和规划有着重要的理论意义和实践意义。

(二)假说提出

1.高铁停靠频次对酒店客房出租率的影响

高铁作为一种快速、高效的交通方式,能够大幅改善沿线城市交通可达性、改变城市内交通结构并且形成新的旅游圈,对城市旅游发展产生重要影响。高铁停靠频次是衡量高铁运输服务质量的重要指标。高铁停靠频次的增加,可以增强城市之间的空间相互作用,影响着城市之间人流、物流、信息流、资金流的联系速度和频率。已有的研究发现城市高铁停靠频次越高,平均客流强度越大,对旅游客流增加的作用最为显著(Jiang和Meng,2017)。较高的高铁停靠频次保证了高铁的旅客周转量,可能会增加潜在的消费者,对酒店客房出租率有正面的影响。因此,本章提出有待检验的研究假说 H1。

H1:高铁停靠频次对酒店客房出租率具有正面影响。

2.高铁车站位置对酒店客房出租率的影响

高铁车站在城市中的位置可分为两种:一种是位于城市公共交通已经比较发达的城区,如上海虹桥站;另一种则是位于距离城市中心较远的外围郊区。事实上,中国各城市位于郊区的高铁站,其交通便利程度显著差于位于城市中心的高铁站(Diao 等,2017)。而酒店的空间分布往往呈集聚分布,总体来说中心城区占大多数,仅有少量分布在城市郊区(Yan 等,2014)。位于城市郊区的高铁站,因为距离酒店路程较远,交通也不方便,旅客要在去酒店的路上花费大量的时间。这样可能会降低酒店对游客的吸引力,不利于酒店业的发展。因此,位于郊区的高铁站可能对酒店客房出租率有负面的影响。据此,本章提出有待检验的研究假说 H2。

H2:高铁车站位置对酒店客房出租率有影响。

3.高铁车站等级对酒店客房出租率的影响

高铁车站按等级可以划分为枢纽站和非枢纽站。本章根据中国《"十三五"现代综合交通运输体系发展规划》,将位于国际性综合交通枢纽、全国性综合交通枢纽和区域性综合交通枢纽及口岸枢纽的高铁站定义为枢纽站。枢纽站是位于诸多重要交通方式交汇接驳处的站点,作为区域空间结构的重要节点和城市发展的重点地区。伴随着高铁枢纽的开通运营,以长距离、大客流运输为特征的高铁在枢纽站吸引了大量的人流、物流、信息流等生产要素。酒店业的中心要素就是游客数量和规模,枢纽站为城市带来了更多的旅游客流量,潜在的消费者可能也会越多,增加了旅游消费几率,对于酒店业的发展具有重要的意义。因此,总的来说,枢纽站可能会对酒店客房出租率有显著的正向影响。据此,本章提出有待检验的研究假说 H3。

H3:枢纽站对酒店客房出租率有正向的影响。

4.高铁对不同类型星级酒店客房出租率影响的差异

首先,高星级的酒店不但房间设施豪华,而且综合服务项目数量多、服务质量优良,如为旅客提供专车接站服务;其次,选择高星级酒店住宿的旅客收入往往较高,愿意支付较高的费用以便捷地抵达酒店,如选择乘坐出租车直接到酒店。因此,对于高星级的酒店而言,即使高铁站位于郊区,旅客也可以选择出租车或者乘坐专车便利地到达酒店。位于郊区的高铁站对于高星级的酒店客房出租率几乎没有影响。然而,选择低星级酒店住宿的消费群体,收入相对比较低,只能选择公共交通到达酒店,旅途不便,因此并不会选择在当地酒店住宿。位于郊区的高铁站对于低星级酒店的客房出租率有负面影响。因此,本章提出有待检验的研究假说 H4。

H4:高铁对不同类型星级酒店客房出租率的影响不相同。

三、研究设计与数据来源

本章使用 2010—2017 年中国 50 个重点旅游城市的数据,运用 Tobit 模型分析高铁对酒店客房出租率的影响。基本回归结果反映了高铁对酒店业的总体影响。在基本回归结果的基础上,本章进一步将星级酒店划分为奢侈型酒店和经济型酒店,讨论高铁对不同类型星级酒店客房出租率的影响差异。

(一)实证模型及变量

本章参照已有的研究文献(Yang 和 Cai,2016),建立如下模型,验证高铁开通对酒店客房出租率的影响:

$$OOC_{it} = \alpha + \beta \times CHARA_{it} + \gamma \times X_{it} + \varepsilon_{it} \qquad (6-1)$$

其中,下标 i 表示各城市,t 代表年份。OCC 是酒店客房出租率,$CHARA$ 为高铁的运行特征变量,本章分别选用高铁日停靠频次(FRE)、高铁站位置(LOC)和高铁站等级(GRA)作为高铁的特征变量。X_{it} 为一系列控制变量,结合相关文献(Lei 和 Lam,2015;Mao 和 Yang,2016;Yang 和

Cai,2016),本章选取经济水平(PGDP)、产业结构(IND)、对外开放程度(OPEN)以及信息化水平(INF)作为控制变量。ε_{it} 为误差项。

(二)数据来源及处理

酒店客房出租率(OCC)。本章使用中国 50 个重点旅游城市 2010—2017 年的星级酒店的平均客房出租率表示酒店客房出租率,数据来源于历年《中国旅游统计年鉴》。

高铁日停靠频次(FRE)。指标的定义是每日停靠在高铁站的高铁车次数量,数据来自 2010—2017 年纸质版"全国铁路旅客列车时刻表"以及软件版"极品列车时刻表"。

高铁站位置(LOC)。若高铁站点位于城市郊区,将其赋值为 1,若高铁站点位于城市中心,则将其赋值为 0。由于每个城市的形态并不规则,如果单纯根据高铁站与行政中心之间的绝对距离评价高铁设站区位会存在一定的误差。本章参考 Diao 等(2017)的方法,利用城市距离指数来判断高铁站点处于郊区还是城市中心,公式如下:

$$q = \frac{d}{\sqrt{p/\pi}} \qquad (6\text{—}2)$$

其中,q 为距离指数,衡量高铁距离城市中心的远近;d 为城市高铁站点距离城市中心的交通距离,此数据可从百度地图中查得;p 为该城市的建成区面积。当距离指数 $q<1$ 时,则高铁处于城市中心,此时 $LOC=0$;当距离指数 $q>1$ 时,则高铁处于城市郊区,此时 $LOC=1$。

高铁站等级(GRA)。若高铁站点为枢纽站,将其赋值为 1。其他情况,则将其赋值为 0。本章依据《"十三五"现代综合交通运输体系发展规划》,如果高铁站点在国际性综合交通枢纽、全国性综合交通枢纽、区域性综合交通枢纽及口岸枢纽中,此时 $GRA=1$。其他情况,$GRA=0$。

控制变量。城市经济水平(PGDP)采用人均 GDP;产业结构(IND)采用第二产业占 GDP 比重;对外开放程度(OPEN)采用当年实际利用外商直接投资金额占 GDP 比重;信息化水平(INF)采用国际互联网用户数。所有数据均来源于历年《中国城市统计年鉴》和《中国统计年鉴》。表6—1 总结了主要变量的定义以及描述性统计结果。

表 6—1　　　　　　　　研究变量与描述性统计

变量	定义	样本数	均值	标准差
OCC	酒店客房出租率(%)	400	58.176 7	8.243 3

续表

变量	定义	样本数	均值	标准差
OCC4_5	奢侈型酒店客房出租率(%)	400	57.976 5	10.995 3
OCC2_3	经济型酒店客房出租率(%)	400	54.432 5	10.887 6
FRE	每日停靠在高铁站的高铁车次数量(车次)	400	146.812 5	164.036 7
LOC	二元选值变量,高铁站位于郊区取值为1;其他情况取值为0	400	0.625 0	0.484 7
GRA	二元选值变量,枢纽站取值为1;其他情况取值为0	400	0.865 0	0.342 2
PGDP	人均GDP(万元)	396	7.508 3	4.076 2
IND	第二产业占GDP比重(%)	399	43.665 4	9.625 8
OPEN	外商直接投资占GDP比重(%)	393	2.963 3	2.136 8
INF	国际互联网用户数(万户)	392	223.089 1	319.672 0

注:美元兑人民币汇率采用历年货币汇率(年平均价)。

四、实证结果分析

(一)高铁对酒店客房出租率的影响

当因变量为截尾(Truncated)或删失(Censored)时,宜使用受限因变量(Limited Dependent Variable)Tobit回归模型。它运用极大似然估计,既可分析连续型数值变量,也可分析虚拟变量。本章考虑到客房出租率是一个在0到1之间的数值,因此采用受限因变量Tobit模型分析高铁对酒店客房出租率的影响。表6—2给出了各解释变量对酒店客房出租率影响的估计结果。模型(2)、模型(4)和模型(6)是加入了控制变量(城市经济水平、产业结构、对外开放程度和信息化水平)之后的估计结果。

表6—2　　　　高铁特征对酒店业的影响(Tobit回归法)

模型 变量	(1) OCC	(2) OCC	(3) OCC	(4) OCC	(5) OCC	(6) OCC
FRE	0.011 4*** (6.33)	0.011 5*** (4.68)				
LOC			−1.477 1* (−1.71)	−1.551 2* (−1.71)		

续表

模型 变量	(1) OCC	(2) OCC	(3) OCC	(4) OCC	(5) OCC	(6) OCC
GRA					5.856 8*** (4.92)	5.564 9*** (4.54)
PGDP		−0.108 0 (−0.86)		0.121 7 (1.22)		0.126 8 (1.45)
IND		0.034 2 (0.79)		0.004 0 (0.10)		−0.003 3 (−0.08)
OPEN		−0.128 1 (−0.72)		−0.095 9 (−0.55)		−0.141 3 (−0.79)
INF		0.001 9*** (2.99)		0.003 2*** (2.94)		0.002 7*** (3.21)
Constant	56.500 9*** (102.45)	55.903 8*** (27.59)	59.099 9*** (84.30)	57.813 9*** (29.73)	53.110 5*** (47.78)	52.543 9*** (24.38)
N	400	390	400	390	400	390

注：括号内是 t 值；***、**和*分别表示1%、5%和10%的显著性水平。

首先，总体来看，表6—2中模型(1)FRE 的回归系数在1%的水平上显著为正，当加入控制变量之后，表6—2中模型(2)FRE 的回归系数仍然在1%的水平上显著为正，回归结果较为稳健。回归分析的结果表明 FRE 对酒店客房出租率有正向的影响，验证了研究假说1的结果。可能的原因是高铁停靠频次较高，显著提高了旅游目的地的交通便利性。高铁停靠频次较高的城市可以吸引更多游客。已有的研究发现游客到达人数和酒店客房出租率呈正相关关系。就实际而言，游客在旅游过程中的食宿费用占旅游花费的比例较高，这可能是对酒店客房出租率有正向影响的重要原因。

其次，从表6—2可以看出不加控制变量的模型(3)和加入控制变量的模型(4)中 LOC 的回归系数均在10%的水平上显著为负，与研究假说2的预期一致。这说明相对于位于城市中心的高铁站点而言，位于城市郊区的高铁站对酒店客房出租率有显著的负面影响。可能的原因有两点：第一，位于城市外围的高铁站点由于距离城区较远，并且交通不便、通勤时间长；第二，旅客可能会觉得路途遥远，从酒店到车站需要花费太多时间，为了避免第二天早上要花时间去赶车，所以可能当天就乘坐火车直接去另一个目的地，并不会选择在当地酒店住宿。因此，高铁站设置在郊区会使得高铁对酒店客房出租率有负面影响。

最后，表6—2中模型(5)和(6)列出了以 GRA 作为解释变量对酒店客房出租率影响的实证结果。GRA 的回归系数均在1%的水平上显著为正,研究假说3得到证实。这说明枢纽站有利于酒店客房出租率的提高。可能的原因有两点:枢纽站一般是通达全球、衔接高效、辐射范围大的交通中枢,而且是人流、物流、信息流等的重要载体;第二,枢纽站是与国民经济各部门联系最紧密的环节,是铁路网的一个重要组成部分,以其高效、便捷的集散功能吸引大量的人流。因此,枢纽站为酒店业的发展带来了大量的潜在消费者,最终促进了酒店客房出租率的提高。

(二)高铁对不同类型酒店客房出租率的影响

现有的研究(Huang 等,2015;Kele 等,2017;Teng 等,2017;Chen,2019)把四星级和五星级酒店都看做奢侈型酒店。它们可以提供更好的设施以及服务,例如高档餐厅、会议厅和宴会厅、安排专车服务等。而把二星级和三星级酒店看作经济型酒店,因为它们设备和服务比较简单,只能满足客人最简单的旅行需要。这两种类型的酒店的消费者也存在较大的差异。因此,为了进一步探索高铁对奢侈型酒店和经济型酒店客房出租率的影响差异,分样本对二者进行回归分析,回归结果分别呈现在表6—3、表6—4中。

从高铁日停靠频次、高铁站等级这两个解释变量的角度来看。表6—3中模型(1)和(5)以及表6—4中模型(1)和(5),FRE 和 GRA 的回归系数均在1%的水平上显著为正。加入控制变量后,表6—3中模型(2)和(6)以及表6—4中模型(2)和(6),FRE 和 GRA 的回归系数依然在1%的水平上显著为正,表明估计结果稳健。结果表明,高铁日停靠频次、高铁站等级对奢侈型酒店和经济型酒店客房出租率均存在显著的正向影响。此外,综合对比各个回归模型,无论是就酒店业整体而言,还是就奢侈型酒店和经济型酒店而言,FRE 和 GRA 的回归系数均显著为正。这主要得益于高铁开通之后,改善了沿线地区的交通可达性。由于高铁具有突出的客运能力,其节省旅行时间的价值和可靠性使沿线地区获得区位优势,从而大幅提升旅游吸引力,吸引了更多的旅客,带来了潜在的消费群体。高铁日停靠频次较高更是为旅游目的地源源不断地输送了大量的旅客。而枢纽站作为区域交通中心人员往来众多,使得旅游规模和旅游人数都得到增长,客流的增大为酒店业提供了丰富的客源,扩大了对本地酒店的需求,本地酒店业从中受益。因此,FRE 和 GRA 对酒店客房出租率有显著的正向影响。

从高铁站位置这个解释变量的角度来看。表6—4中模型(3)中 LOC 的回归系数在10%的水平上显著为负。加入控制变量后的模型(4)中

LOC 的回归系数仍然在 10% 的水平上显著为负,回归结果较为稳健。结果显示,相对于位于城市中心的高铁站点而言,位于城市郊区的高铁站点对经济型酒店客房出租率有显著的负面影响。然而,从表 6—3 中模型(3)和模型(4)可以看出 LOC 的回归系数均不显著,回归结果也比较稳健。结果表明高铁站的位置对豪华型酒店出租率没有影响,研究假说 4 得到证实。可能的原因有两点:第一,从酒店消费群体特征的角度来看,选择奢侈型酒店住宿的消费群体,一般收入比较高,愿意支付较高的费用以便捷地抵达酒店,如选择乘坐出租车直接到酒店;第二,从酒店提供的服务角度来看,奢侈型酒店综合服务设施完善,服务项目多,能够提供优质服务,如提供专车接站服务。旅客无论是选择出租车还是乘坐专车到酒店,都可以免去交通顾虑,节约时间。因此,高铁站的位置对于豪华型酒店出租率没有影响。相比较而言,选择经济型酒店住宿的消费群体,收入相对比较低,酒店也不会提供接站服务。他们更倾向于选择公共交通(地铁、公交车)到酒店,所以需要花更多的时间,为了不耽误旅游行程,很可能直接去另一个目的地,并不会选择在当地酒店住宿。因此,位于郊区的高铁站点对经济型酒店客房出租率有显著的负面影响。

表 6—3　　　　　高铁特征对豪华型酒店的影响(Tobit 回归法)

模型 变量	(1) OCC4_5	(2) OCC4_5	(3) OCC4_5	(4) OCC4_5	(5) OCC4_5	(6) OCC4_5
FRE	0.019 0*** (7.73)	0.017 2*** (5.76)				
LOC			−0.852 0 (−0.71)	−1.284 5 (−1.08)		
GRA	(2.95)				5.434 5***	5.132 5*** (3.24)
PGDP		−0.201 5 (−1.39)		0.154 6 (1.25)		0.157 3 (1.44)
IND		−0.053 9 (−0.91)		−0.102 9* (−1.76)		−0.109 1* (−1.90)
OPEN		0.121 8 (0.51)		0.139 5 (0.59)		0.101 9 (0.42)
INF		0.002 9*** (2.59)		0.005 0** (2.36)		0.004 6** (2.49)
Constant	55.184 2*** (68.91)	58.691 1*** (20.96)	58.509 0*** (56.75)	61.013 4*** (20.96)	53.275 6*** (33.83)	56.227 4*** (16.82)
N	400	390	400	390	400	390

注:括号里为系数的 t 统计量;***、** 和 * 分别表示 1%、5% 和 10% 的显著性水平。

表 6—4　　　　　　　高铁设置对经济型酒店的影响（Tobit 回归法）

模型 变量	(1) OCC2_3	(2) OCC2_3	(3) OCC2_3	(4) OCC2_3	(5) OCC2_3	(6) OCC2_3
FRE	0.0097*** (3.78)	0.0112*** (2.91)				
LOC			−1.9066* (−1.68)	−1.9887* (−1.66)		
GRA					10.4942*** (6.91)	10.2750*** (6.75)
PGDP		−0.2121 (−0.97)		0.0052 (0.03)		0.0029 (0.02)
IND		0.0944 (1.63)		0.0670 (1.18)		0.0569 (1.08)
OPEN		0.0120 (0.05)		0.0575 (0.25)		−0.0005 (−0.00)
INF		0.0031*** (3.05)		0.0044*** (2.67)		0.0034*** (3.02)
Constant	53.0091*** (75.09)	49.5456*** (18.39)	55.6241*** (61.01)	51.6502*** (18.45)	45.3550*** (32.04)	42.3663*** (14.61)
N	400	390	400	390	400	390

注：括号里为系数的 t 统计量；***、** 和 * 分别表示 1%、5% 和 10% 的显著性水平。

五、结论与展望

（一）研究结论

高铁作为铁路交通发展的重大变革，最直接的作用体现在给城市旅游创造的"时空效应"，为城市旅游业带来了越来越多的发展机遇和条件。在全球高铁快速规划、建设与运营的大背景下，学术界开始关注高铁对城市旅游经济发展的影响。现有的研究成果主要以旅游业为研究对象，使用高铁开通的虚拟变量分析高铁与城市旅游业发展的关系。然而，高铁运行特征往往会影响高铁旅游经济效应的实现过程，目前这方面的研究受到的关注仍然较少。因此，本章重点关注高铁停靠频次、车站位置和车站等级 3 个核心的高铁运行特征对酒店客房出租率的影响。高铁停靠频次影响着城市中人流、物流、信息流以及资金流的联系速度和频率。高铁停靠频次越高，保证了高铁的旅客周转量，会对酒店客房出租率有正向影响。高铁站位置则影响高铁站与城市中心联系的紧密程度。显然，位于城市郊区的高铁车站远离市中心，交通不便，通勤时间长，高铁车站和市中心之间的经济联系相当薄弱，会对酒店客房出租率产生负面影响。枢纽站作为区域的核心交通站点,经常是多条交通要道的交汇中心。枢纽站为区域内部和区域对外的人员及物资交流提供集散和中转服务。总的来说,枢纽站上下车和换车的乘客多,会汇集大量的旅游流,会对酒店客房出租率有正向促进作用。因此,不同的高铁运行特征会对区域酒店业产生不同的影响。

本章采用中国50个重点旅游城市2010—2017年的面板数据分析高铁运行特征对酒店客房出租率的影响,得到以下结论:第一,整体上来看,高铁停靠频次和枢纽站对酒店客房出租率具有正向的影响。与位于城市中心的高铁站相比较而言,位于城市郊区的高铁站对酒店客房出租率有显著的负面作用。第二,分样本来看,高铁停靠频次和枢纽站对奢侈型酒店和经济型酒店客房出租率均有显著的正面影响。然而,高铁站位置对于奢侈型酒店和经济型酒店的客房出租率影响存在差异。位于城市郊区的高铁站对奢侈型酒店客房出租率没有影响,却对经济型酒店客房出租率有显著的负面作用。

(二)研究思考与展望

作为当今世界"交通革命"的一个重要里程碑——高铁因快速便捷产生"时空压缩"效应,是解决大通道上大量旅客快速输送问题的最有效途径,其能改变旅游者的出行习惯和消费行为,对旅游业产生了深远的影响(Wang等,2018)。虽然高铁对旅游业的影响逐渐受到各方关注,但遗憾的是高铁旅游的研究总体上还较为滞后。已有的研究成果多数使用高铁开通的虚拟变量分析高铁对旅游业总体的影响,对分行业(如酒店业)的研究不多,鲜有研究将高铁运行特征纳入实证分析。本章以中国50个重点旅游城市为例,重点关注高铁停靠频次、车站位置和车站等级等高铁运行特征对酒店业的影响。因此,本章为研究高铁影响下的酒店业发展提供了一种新的方法和视角。本章的结论可以为政府部门评估和促进酒店业发展提供一些有益的新线索。此外,本章使用的分析框架可以有效地为发展中国家和发达国家研究类似问题提供参考。

本章存在的一些不足可在后续研究中加以改进和拓展。由于《中国旅游统计年鉴》仅提供2010—2017年50个重点旅游城市的星级酒店统计数据。囿于数据的可得性,本章也只使用了上述数据实证研究高铁运行特征对酒店业的影响。因此,今后一个努力的方向是获得更长时间跨度和更多城市的数据,以便做进一步的深入研究。

第七章　国际旅游岛战略提升了海南旅游业国际化水平吗？
——基于双重差分方法的政策效果评估

为了推进海南国际旅游岛建设，离岛免税、离境退税等一批支持旅游业发展的优惠政策在海南试点执行。如何识别出政策改革带来的净效果，准确衡量国际旅游岛战略对海南旅游业国际化的影响成了政府和学术界关注的重大问题。本章遵循双重差分模型的思路，采用2009—2014年中国12个主要海滨旅游城市的面板数据，对发生在海南的这一轮旅游业重大政策改革效果进行了评估。本章侧重研究国际旅游岛战略对海南旅游客源市场国际化和旅游经济国际化的影响，研究结果发现：(1)从入境旅游人次指标来看，促进海南旅游业发展的优惠政策并未显著提高海南旅游客源市场的国际化水平；(2)从外汇收入指标来看，国际旅游岛战略实施五年来并未显著提高海南旅游经济的国际化水平；(3)机制识别结果显示，国际旅游岛战略实施并未显著提升海南开放环境，也并未有效推动海南高质量旅游吸引物的开发。今后，海南国际旅游岛建设的重点在于加强对外开放环境建设，做好国际客源市场分析与监管等改进、积极推动世界级文化与旅游等项目的引进与开发，并放眼世界，做好长期研究、品牌建设与市场开发工作，以全面助推海南旅游业国际化建设。

一、问题的提出

2010年1月4日，《国务院关于推进海南国际旅游岛建设发展的若干意见》（国发〔2009〕44号，以下简称《意见》）正式下发，海南再一次站在了中国改革开放的最前沿。根据《意见》要求：到2015年，海南旅游产业"国际化水平显著提升"；到2020年，海南要"初步建成世界一流的海岛休闲度假旅游胜地"。面对促进旅游业发展的重要战略机遇，海南实际上承担着"中国旅游业改革创新试验区"的重大历史使命。① 国际旅游岛战略在海南的政策试点,不仅为海南也将为全国全面提升旅游业开发开放水平提供宝贵的政策试点经验。

从实际操作层面来看,2010年至今,海南省政府紧抓历史性政策机遇,先后与中央20多个部委签订多项战略合作协议,其中境外旅客购物离境退税、26国免签入境等一批支持海南旅游业发展的重大优惠政策已落地实施。随着国际旅游岛建设向前推进,人们开始关注这些旅游业创新政策产生的效果如何?是否符合政策预期?在过去的5年中,国际旅游岛战略是否有效提升了海南旅游业国际化水平?哪些优惠措施、经验做法又值得其他地区借鉴和推广?事实上,在国内旅游市场持续快速发展而国际旅游入境市场持续低迷的大背景下,中国主要旅游城市在国内旅游市场普遍取得了良好的成绩,而在国际旅游入境市场则徘徊不前,海南也不例外。从旅游数据上看,2010—2014年这5年间,海南旅游总收入从257.63亿元上升至484.98亿元,而国际旅游外汇收入则从3.22亿美元滑落至2.66亿美元;接待游客人次从2 587.35万上升至4 060.18万,而接待入境游客人次则从66.33万滑落至66.14万。因而,如何识别出政策改革带来的净效果,准确衡量国际旅游岛战略对海南旅游业国际化的影响,成为政府和学术界关注的重大问题。②

值得注意的是,国家赋予海南的这些重大优惠政策,不仅是在海南试点的先行先试政策,同时也是推动海南旅游业国际化发展的"特惠"政策。因此,不仅海南旅游界,中国其他旅游地区,特别是与海南旅游存在强烈竞争关系的海滨型旅游城市,对发生在海南的这轮旅游业重大特惠政策的作用效果也颇为关心。因而,针对海南旅游"特惠"政策的实施效果展开评估,对于海南国际旅游岛的未来建设以及全国旅游业开发开放都具有重要意义。

面对中国旅游业这场重要的改革创新试验,国内学者对"国际旅游岛"的研究主要集中在以下几个方面:海南国际旅游岛的空间结构与发展战略(杨伟容和陈海鹰,2009;吴刚和易翔,2012;陈钢华,2012);国际旅游

---

① 2013年4月,习近平总书记在海南考察时指出,"当前和今后一个时期,海南发展的总抓手就是加快建设国际旅游岛,这是中央做出的重大决策,也是海南的最大机遇和最强比较优势"。
② 2015年3月26日,国家发展改革委国际合作中心在海南博鳌发布了《海南国际旅游岛建设发展综合评估报告》。该报告认为海南国际旅游岛建设尽管取得了相当成绩,但同时存在诸多问题,与预期目标还存在一定差距。

岛法律与标准建设(徐海军,2011;彭慧玲,2011;颜麒等,2013)等;海南旅游业开发研究(蒋小玉等,2013;徐文海等,2014)等;居民对旅游政策感知及态度(刘俊,2011)等。总体来看,现有研究主要聚焦在海南国际旅游岛的建设策略研究上(杨振之等,2010;陈耀,2010;韩斌,2011;吴文学,2013),而对国际旅游岛本身的政策效果却缺乏相应评价,尤其是对旅游业国际化程度的效果评估还未引起学术界的充分关注。

参照双重差分(Difference-in-Difference,DID)模型的思路,本章采用2009—2014年中国主要海滨旅游城市的面板数据,对发生在海南的旅游业重大政策改革效果进行了评估。本章的评价思路是:海南国际旅游岛建设一方面造成了同一地区(海南省)旅游业改革前后的差异,另一方面造成了同一时点上的海南省海口、三亚等主要城市与中国其他海滨旅游城市之间的差异,通过控制其他影响旅游业增长的地区因素,分别计算两组城市在国际旅游岛战略实施前后的变化量以及这两个变化量的差值,进而识别出政策改革所带来的净效果。本章的学术贡献在于:(1)运用DID方法识别出国际旅游岛战略(旅游特惠政策)对海南旅游业国际化影响的净效果,从而为海南国际旅游岛建设的综合发展评估进一步提供翔实可靠的数据参考;(2)通过构建一个多期DID模型,识别了国际旅游岛战略对海南旅游业国际化影响的动态效应及其在时间上的变化趋势;(3)识别了国际旅游岛战略对入境旅游起促进作用的因素。

本章其他部分安排如下:第二部分介绍了研究样本、计量方法以及数据来源;第三部分交代了DID模型的分析结果;第四部分是结论与政策建议。

二、研究样本与研究方法

为了促进海南国际旅游岛建设,离岛免税、离境退税、26国免签入境等一批支持旅游业发展的优惠政策在海南实施。本章将这项外生的旅游业改革创新政策视为一种"准自然实验"(quasi-natural experiment),通过双重差分(DID)方法对这场区域旅游业产生的政策效果进行评估。

DID是目前常用的一种分析政策效果的计量方法,该方法将制度变迁和新政策视为一次外生于经济系统的"自然实验"(陈林和伍海军,2015)。DID方法已被应用在诸多经济政策评估之中,例如对我国农村税费改革(周黎安和陈烨,2005)、国有企业改制(李楠和乔榛,2010)、出口退税(王孝松等,2010)、扩权强县(袁渊和左翔,2011)、西部大开发战略(刘瑞明和赵仁杰,2015)等的政策效果评估。从检索文献来看,本章属于在国内较早利用双重差分模型这一思路对旅游业重大政策效果进行评估的研究。

(一)海南国际旅游岛建设的关键节点

建设海南国际旅游岛是新时期以旅游业开发开放为主要内容的综合改革试验。海南国际旅游岛申请和建设相关历程详见图7—1。

(二)计量模型设定

本章将样本城市分为受到政策影响的实验组(treated group,实施国际旅游岛战略的城市,试点城市)与没有受到该项政策影响的控制组(control group,未实施国际旅游岛战略的城市,非试点城市)。通过DID方法分别计算实验组和控制组在国际旅游岛战略实施前后的变化量,然后再计算这两个变化量的差值,即倍差。DID基准回归模型如下所示:

$$TOU_{it}=\beta_0+\beta_1 P_{it}+\beta_2 T_{it}+\beta_3(P_t\times T_{it})+\beta_4 Z_{it}+V_{i,t} \quad (7-1)$$

其中,模型中的下标i和t分别代表第i个城市和第t年;Z代表一系列控制变量;V为随机扰动项;被解释变量TOU表示各城市旅游业国际化水平。需要指出的是,由于旅游业涉及面广,旅游业国际化的内涵也非常丰富。从直接结果和显性标志来看,入境旅游发展能够很好地衡量一个国家和地区旅游产业的国际化水平。入境旅游发展主要体现在两个方面(万绪才等,2007):一是旅游客源市场国际化(具体表现为海外游客数的不断增多、海外客源市场的不断扩大与多元化),二是旅游经济国际化(具体表现为旅游外汇收入增长)。本章使用入境旅游人次和国际旅游外汇收入这两个重要指标,分别衡量各城市旅游客源市场国际化和旅游经济国际化水平。

计量模型(7—1)中,P_{it}为政策虚拟变量,如果样本城市属于控制组(非试点城市)取值为0,如果样本属于实验组(试点城市)取值为1;T_{it}为时间虚拟变量,2010年前(政策实施前的年份)取值为0,2010年及其后(政策实施后的年份)取值为1;交叉项$P_{it}\times T_{it}$前面的系数β_3是倍差估计量,衡量的是政策净效应,即DID方法估计的重点。如果该统计量在一定统计水平下显著为正,则表示国际旅游岛战略显著提升了海南旅游业国际化水平。

(三)研究样本

使用双重差分方法的一个关键是如何选取控制组,本章尽量寻找国际旅游岛战略实施前后与海口、三亚等海滨旅游城市相似的城市作为控

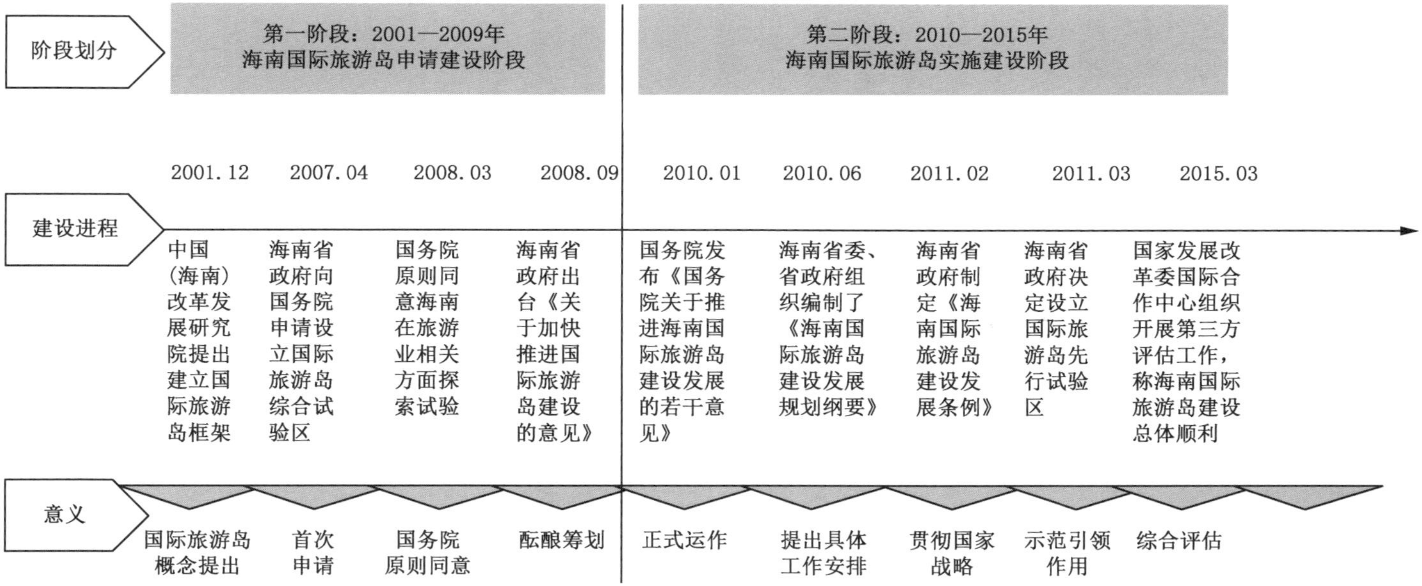

第七章 国际旅游岛战略提升了海南旅游业国际化水平吗？ 091

阶段划分	第一阶段：2001—2009年 海南国际旅游岛申请建设阶段			第二阶段：2010—2015年 海南国际旅游岛实施建设阶段				
	2001.12	2007.04	2008.03	2008.09	2010.01	2010.06	2011.02	2011.03	2015.03
建设进程	中国（海南）改革发展研究院提出建立国际旅游岛框架	海南省政府向国务院申请设立国际旅游岛综合试验区	国务院原则同意海南在旅游业相关方面探索试验	海南省政府出台《关于加快推进国际旅游岛建设的意见》	国务院发布《国务院关于推进海南国际旅游岛建设发展的若干意见》	海南省委、省政府组织编制了《海南国际旅游岛建设发展规划纲要》	海南省政府制定《海南国际旅游岛建设发展条例》	海南省政府决定设立国际旅游岛先行试验区	国家发展改革委国际合作中心组织第三方开展评估工作，评称海南国际旅游岛建设总体顺利
意义	国际旅游岛概念提出	首次申请	国务院原则同意	酝酿筹划	正式运作	提出具体工作安排	贯彻国家战略	示范引领作用	综合评估

图 7—1 海南国际旅游岛申请与建设历程

资料来源：作者整理。

制组。根据从南至北的地理区位,本章选取北海、湛江、珠海、汕头、厦门、宁波、青岛、烟台、秦皇岛和大连10个城市作为控制组样本。主要原因如下:(1)与实验组城市相同,控制组城市均是中国主要海滨型旅游城市。这些城市不仅很早就入选了国家旅游局评定的中国优秀旅游城市,同时也被纳入每年的旅游业统计报告,成为国家旅游局认可的全国重点旅游城市。(2)与实验组城市相同,控制组城市均属于中国主要沿海开放城市。作为我国实行对外开放的重要载体和依托,大连、秦皇岛、烟台、青岛、宁波、湛江和北海是1984年中国首批沿海开放城市,珠海、汕头、厦门和海南是20世纪80年代设立的沿海经济特区。

(四)数据来源

本章使用2009—2014年的面板数据进行实证分析。2009年为国际旅游岛战略实施前一年,2010年为国际旅游岛战略实施第一年,2014年是国际旅游岛战略实施第五年。本章的分析数据主要来源于《中国城市统计年鉴》和《中国区域经济统计年鉴》;4A级和5A级旅游景区数据来源于国家旅游局公布的《全国A级景点名录》。需要指出的是:(1)本章选择2008年为基年,变量的名义值使用了平减指数进行平减;(2)国际旅游外汇收入、进出口外贸总额的原始数据单位为万美元,本章参考《中国统计年鉴》,通过各年中间汇率进行了相应的换算。

(五)变量设置

为了保证回归方程有较好的稳健性,从资源禀赋、旅游地可进入性和开放环境三个方面选取控制变量。考虑到城市层面数据的可获得性,选取以下4个变量作为控制变量。计量模型中使用的变量如表7—1所示。

表7—1　　　　　　　计量模型中的变量说明

类型	变量名称	变量符号	计算方法
入境旅游	旅游客源市场国际化	$TOU1$	对入境旅游人次取对数
	旅游经济国际化	$TOU2$	对国际旅游外汇收入取对数
资源禀赋	旅游资源丰度	RES	使用国家5A级景点数和4A级景点数,通过加权模型计算各城市旅游资源丰度
旅游地可进入性	高速铁路开通情况	HSR	虚拟变量,开通高铁取值为1,未开通则取值为0
	国际航班开通情况	AIR	虚拟变量,开通国际航班取值为1,未开通国际航班取值为0

续表

类型	变量名称	变量符号	计算方法
开放环境	外贸进出口水平	EXP	采用各城市外贸进出口总额占GDP的比重来衡量
政策变量	国际旅游岛战略	P	虚拟变量,政策试点城市取值为1;非政策试点城市取值为0

资料来源:作者整理。

(六)描述性统计

表7—2报告了计量模型中各变量的描述性统计结果。

表7—2　　　　　　　　主要变量的描述性统计

变量	均值	标准差	最小值	最大值
$TOU1$	3.8854	1.1957	1.7457	6.1322
$TOU2$	10.0277	1.3912	7.4509	12.0921
RES	26.87	19.99	2.5	80
HSR	0.4444	0.5004	0	1
AIR	0.5972	0.4939	0	1
EXP	0.6801	0.6320	0.0063	2.4622
P	0.1667	0.3753	0	1

资料来源:作者计算整理。

三、计量结果与分析

(一)双重差分模型检验

作为一项重要的区域旅游业改革创新政策,海南国际旅游岛战略提供了一个准自然实验。为了考察国际旅游岛战略对海南旅游业国际化影响的动态效应及在时间上的变化趋势,本章构建一个五年的多期DID模型。表7—3报告了2010—2014年国际旅游岛战略实施的每一年对旅游业国际化的影响。表中,列(1)、列(3)是未加入控制变量的估计结果,列(2)、列(4)是加入控制变量后的结果;列(1)、列(2)研究了国际旅游岛战略对海南旅游客源市场国际化的影响,列(3)、列(4)研究了国际旅游岛战略对海南旅游经济国际化的影响。

表 7—3　　　　　　　　国际旅游岛战略实施效果及时间变化趋势

变量	旅游市场国际化（1）	旅游市场国际化（2）	旅游经济国际化（3）	旅游经济国际化（4）
旅游创新政策 (P)	−1.125 9 (−1.16)	−0.763 5 (−1.50)	—	−0.787 6 (−1.25)
政策实施第一年 ($P \times T_{2010}$)	0.260 7 (1.35)	0.207 4 (1.07)	0.212 1 (0.92)	0.148 1 (0.68)
政策实施第二年 ($P \times T_{2011}$)	0.430 6** (2.23)	0.299 5 (1.41)	0.345 305 (1.49)	0.267 2 (1.12)
政策实施第三年 ($P \times T_{2012}$)	0.465 1** (2.41)	0.344 5 (1.62)	0.340 0 (1.47)	0.273 3 (1.14)
政策实施第四年 ($P \times T_{2013}$)	0.417 7** (2.16)	0.289 3 (1.37)	0.298 7 (1.29)	0.217 8 (0.91)
政策实施第五年 ($P \times T_{2014}$)	0.241 6 (1.25)	0.139 5 (0.66)	0.088 2 (0.38)	0.030 6 (0.13)
控制变量系数				
RES		0.011 6*** (3.18)		0.017 2*** (4.15)
HSR		0.162 2* (1.79)		0.089 6 (0.87)
AIR		0.462 3** (2.40)		0.495 7** (2.25)
EXP		0.658 90*** (3.21)		0.722 2*** (2.99)
Constant	4.022 6*** (10.25)	2.868 9*** (10.26)	9.992 1*** (270.86)	8.842 8*** (26.02)
Prob > F	—	—	0.580 7	—
Prob > chi2	0.177 0	0.000 0	—	0.000 0
R-squared	0.069 8	0.839 0	0.064 8	0.796 8
Model	RE	RE	FE	RE

注：***、**和*分别表示1%、5%和10%的显著性水平。
资料来源：作者计算整理。

表7—3第二行报告了是否实施旅游创新政策对实验组和控制组的影响。总体来看，在入境人次和外汇收入方面，国际旅游岛战略对海南旅游业国际化的影响并不显著。从表7—3列（1）中可以发现，若不加入控制变量，在国际旅游岛战略实施的第一年和第五年，该政策对海南旅游客

源市场国际化的影响并不显著；在国际旅游岛战略实施的第二年、第三年、第四年，该政策对海南旅游客源市场国际化表现出一定的促进作用，且在 5% 的水平上显著。然而该回归结果的 R^2 值很小，仅为 0.0698。这就说明该模型的拟合度小，模型解释度还很不够。从表 7—3 列(2)中加入控制变量后的结果可以发现，当控制住资源禀赋、旅游地可进入性、开放环境等影响旅游业发展的主要因素后，国际旅游岛战略实施五年以来，各年份对海南旅游客源市场国际化的影响均不显著。

从表 7—3 列(3)可以发现，在不加入控制变量时，国际旅游岛战略实施五年以来，各年份对海南旅游经济国际化的影响都不显著。从表 7—3 列(4)可以发现，当控制住资源禀赋、旅游地可进入性、开放环境等影响旅游业的因素后，国际旅游岛战略实施五年以来，各年份对海南旅游经济国际化的影响也都不显著。

表 7—3 列(2)和列(4)中控制变量的回归结果表明，这些控制变量的结果符合本章的预期，基本通过了计量中的显著性检验。旅游资源禀赋（4A 级、5A 级景区）对入境旅游人次增加和外汇收入提高有显著的促进作用，并且都是在 1% 的显著水平上显著。从交通条件来看，入境旅游对航空运输存在高度依赖，入境旅游人次和外汇收入与旅游地是否开通国际航班有着密切关系。高速铁路的开通对于入境旅游人次的增加有积极的促进作用，对于旅游地外汇收入的影响则不明显。一个可能的原因是，受益于高铁开通城市可达性的提升，高铁城市入境旅游客流增加。然而，高铁的开通同时也加速了旅游地客流流出，旅游者的停留时间短在很大程度上会影响旅游地外汇收入量。从开放环境来看，对外开放程度的提高对入境旅游人次增加和外汇收入提高有明显的促进作用，并且是在 1% 的显著性水平上显著。

(二)影响国际旅游岛战略实施效果的主要因素分析

从表 7—3 双重差分模型的结果可以发现，从入境游客人次与外汇收入两个重要指标来看，国际旅游岛战略对海南旅游业国际化发展的影响并不显著。那么，是什么原因导致国际旅游岛战略的政策效应没有得到应有发挥？从表 7—3 控制变量结果可以看出，旅游资源禀赋、旅游地可进入性、开放环境三方面因素对旅游客源市场国际化和旅游经济国际化具有重要意义。为此，本章通过考察国际旅游岛战略对入境旅游促进因素的作用，来探讨政策背后的原因。

从表 7—4 可以看出，国际旅游岛战略对于 HSR 显著为正，对于

RES、AIR、EXP 的影响则不显著。这表明,国际旅游岛战略实施与海南高速铁路开通存在一定关联,对于其他入境旅游促进因素(旅游资源禀赋、开放环境)的影响则不明显。

表7—4　　　　　　　国际旅游岛战略对入境旅游促进因素的作用

变量	RES	HSR	AIR	EXP
$P \times T$	3.014 9 (0.57)	0.631 7*** (2.95)	0.023 2 (0.26)	−0.132 5 (−1.63)
Constant	26.456 3*** (4.63)	0.356 7*** (3.07)	0.594 0 (4.20)	0.698 5*** (3.77)
Prob>F	—	—	—	—
Prob>chi2	0.571 6	0.003 2	0.798 2	0.104 0
R-squared	0.057 7	0.082 6	0.108 8	0.094 1
Model	RE	RE	RE	RE

注:***、**和*分别表示1%、5%和10%的显著性水平。
资料来源:作者计算整理。

(三)进一步的原因探讨

首先,从国际竞争性及影响力来看,俄罗斯、韩国、日本等国目前是海南重要的客源地市场,但由于中国台湾等地相比之下更具有区位和经济等方面的优势,因而这在很大程度上约束了海南旅游利好政策的有效发挥。从全球旅游市场来看,由于加勒比海地区、马尔代夫、日本关岛、塞浦路斯等国际旅游岛的市场开发建设已经比较成熟,目前并无衰退迹象,而海南作为新兴旅游地还很难撼动这些老牌旅游地的地位,因而依然难以在北美、欧洲等发达国家旅游市场实现扩张。从这方面来看,海南的国际旅游岛建设还只是开始,有诸多潜力可挖掘。

其次,从国际旅游岛建设的需求对接来看,目前海南国际旅游岛的相关政策主要聚焦在旅游投资与出入境便利化以及基础设施建设等方面,这些政策为海南旅游业长期发展打下了良好的基础,尤其是推动了高速铁路的开通,提升了可达性;短期来看,对于国外游客数量增多也产生了一定的拉动作用。然而,当前海南对于国外游客的出游偏好、动机、消费行为以及满意度与忠诚度等方面的研究还相当缺乏。比如,海南尚没有形成被世界认可的世界级文化品牌与旅游或消费场所与之匹配,国际旅游岛建设也没有对海南旅游资源禀赋能力的增强产生实质性影响。从一般经验来看,迪士尼之类的世界级项目或者中国特色文化品牌项目更易受到国外游客青睐,如果这一观点被研究证明在海南也适用且对海南国际化程度提升非常关键的话,这对海南来讲显然是一个非常重要而紧急的研究问题。

再次,从国际旅游岛建设的相关研究成果来看,由于具体政策与措施没有建立在坚实的研究成果基础上,因而其难以做到有的放矢。从高速铁路建设的国际化影响来看,高速铁路的开通虽然提升了海南国际旅游人次,但对于海南旅游经济国际化程度并没有产生显著影响。这表明,海南作为国际旅游度假型岛屿的地位还远没有确立,而从已有文献来看,这方面的研究也是缺少的。此外,目前海南旅游产业发展研究及其与相关产业的融合研究等也都比较缺乏。在此背景下,虽然政策制定快而多,但很可能会陷入一厢情愿的尴尬境地。

四、主要结论与政策启示

近年来,受限于欧美、日本等发达国家的经济疲软,中国的国际旅游入境市场持续低迷。国际旅游岛战略是在全球化背景下,以扩大中国旅游业开放为重点,在海南实行的一项重大的区域旅游业发展战略。如今,海南国际旅游岛建设已经五年,如何准确客观评价国际旅游岛战略对海南旅游业国际化的影响是政府和学术界关注的重要问题。针对传统单差法评估的不足,本章遵循双重差分模型的思路,首次利用 2009—2014 年中国 12 个主要海滨旅游城市的面板数据,衡量了国际旅游岛战略对海南旅游业国际化影响的净效应。本章研究表明:(1)从入境游客人次指标来看,在海南实施的旅游创新政策并未有效提升海南旅游客源市场国际化水平;(2)从外汇收入指标来看,国际旅游岛战略实施五年来并未显著提高海南旅游经济国际化水平;(3)机制识别结果显示,国际旅游岛战略实施并未有效提升海南开放环境,也并未有效推动海南高质量旅游吸引物的开发。

从旅游国际化的直接结果来看,国际旅游岛战略并未显著提升海南旅游业国际化水平。海南要实现"初步建成世界一流海岛休闲度假旅游胜地"的目标任重道远,需要特别努力。主要政策参考如下:

其一,从资源导向型供给侧改革转向基于国际需求导向的对接型改革。

国际旅游岛建设在政策出台初期主要是出入境便利化的制度改革及

基础设施的投资建设等方面，本章将之称为资源导向型供给侧改革。但随着基础配套设施建设的日益成熟，今后政府完全可以从资源导向型供给侧改革转向基于国际需求导向的对接型改革，并做好相关研究规划与资金配套建设工作，以便在深厚研究的基础上出台针对性政策，做到有的放矢。本章认为重点主要在以下三个方面：

第一，重点加强国际旅游岛品牌形象指标体系的构建，并通过选取典型国际旅游岛的比较研究找出海南存在的差距以及做好对接，尤其是在城市发展水平、城市建设与治理、城市国际化水平、自然与文化旅游资源、机场道路港口等基础旅游设施以及媒体影响力和重大事件等方面。第二，重点加强对俄罗斯、韩国和日本等重点客源市场的品牌定位，做好市场战略及关键指标的识别工作，尤其需要深研市场规模、市场季节性和波动性以及市场新趋势等方面。第三，重点加强"一带一路"沿线国家的旅游市场规划，积极开拓新市场。

其二，深研世界典型旅游岛特点，错位发展，破除阻碍市场的体制性障碍。

从实际情况来看，目前尤其需要做好以下三点：第一，坚定信心、对外应全面研究台湾地区等竞争对手的特点、提炼自身优势、做好错位发展。中国是一个巨大的发展中市场，在国际旅游市场竞争中具有后发优势。海南是中国最大的经济特区和热带岛屿，具有天然的旅游资源与环境，完全有可能在国际市场竞争中赢得更大份额。基于此，海南在当下尤其需要深度研究巴厘岛、关岛、马尔代夫、塞浦路斯以及中国台湾等主要竞争对手的发展历程与客源市场结构特点以及文化娱乐、酒店、旅行社、餐饮业、旅游购物、旅游交通与道路等产业组织的特点与国际品牌形象，从而做到知己知彼、专项突破。第二，海南国际旅游岛的建设，不仅反映了海南自身旅游业发展中的问题，而且在中国乃至整个发展中国家的示范作用非常之大。当下，海南应切实聚焦国际化的发展目标并全力以赴，深度解剖与解决海南及中国与国际化环境相冲突的政策与体制性障碍问题；彻底转型旅游相关部门的职能，加强市场功能与营销意识，建立与国际化素质相匹配的监管队伍等。

其三，汇聚多方智慧、强化新型智库建设，加强国际旅游岛的科学治理水平。

《中共中央关于全面深化改革若干重大问题的决定》明确提出要建立健全决策咨询制度。海南作为国际旅游岛建设的先河，尤其需要推进治理体系和治理能力的现代化水平。然而,从目前国际旅游岛的相关研究文献来看,海南国际旅游岛改革的基础性研究仍然非常薄弱,依然以宏观性、描述性、判断性与案例性的研究居多,具有深厚理论基础或坚实数据基础上的研究尚不多见。针对以上问题,建议如下:第一,设立国际目的地市场规划、国际旅游岛比较、国际旅游品牌形象指标体系、国际旅游产业组织体系构建等综合研究课题并面向全国乃至全世界招标,以便在深厚研究的基础上出台针对性政策,做到有的放矢;第二,面向未来发展30~50年,组织专家,在旅游项目与资源开发、旅游产业组织、旅游市场、旅游政策规制、旅游社会安全等方面做出长期规划与战略重点布局。

需要指出的是,本章研究还存在进一步完善的空间:一是对旅游业国际化水平的度量。国际化是一个复杂的概念,旅游业国际化的内涵也非常丰富。旅游业国际化水平不仅体现在旅游客源市场国际化、旅游经济国际化,还体现在旅游产品国际化,以及旅游配套设施和环境国际化、旅游管理和服务国际化等。本章以入境旅游人次、旅游外汇收入这两个关键指标,相对客观地度量了旅游客源市场国际化、旅游经济国际化这两个概念。囿于篇幅所限,关于国际旅游岛战略对海南旅游国际化其他方面的影响,还有待在今后的研究中深化。二是对政策效应的评估期限。本章着眼于区域旅游业发展战略实施五年后的效果,国家赋予海南的一系列优惠政策对海南旅游业国际化影响的长期效果还有待进一步的观察和研究。

第八章　农村家庭收入来源、家庭特征与旅游消费：基于中国家庭追踪调查(CFPS)数据的微观分析

中国作为农业人口大国,其农村家庭蕴藏着巨大的旅游消费潜力。在收入不断提高的市场环境下,农村家庭旅游消费却远未达到与其收入匹配的预期水平,这可能与家庭收入结构有关。本章基于行为经济学中的"心理账户"理论,采用中国家庭追踪调查数据,从微观层面检验不同来源收入对农村家庭旅游消费需求的差异化影响,从理论和经验上验证农村家庭旅游消费行为中的"心理账户"效应。结果表明:农村家庭针对不同来源的收入采用不同的旅游消费预算和处理规则,表现为不同类别收入存在差异化的边际旅游消费倾向,即存在"心理账户"效应,并且农村家庭旅游消费行为中的"心理账户"效应比城镇家庭更显著。同时,我们发现典型的农村家庭特征对边际旅游消费倾向以及"心理账户"效应产生异质性影响。从事非农业生产的农村家庭,其边际旅游消费倾向总体更高,且"心理账户"效应更显著。随着受教育程度提高,农村家庭在旅游消费上的"心理账户"效应也愈发显著。对于子女年龄处于中学阶段的农村家庭,其旅游消费的"心理账户"效应比较明显。

一、问题的提出

在经济新常态下,释放国内消费潜力已成为我国推动经济发展方式转变的重要途径。随着国民收入的显著提升,国内旅游需求市场呈现出迅速扩张的发展态势。2015年我国国内旅游人数达40亿人次,总收入达3.42万亿元人民币,可见旅游消费对于促进我国经济增长的作用愈加明显,这也使得促进国民旅游消费正在成为优化产业结构、加速经济转型的重要措施。然而,与旅游需求旺盛的城镇家庭相比,农村家庭旅游消费需求却远未达到与其收入相匹配的预期水平。根据《2015年中国旅游业统计公报》,2015年全国农村家庭的旅游消费总支出不足国内旅游总收入的20%,而同时农村居民人均可支配收入已达到全国平均水平的50%

以上。在总体收入不断提升的条件下,农村旅游消费市场仍难以发挥应有的需求潜力,根据边际消费倾向递减规律,这主要是由于收入结构的失衡,包括二元经济结构造成的城乡收入失衡以及要素市场不完善导致的家庭收入结构失衡,而后者更容易被忽略。这不利于国内旅游市场的可持续发展和总体旅游消费需求的提升。

收入水平始终被认为是影响我国农村家庭旅游消费需求的最重要因素(杨勇,2014)。多数对我国旅游消费需求影响因素的实证研究已证实了这一观点(Gu 和 Liu,2004;Wang,2010;Yang 等,2014)。随着我国农村要素市场的发展,农村家庭的经营方式趋于多元化,增收渠道逐渐拓宽。根据《中国农村统计年鉴》,2015 年中国农村家庭收入中工资性收入占 40.3%、经营净收入占 39.4%、财产净收入占 2.2%、转移净收入占 18.1%,且不同来源收入的占比趋于收敛,相比于往年的收入分布情况,农村家庭收入结构正在向多元化、均衡化发展。现有大量研究从不同视角和维度对我国农村家庭或居民旅游消费行为决策进行了有益的探索,这些研究以经典消费假说为理论基础,强调并检验了农村家庭或居民总收入水平对旅游消费需求的决定性作用(刁宗广,2009;周文丽,2010;庞世明,2014;依绍华和聂新伟,2011),而鲜有研究从收入结构的视角区分不同来源收入对农村家庭旅游消费的差异化影响,并据此进一步解释我国农村旅游消费市场需求不足的现实。在国民整体收入水平不断提升的条件下,传统消费理论不足以解释当前我国农村家庭旅游消费需求与收入水平不匹配的现象。基于边际消费倾向递减规律以及我国农村家庭旅游消费预算结构的现状,现存于我国的农村旅游消费市场需求不足以及收支不匹配现象可能与家庭收入结构有关。

行为经济学中的"心理账户"理论在一定程度上突破了传统消费假说的条件约束,认为现实中消费者的决策行为并非完全理性。在该理论框架下,不同来源收入之间并非完全替代的关系,消费者倾向于将不同来源的收入纳入各自对应的"心理账户",进而配以不同的预算管理规则,对可比的消费活动产生不同的消费倾向(Thaler,1999)。因此,在"心理账户"理论框架下,从家庭收入结构视角识别不同来源收入对旅游消费行为的差异化影响可能有助于解释我国农村家庭收入和旅游消费倾向不匹配的行为矛盾。随着我国农村要素市场的发展以及居民收入多元化的趋势,近年来国内相关研究已经开始关注收入结构对旅游消费的差异化影响(杨勇,2014;杨勇,2015;张云亮和冯珺,2019)。在现有文献的基础上,为了验证我国农村家庭旅游消费行为中的"心理账户"效应及其异质性,并据此解释农村旅游消费市场需求不足的现象,本章采用中国家庭追踪调查(CFPS)微观数据从微观家庭层面检验不同来源的收入对农村家庭旅游消费倾向的差异化影响,并考察典型的农村家庭特征对旅游消费"心理账户"效应的异质性影响。

本章对现有文献可能的补充和贡献可归结如下:在理论方面,首先,基于旅游消费需求富有弹性的基本假设以及我国城乡收入差距的事实,本章首次通过模型推导直接验证了我国农村家庭在旅游消费行为中存在"心理账户"效应,即不同来源收入的边际旅游消费倾向存在显著差异;其次,模型推导结果证明了相对于城镇家庭而言,收入水平较低且不确定性更大的农村家庭在旅游消费行为中的"心理账户"效应更为显著,这为解释我国农村家庭收入水平与旅游消费需求不匹配现象提供了新的理论依据。此外,依据模型推导结果,本章通过构建概念图直观呈现了我国农村家庭旅游消费"心理账户"效应的产生条件及传导机制。在实证方面,首先,本章首次采用微观家庭调查数据直接检验了我国农村家庭旅游消费"心理账户"效应,这相比于基于宏观数据的实证研究而言,不仅能够准确反映理性消费者的收入约束变化对其消费行为的影响,而且更加符合行为经济学对"心理账户"的定义和假设条件;其次,本章在验证农村家庭旅游消费"心理账户"效应存在的基础上,进一步识别了该效应的城乡差异及家庭特征异质性,为解释农村家庭旅游消费需求不足提供了充分的经验依据。

二、理论框架与研究假设

在西方主流经济学的消费理论框架下,收入始终被认为是影响居民旅游消费最直接和根本的因素(Witt 和 Witt,1995;Cai 等,2002;Gu 和 Liu,2004;Song 和 Li,2008;Wang,2010;Yang 等,2014),包括绝对收入、相对收入、收入预期等(Kim 等,2012;Yang 等,2014;张金宝,2014)。现有国内文献也普遍基于以凯恩斯消费理论为代表的传统消费假说,证实收入水平对居民旅游消费的决定性作用(周文丽和李世平,2010;庞世明,2014;依绍华和聂新伟,2011),包括对我国农村居民和家庭旅游消费的研究(依绍华和聂新伟,2011;余凤龙等,2013;周文丽,2014)。除了收入因素外,城乡差距、旅游产品价格、消费习惯、不确定性、闲暇等因素也被证明是影响我国农村居民旅游消费的重要因素(余凤龙等,2013;周文丽,2014;Cai 和 Knutson,1998)。

可见,国内外相关研究基本证实了收入对居民和家庭旅游消费决策和支出水平的决定性作用,这符合传统消费理论的基本假设和结论。不同的是,国外在识别旅游消费函数的研究中较早地将不同来源的收入加以区分,例如居民旅游消费在工资和流动资产上的需求弹性较大,而对住房和社会保障等财产性收入则不敏感(Levin,1998),而住房资产又比金融资产对家庭旅游消费的影响更显著(Bover,2006)。国内研究则受限于微观数据可得性,更加依赖于居民或家庭总收入指标间接地估计旅游消费函数(张云亮和冯珺,2019),这使得难以准确识别消费主体之间差异化旅游决策的产生机制(Rashidi 和 Koo,2016)。基于总收入指标的研究大多以不同来源收入在满足旅游消费过程中是同质的和完全相互替代的为隐含假设,即旅游消费倾向及支出水平仅与居民可支配或预期的总收入水平相关,并未进一步识别不同来源收入对居民旅游消费倾向及支出水平的差异化影响。尤其对于我国农村居民,多是基于传统消费假说检验旅游消费与收入水平的关系,缺乏从收入结构视角探讨旅游消费需求的研究(周文丽和李世平,2010;杨勇,2015)。在我国二元经济结构背景下,农村要素市场不断完善,农村家庭收入结构发生着显著变化,日益多元化的收入来源不仅能够直接提升居民收入水平,也可能通过收入结构的改善进一步刺激农村家庭的旅游消费潜力和意愿。针对这一潜在因果关系,目前仅有少数研究从收入结构视角检验了不同来源收入对旅游消费的差异化影响(杨勇,2014,2015),但缺乏对我国农村家庭旅游消费"心理账户"效应的直接检验。

以凯恩斯消费理论为代表的传统消费理论,包括绝对收入假说、相对收入假说、持久收入假说和生命周期假说等,都是以消费者行为完全理性为假设前提,认为用于可比较的消费活动上的不同来源收入之间是完全相互替代的(杨勇,2015)。然而现实中的消费者并不完全满足这些严格的传统假设,而是由于收入不确定性等因素对不同来源收入赋予不同的边际消费倾向(Kivetz,1999;Sand,2002)。不同来源收入的差异化消费倾向同样体现在我国农村居民的消费过程中(祁毓,2010)。随着消费者行为理论和微观统计手段的发展,传统消费理论在解释消费者非理性行为时的不足日益凸显,而行为经济学中的"心理账户"理论框架则逐渐成为传统消费理论的有益补充。"心理账户"理论基于收入预算非替代性这一重要特征,揭示了消费者在决策中无意识地将"相对重要性"或"机会成本"不同的收入划归不同的虚拟预算管理账户的行为准则,并且不同来源收入在各"账户"间无法相互转移(Kivetz,1999;Thaler,1990)。在该理论框架下,消费者的非预测性决策方式超越了传统理性经济人假设的解释范畴(Thaler,1985)。现实中的消费者正是基于这种潜在的"心理账户"建立差异化的支出预算规则并制定消费决策(Heath 和 O'curry,1994)。而不同收入的相对重要性或机会成本则是消费者构建"心理账户"预算规则的关键因素(Kivetz,1999)。从这种意义上来看,在面对需求层次较高的旅游消费时,消费者在权衡不同收入机会成本时的谨慎心理将促使其产生更强烈的"心理账户"效应。尤其是对于收入水平较低且不确定性较强的农村家庭,按照旅游消费需求富有弹性的性质以及"心理账户"中收入相对重要性原则,将不同来源的收入配以不同的旅游消费管理规则并对应产生不同的消费倾向正是体现了旅游消费者的"心理账户"效应。国内外文献已针对消费者"心理账户"效应的存在性和作用机制进行了充分讨论(Milkman 和 Beshears,2009;贺京同和霍焰,2007;李爱梅等,2007;Davies,2009),利用经验证据证实了不同来源的收入对于消费者并非完全同质的,各类收入的相对重要性或机会成本决定了其在特定需求上的消费倾向和支出水平。而针对旅游消费"心理账户"效应的直接探讨则相对缺乏,更多的是通过分解和比较不同收入的旅游消费需求弹性间接地验证旅游消费"心理账户"效应(Levin,1998;Alegre 等,2013)。按照传统的绝对收入假说或生命周期假说的隐含假设(Keynes,1937;Ando 和 Modigliani,1963;Ando 和 Modigliani,1964),不同来源的收入或收入预期对于可比的消费活动的支付倾向并无差异化影响(Sand,2002)。在该传统假设条件下,农村家庭的旅游消费支出可表示为加总可支配收入的函数:

$$C_{tr} = f(Y_r), Y_r = \sum_{i}^{I} y_{ri} \qquad (8-1)$$

其中,C_{tr} 指农村家庭 r 的旅游消费支出,Y_r 指该家庭生命周期中总收入和财富的折现值,y_{ri} 指该家庭 i 类收入的折现值,i 包括经营性收入、财产性收入、工资性收入、转移性收入及其他财富形式。式(8—1)表示在消费者完全理性的条件下,农村家庭旅游消费支出仅取决于家庭总收入或预期总收入,而与家庭(预期)收入结构无关,并且各类收入上的边际旅游消费倾向相同。

在"心理账户"理论框架下,传统的生命周期理论被发展为行为生命周期模型(Shefrin 和 Thaler,1988),认为消费者将其收入及财富分为不同的类型,且相互之间不存在完全的替代性,并对应产生不同的消费倾向。在行为生命周期理论框架下,家庭消费决策不仅依赖于总收入预期,还取决于预期收入的结构,此时农村家庭旅游消费函数应表示为:

$$C_{tr} = f(y_{1r}, y_{2r}, y_{3r}, \cdots, y_{ir}) \tag{8—2}$$

其中,y_{ir} 指农村家庭不同来源的各类收入。式(8—2)表示在考虑消费者"心理账户"效应的条件下,各类收入上的边际旅游消费倾向会有所差异。

根据以上基准消费函数可直观比较两种理论假设下农村家庭的不同来源收入之间边际旅游消费倾向的差异,如下所示:

$$\frac{\partial C_{tr}}{\partial y_{1r}} = \frac{\partial C_{tr}}{\partial y_{2r}} = \cdots = \frac{\partial C_{tr}}{\partial y_{ir}} \tag{8—3}$$

$$\frac{\partial C_{tr}}{\partial y_{1r}} \neq \frac{\partial C_{tr}}{\partial y_{2r}} \neq \cdots \neq \frac{\partial C_{tr}}{\partial y_{ir}} \tag{8—4}$$

其中,式(8—3)和式(8—4)分别表示传统生命周期假说和行为生命周期假说下各类收入之间边际旅游消费倾向的关系比较,即在传统生命周期模型中不同类型收入或财富之间在可比的消费过程中是完全替代的,因而边际旅游消费倾向相同,而在行为生命周期模型中不同类型收入或财富具有不可替代性,因而在理想条件下其边际旅游消费倾向各不相同。消费者"心理账户"效应正是体现在不同收入之间边际消费倾向上的差别(Thaler,1999)。

由于"心理账户"效应产生的重要基础是不同来源收入之间的相对重要性或机会成本,因此决定了消费者的总收入水平和对应消费品的需求层次在"心理账户"作用过程中起着关键作用。对于本章的研究背景,一方面,在我国二元经济结构长期存在的条件下,相比于城镇家庭,农村家庭收入水平较低且不确定性较强,强烈的预防性消费心理促使其各类收入之间的相对重要性或机会成本差异更加凸显,由于农业生产风险带来的不稳定收入可能会造成农村家庭较城镇家庭更低的边际消费倾向,因而在旅游消费上表现出更明显的"心理账户"效应。此外,由于储蓄模式和生产要素所有权不同(Yusuf,2008),城乡消费者对于旅游营销的态度存在明显差异(Sun 和 Wu,2004)。尤其是对我国农村居民而言,消费习惯、转移支付和代际支持等因素使其工资性收入的消费倾向区别于城镇居民(邹红和喻开志,2011),而城乡财产性收入差距也严重抑制了农村居民的消费需求(周少甫和范兆媛,2017)。因此,农户对于不同来源收入的处理方式及边际消费倾向可能存在显著差异。由于不论对于收入水平较高的城镇家庭还是收入水平较低的农村家庭,都普遍遵循边际消费倾向递减的经济规律,因此,在给定城乡家庭收入差距以及边际消费倾向递减的条件下可以得出城乡家庭旅游消费"心理账户"效应理论上的强度对比,如下所示:

$$\sum_{i}^{I}\sum_{j}^{I}\left(\frac{\partial C_{tr}}{\partial y_{ir}}-\frac{\partial C_{tr}}{\partial y_{jr}}\right)^{2} > \sum_{i}^{I}\sum_{j}^{I}\left(\frac{\partial C_{tu}}{\partial y_{iu}}-\frac{\partial C_{tu}}{\partial y_{ju}}\right)^{2}$$

$$\text{若 } y_{ir} \geqslant y_{iu}, \frac{d\left(\frac{\partial C_{t}}{\partial y_{i}}\right)}{dy_{i}} \leqslant 0 \quad (8-5)$$

其中,i,j 分别表示不同类型的收入和财富,且 $i \neq j$,C_{tr} 和 C_{tu} 分别表示农村家庭旅游消费支出和城镇家庭旅游消费支出,y_{ir} 和 y_{iu} 分别表示农村家庭和城镇家庭的各类收入或财富。式(8—5)表明相对于收入水平更高的城镇家庭,旅游消费需求富有弹性的农村家庭在旅游消费决策过程中可能存在更为明显的"心理账户"效应。在我国实际的城乡发展背景下,这也与国外关于农户在不同收入间存在显著边际消费倾向差异的研究结论一致(Sand,2002)。对于面对较大收入不确定性的农村家庭,该模型推导结果间接证实了收入不确定性对城乡家庭"心理账户"效应差异的关键作用,即不稳定收入家庭的边际消费倾向低于稳定收入家庭的边际消费倾向,因为前者无需通过大量储蓄来应对收入变化带来的影响(Carriker,1993)。

另一方面,根据马斯洛需求层次理论,作为我国农村家庭消费品中需求层次较高的商品服务,旅游消费会面临来自其他基础性消费的强烈挤占和替代。旅游对于现阶段我国家庭而言,仍属于富有弹性的消费品(张云亮和冯珺,2019),尤其是对于收入水平较低的农村家庭,旅游消费的需求收入弹性可能远大于其他基础性消费。根据"心理账户"框架下的收入相对重要性和机会成本原则(Kivetz,1999),旅游消费的需求层次属性可能会促使农村家庭在旅游消费决策过程中表现出更为强烈的"心理账户"效应。因此,在支出水平可比的条件下,农村家庭各类收入用于旅游和其他消费品的边际消费倾向差异可表示如下:

$$\sum_{i}^{I}\sum_{j}^{I}\left(\frac{\partial C_{tr}}{\partial y_{ir}}-\frac{\partial C_{tr}}{\partial y_{jr}}\right)^{2} > \sum_{i}^{I}\sum_{j}^{I}\left(\frac{\partial C_{or}}{\partial y_{ir}}-\frac{\partial C_{or}}{\partial y_{jr}}\right)^{2} \quad (8-6)$$

$$\text{若 } \varepsilon_{tr} \geqslant \varepsilon_{or}, y_{ir} \leqslant y_{c}$$

其中，C_{or}指农村家庭其他需求收入弹性较小的消费品支出，ε_{tr}和ε_{or}分别表示农村家庭旅游消费和其他消费的需求收入弹性，y_c指可比条件下的特定阈值。式(8—6)表明旅游消费作为需求层次较高或需求收入弹性较大的消费品，在家庭收入相对较低且消费支出水平给定的条件下，比其他弹性较小的基础性消费更容易受到"心理账户"效应的影响。为了更清晰地阐释上述理论分析结果，我们构建了旅游消费"心理账户"概念模型，如图8—1所示，灰色框表示效应传导机制或结果，白色框表示效应传导介质，虚线框表示要素之间的关系特征，实线箭头表示"心理账户"效应传导中的各阶段要素的作用方向，其中箭头数量越多表示作用强度越大，虚线箭头表示要素特征逻辑关系。从图8—1可以简要概括旅游消费者"心理账户"效应的作用逻辑：假设城乡家庭均遵循边际消费倾向递减规律，并且旅游消费需求弹性相对较大，因而城乡家庭在旅游消费决策上均存在一定程度的"心理账户"效应，即不同类别收入存在差异化的边际旅游消费倾向。由于我国城乡家庭收入差距既定存在，"心理账户"效应对农村家庭旅游消费的影响比城镇家庭更为显著。由于边际消费倾向递减规律，因此由"心理账户"效应产生的差异化边际消费倾向会降低农村家庭整体的旅游消费水平。

基于上述理论分析，我们首先在理论上证明了农村家庭旅游消费的"心理账户"效应。此外，随着农村要素市场的发展，我国农村家庭收入来源日趋多元化，其多元化结构及波动幅度已经超过城镇家庭，这从现实角度支持了农村家庭收入结构可能会对旅游消费产生越来越重要的影响。因此，我们提出以下理论假设：

H1：根据传统消费假说，农村家庭可支配收入与旅游消费支出存在正相关关系。

H2：根据"心理账户"假说，不同来源的家庭收入对农村家庭旅游消费支出存在差异化影响，即农村家庭旅游消费存在"心理账户"效应。

H3：在存在城乡收入差距及边际消费倾向递减的条件下，农村家庭旅游消费的"心理账户"效应比城镇家庭更显著。

在我国城乡二元经济结构长期存在的条件下，除了收入因素外，农村家庭之间的典型差异主要体现在受教育程度、家庭结构和生产经营方式上。这些典型的农村家庭特征可能会对家庭旅游的边际消费倾向和"心理账户"效应产生差异化影响。户主的受教育程度不仅直接影响家庭的收入水平和结构，在一定程度上也决定了家庭的消费观念和需求层次，对

```
                  旅游消费者"心理账户"效应
                              │
            ┌─── 收入水平 ───┐
            │      大于      ↓
        城镇家庭  ┄┄┄┄┄┄→  农村家庭
                              │
              ┌───────────────┼───────────────┐
              ↓               ↓               ↓
           收入Ⅰ            收入Ⅱ           收入Ⅲ
              │               │               │
              └───────────────┼───────────────┘
                              ↓
                      家庭旅游消费支出
                              │
                              ↓
                   差异化的边际旅游消费倾向
                              │
                ┌─────────────┴─────────────┐
                ↓                           ↓
          边际消费倾向递减              旅游消费需求弹性
                └─────────────┬─────────────┘
                              ↓
                      整体旅游消费水平不足
```

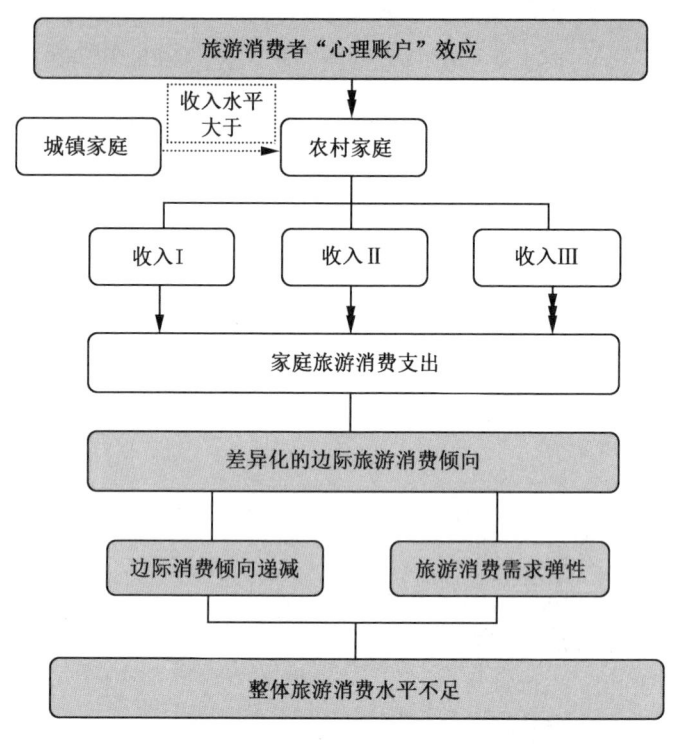

图 8—1　家庭旅游消费"心理账户"效应概念模型

家庭旅游倾向和支出水平存在直接促进作用(Yoon,2011;Zheng 和 Zhang,2013;Sun 等,2015)。家庭结构是旅游消费行为研究中始终关注的重要因素,其中子女年龄是家庭结构中影响家庭旅游消费的关键因素之一(Thornton,1997),随着子女年龄段的提升,其对家庭旅游消费决策的影响逐渐增大(Howard 和 Madrigal,1999)。对于不同年龄段的子女,家庭所承担的经济压力和享有的闲暇不同。代际理论和生命周期理论的研究表明,长期中旅游消费群体的年龄中位数具有上升趋势(Chen 和 Shoemaker,2014),从我国家庭对子女抚育的投入状况来看,该结果也从侧面表明随着子女年龄的增长,家庭从抚育子女中获得的经济和闲暇的释放将改变家庭的旅游消费能力和意愿。因而子女年龄可能会对农村家庭的旅游消费产生差异化的"心理账户"效应。同受教育程度类似,家庭经营方式不仅直接影响着家庭收入水平和结构,也能通过收入稳定性差异在相当程度上决定家庭的消费观念和需求层次,而不稳定收入的边际消费往往低于稳定收入。具体来看,对于具有多元化经营方式的农村家庭,尤其是从事非农业生产的农村家庭,其收入风险预期相对较低,进而消费观念更加开放且消费需求层次也相对更高。而对于从事农业生产的家庭,往往面临着更大的收入不确定性,务农收入的边际消费倾向往往低于非务农收入,因而家庭消费理念也更加保守。因此,农村家庭经营方式可能会对其边际旅游消费倾向及"心理账户"效应产生异质性影响。

给定家庭的资源禀赋,尤其是在我国农村要素市场尚不完善的条件下,农村家庭在不同来源且相同数量的收入中所投入的成本存在差异。在"心理账户"理论框架下,这种成本差异产生了消费决策过程中不同类别收入的"相对重要性"或"机会成本",消费者正是基于这种潜在的机会成本对不同类型收入的使用进行心理权衡,进而产生不同的边际消费倾向。根据西方经济学对机会成本的定义可知,机会成本的相对大小必然是因人(家庭)而异的,因此这些差异使得不同特征的农村家庭在不同类型收入的"机会成本"评估上产生差别,进而造成消费者"心理账户"效应的差异。基于此,典型的农村家庭特征可能会产生差异化的边际消费旅游倾向及"心理账户"效应,如下所示:

$$\frac{\partial C_{tE}}{\partial Y_E} > \frac{\partial C_{te}}{\partial Y_e} \tag{8—7}$$

$$\frac{\partial C_{tE}}{\partial y_{iE}} \neq \frac{\partial C_{te}}{\partial y_{ie}}, i=1,2,\cdots,I \tag{8—8}$$

$$\sum_{i}^{I}\sum_{j}^{I}\left(\frac{\partial C_{tE}}{\partial y_{iE}}-\frac{\partial C_{tE}}{\partial y_{jE}}\right)^2 \neq \sum_{i}^{I}\sum_{j}^{I}\left(\frac{\partial C_{te}}{\partial y_{ie}}-\frac{\partial C_{te}}{\partial y_{je}}\right)^2, 若\varepsilon_E \neq \varepsilon_e \tag{8—9}$$

其中,E 和 e 分别表示相互对应的两类农村家庭特征,包括户主受教育程度、子女年龄以及家庭生产经营方式,其他指标与前文一致。根据上述对三种典型农村家庭特征的分析,式(8—7)表明基于我国农村现阶段的家庭结构特征,可以假设受教育程度较高,子女年龄越大,或者从事非农生产经营的农村家庭在旅游消费中的需求弹性较小,即旅游消费对一定范围内的收入变化相对不敏感。式(8—8)表明各类型收入的边际旅游消费倾向因农村家庭特征的差异而存在区别。式(8—9)表明在具有不同特征的农村家庭旅游需求弹性存在差异的假设条件下,不同来源收入表现出的旅游消费"心理账户"效应存在差异。根据上述关于三种家庭特征对旅游边际消费倾向的实际影响,本章提出以下理论假设:

H4:教育程度越高,农村家庭边际消费倾向越大,且不同教育程度的农村家庭在旅游消费中的"心理账户"效应存在差异。

H5：子女年龄越大，农村家庭边际消费倾向越大，且子女处于不同年龄段的农村家庭在旅游消费中的"心理账户"效应存在差异。

H6：从事非农业生产的农村家庭边际旅游消费倾向更大，且务农与非务农农村家庭在旅游消费中的"心理账户"效应存在差异。

三、计量模型与数据

（一）数据来源和预处理

本章所使用的数据来源于中国家庭动态跟踪调查（Chinese Family Panel Studies,CFPS）数据库。CFPS 是北京大学中国社会科学调查中心（ISSS）实施的一项旨在为学术研究和政策决策提供数据的重大社会科学项目，其跟踪收集了个体、家庭、社区三个层次的数据，综合反映了中国社会、经济、人口、教育和健康的变迁。本章使用的 CFPS2014 共计 13 946 个城乡微观样本，其调查范围涵盖了东中西部共计 29 个省、自治区和直辖市。CFPS 数据库每两年更新一次，目前已更新至 2016 年，但由于 CFPS2016 并未对家庭收入类别进行详细划分，难以获取财产性收入、转移性收入和经营性收入等关键指标数据，因此我们使用 2014 年数据进行分析。此外，考虑到动态趋势和消费滞后性等因素对本章"心理账户"效应估计稳健性的影响，我们分别采用 2012 年城乡家庭收支数据以及 2012 年城乡家庭收入与 2014 年城乡家庭旅游消费支出的样本匹配数据进行稳健性检验。

对于本章的研究目的，相比于宏观层面数据，所采用的中国家庭追踪调查（CFPS）微观层面数据具有两方面优势：其一，观测样本之间的波动或变化（cross-sectional variation）是回归分析有效性的基础。宏观加总数据掩盖了微观个体间的差异，而是利用地区间加总指标的波动来识别个体的消费决策，这一估计过程往往存在严重的加总误差。不同的是，微观计量分析是利用个体间的变异作为回归分析的基础，这不仅在统计上为回归分析提供更多的有效信息，进而获得更稳健的估计结果，而且能够反映家庭或居民个体实际的消费行为决策。其二，微观数据允许我们观察到差异化的农村家庭特征，进而能够进一步识别农村家庭边际旅游消费倾向和"心理账户"效应的异质性，为理论分析结果提供经验证据。重要的是，本章的主要研究目的是借鉴行为经济学的理论检验我国农村家庭旅游消费行为中的"心理账户"效应，以及城乡差异、家庭特征差异对"心理账户"效应的异质性影响，因而采用微观家庭数据能够满足本章的研究需要。

CFPS 数据库的调查对象按照户籍所在地类型，可划分为村委会户籍居民和居委会户籍居民两类。本章选取在村委会注册户籍的 9 764 个农村家庭样本作为研究对象。对该群体的调查涵盖了本研究所需要的所有必要信息。具体地，在家庭经济方面涉及家户收入、家户支出、家户资产和负债，此外还涵盖了家庭规模、家庭经营方式和家庭所处地域等重要的家庭特征信息。重要的是，对家户收入的调查还详细地统计了家户经营性收入、转移性收入、工资性收入和财产性收入等不同来源的家户收入，并且家户支出信息也明确区分了家庭文化娱乐支出和旅游支出，为我们的实证分析提供了充足的数据来源。

对于 CFPS 数据库中的 9 764 个农村家庭原始样本，本章在回归之前做了如下处理：首先是对缺漏值进行处理。根据实证分析中常用的数据清理方法（Landerman，1997），当缺失比例小于 2% 时，可用均值替代；当缺失比例在 2%～5% 之间时，可用最大似然估计获得；当缺失比例大于 5% 时，则需要用多项回归估计或直接剔除样本。由于 CFPS2014 中农村家庭旅游支出数据的缺漏比例为 27.2%，为确保实证结果的可靠性，我们剔除了缺失的样本。此外，由于转移性收入、财产性收入和经营性收入三个指标存在较小程度（小于 2%）的数据缺失，我们以均值替代。其次是对离群值的处理。通过检验发现，原始样本中旅游消费支出、工资性收入、经营性收入、财产性收入和转移性收入均存在一定的离群值，因此本章对这五个指标进行 97.5% 的右缩尾处理。通过以上处理，我们实际以 1 075 个农村家庭样本进行回归分析。

（二）计量模型与变量

为了验证我国农村家庭在旅游消费决策过程中是否存在"心理账户"效应，基于本章的理论框架，本章采用逐步回归法对农村家庭不同来源收入边际旅游消费倾向的差异化影响进行稳健性检验。具体地，我们首先将可能影响家庭旅游消费的典型家庭特征变量逐步纳入基准消费函数中，检验不同类别收入对家庭旅游消费影响的稳健性，以保障"心理账户"效应识别的有效性。基于此，通过 F 检验识别各类别收入之间边际旅游消费倾向差异的显著性，据此来验证农村家庭旅游消费的"心理账户"假说。基准回归模型如下：

$$TC_i = \alpha + \beta_1 WI_i + \beta_2 OI_i + \beta_3 TI_i + \beta_4 PI_i + \beta_5 Edu_i \\ + \beta_6 BP_i + \beta_7 Age_i + \beta_8 Re_i + \varepsilon_i \quad (8\text{—}10)$$

其中，i 表示农村家庭；TC 为被解释变量，表示被调查的农村家庭在过去

12个月实际发生的旅游消费总支出,包括与旅游行为相关的交通费、食宿费、景区门票等支出项目。根据本章的研究目的和理论分析结果,解释变量主要分为两类:结构性家庭收入和家庭特征变量。家庭收入包括家庭工资性收入(WI)、经营性收入(OI)、财产性收入(PI)和转移性收入(TI)。根据《中国统计年鉴》对居民收入的划分标准以及CFPS的问卷设计,工资性收入包括家庭工资收入或打工收入,经营性收入包括家庭农产品收入或个体经营、私营等税后净利润,财产性收入包括所有房产、地产、耐用品、金融产品的市值以及相关资本利得,转移性收入包括各种政府补助、社会补助、离退休或养老金等。根据上述理论分析,我们选择户主教育程度(Edu)、家庭经营方式(BP)、子女年龄(Age)3个主要家庭特征来检验农村居民旅游消费"心理账户"效应的异质性。其中,教育程度由户主的受教育水平表示。根据常用的教育程度划分方法以及CFPS调查问卷提供的居民受教育信息,我们将户主受教育水平划分为4个类别:未受正规教育(文盲和半文盲)、接受义务教育(小学和初中)、接受中等教育(高中、中专、技校和职高)以及接受高等教育(大专及其以上)。由于农业生产的自然属性是导致农村家庭收入预期不确定性的主要原因,因此家庭经营方式主要考察该家庭是否为从事农业生产经营。对子女年龄的衡量按照教育阶段进行划分,分为1～12周岁、13～18周岁和18周岁以上3个年龄段。此外,我们控制了地区虚拟变量(Re),来剔除不可观测的地区因素。

为了进一步考察农村家庭特征对不同来源收入边际旅游消费倾向及"心理账户"效应的差异化影响,本章在基准回归模型中分别纳入各类型收入与家庭特征的交互项,并检验了不同特征家庭之间旅游消费"心理账户"效应的差异显著性,模型构建如下:

$$\begin{aligned}TC_i = &\alpha + \beta_1 WI_i + \beta_2 OI_i + \beta_3 TI_i + \beta_4 PI_i + \beta_5 Edu_i \\ &+ \beta_6 BP_i + \beta_7 Age_i + \beta_8 Re_i + \beta_9 Edu_i \times WI_i \\ &+ \beta_{10} Edu_i \times OI_i + \beta_{11} Edu_i \times TI_i \\ &+ \beta_{12} Edu_i \times PI_i + \varepsilon_i\end{aligned} \quad (8\text{—}11)$$

$$\begin{aligned}TC_i = &\alpha + \beta_1 WI_i + \beta_2 OI_i + \beta_3 TI_i + \beta_4 PI_i + \beta_5 Edu_i \\ &+ \beta_6 BP_i + \beta_7 Age_i + \beta_8 Re_i + \beta_9 Age_i \times WI_i \\ &+ \beta_{10} Age_i \times OI_i + \beta_{11} Age_i \times TI_i \\ &+ \beta_{12} Age_i \times PI_i + \varepsilon_i\end{aligned} \quad (8\text{—}12)$$

$$\begin{aligned}TC_i = &\alpha + \beta_1 WI_i + \beta_2 OI_i + \beta_3 TI_i + \beta_4 PI_i + \beta_5 Edu_i \\ &+ \beta_6 BP_i + \beta_7 Age_i + \beta_8 Re_i + \beta_9 BP_i \times WI_i \\ &+ \beta_{10} BP_i \times OI_i + \beta_{11} BP_i \times TI_i \\ &+ \beta_{12} BP_i \times PI_i + \varepsilon_i\end{aligned} \qquad (8\text{—}13)$$

在回归分析之前对模型有效性进行检验,我们发现 VIF 膨胀因子远小于 10,所以模型不存在多重共线性。同时采用 White 估计量对模型进行同方差检验时,发现 P 值接近于 0,拒绝了同方差假设,因此,我们采用 White 稳健性估计对异方差进行处理。

四、实证结果

(一)农村家庭旅游消费"心理账户"效应

本章从家庭收入结构的视角检验我国农村家庭旅游消费支出的"心理账户"效应,并分析了典型的农村家庭特征对边际旅游消费倾向和"心理账户"效应的差异化影响。本章首先采用逐步回归法对不同收入的边际旅游消费倾向进行稳健性检验,确保后续"心理账户"效应检验的有效性,基准结果见表 8—1。依据相关性统计分析结果,首先在模型(1)中纳入不同类型的家庭收入变量,初步判断不同类型收入的边际旅游消费倾向。随后,在模型(2)和(3)中依次纳入与旅游消费相关的主要家庭特征变量,即户主的受教育程度、家庭经营方式及子女年龄。在模型(4)中进一步纳入地区虚拟变量,以控制地区不可观测的扰动因素,并考察不同地区农村家庭旅游消费支出的差异。通过比较模型(1)~(4)的估计结果,以检验家庭收入和家庭特征对农村家庭旅游消费影响的稳健性,为后续检验"心理账户"效应提供依据。

表 8—1 农村家庭旅游消费"心理账户"效应

被解释变量	农村家庭旅游消费			
	(1)	(2)	(3)	(4)
工资性收入	0.009***	0.008***	0.008***	0.007***
	(3.96)	(3.25)	(3.13)	(3.00)
转移性收入	0.044***	0.041***	0.038***	0.037***
	(6.72)	(6.39)	(5.69)	(5.51)

续表

被解释变量	农村家庭旅游消费			
	(1)	(2)	(3)	(4)
财产性收入	0.049**	0.040**	0.037*	0.038**
	(2.56)	(2.06)	(1.95)	(2.00)
经营性收入	0.015***	0.017***	0.016***	0.016***
	(3.66)	(4.13)	(4.04)	(3.96)
教育程度		183.1	260.9**	281.0**
		(1.56)	(2.12)	(2.27)
经营方式		−804.2***	−887.5***	−880.3***
		(−3.92)	(−4.25)	(−4.10)
子女年龄			204.5**	206.3**
			(2.04)	(2.06)
中部地区				635.3**
				(2.26)
东部地区				190.2
				(0.77)
F 统计量	8.87	8.20	7.44	7.13
观测值	1 075	1 075	1 075	1 075
R^2	0.073	0.091	0.095	0.099

注:括号里为 t 值。***、** 和 * 分别表示1%、5%和10%的显著性水平。

模型(1)结果表明工资性收入、转移性收入、经营性收入和财产性收入对农村家庭旅游消费支出均具有显著的正向影响。这符合经典消费假说和以往的研究结论,也确保下文检验旅游消费"心理账户"效应的有效性。在考虑了家庭经营方式和户主的受教育程度后,模型(2)结果显示各类别的家庭收入对旅游消费的影响基本保持稳健。此外,从事农业生产的家庭的旅游消费支出相对较低。进一步考虑子女年龄后,模型(3)结果表明平均意义上子女年龄与家庭旅游消费支出存在正相关关系。我们也进一步估计了子女年龄对农村家庭旅游消费的非线性影响,发现结果并不显著。同时,结果显示户主的教育水平对家庭旅游消费存在一定的促进作用。模型(4)进一步控制了地区虚拟变量,发现各类家庭收入以及家庭特征的经济显著性和统计显著性没有发生大的变化,表明基准回归结果基本稳健。

在确保基准回归结果稳健的基础上,我们重点考察农村家庭旅游消费过程中的"心理账户"效应。具体地,我们针对每个模型检验了各类家庭收入边际旅游消费倾向之间的差异在统计上的显著性,检验结果表明不同类型家庭收入对农村家庭旅游消费支出存在显著的差异化影响,这证实了我们的理论假设。除了统计显著性外,基准回归结果也表明"心理账户"效应具有一定的经济显著性。本章以模型(4)的估计结果来解释"心理账户"效应。具体地,工资性收入、转移性收入、财产性收入和经营性收入对农村家庭产生的边际旅游消费倾向显著不同。当各类收入每增加1 000元时,其中将会有7元工资性收入、37元转移性收入、38元财产性收入和16元经营性收入分别用于其家庭的旅游消费,并且这种差异在统计上也是显著的(F统计量=7.13)。该结果表明我国农村家庭旅游消费存在明显的"心理账户"效应。根据上文的理论框架,由于农村家庭相对较低的收入水平以及旅游消费较大的需求收入弹性,农村家庭在旅游消费决策上更倾向于将不同来源收入的"机会成本"和前期投入考虑在内,进而在不同类别收入之间形成差异化的预算管理规则,造成不同来源收入之间在边际旅游消费倾向上的明显差异,即产生"心理账户"效应。理论分析结果表明,在二元经济结构环境下,我国农村家庭更倾向于将"机会成本"更高的转移性收入和财产性收入用于旅游消费,这符合"心理账户"中对收入替代性或相对重要性的解释。此外,根据马斯洛需求层次理论,人们倾向于首先将工资性收入用于家庭当期的基础性开支,此后再考虑将财产性收入用于更高层次的旅游消费。

需要强调的是,虽然基准回归结果证实了理论假设1,即不同类型的家庭可支配收入对旅游消费支出均存在促进作用,但所估计的各类收入边际旅游消费倾向的大小可能与其他类似研究的结果不同,这种差异取决于样本和指标选取。因此,本章估计的边际旅游消费倾向在经济意义上的绝对大小或相对大小可能不具有直接的参考价值,而是作为证实旅游消费"心理账户"效应存在的基础证据;也就是说,只有在选取的样本下,家庭旅游消费行为满足传统消费假说,才能进一步验证农村家庭是否存在旅游消费"心理账户"效应。即假设1成立是验证假设2的前提条件。表8—1结果首先证实了我国农村家庭旅游行为满足传统消费假说,进一步地,各类型收入系数的差异显著性检验统计量介于7.13与8.87之间,这表明我国农村家庭旅游消费决策存在"心理账户"效应。因此,本章提出的理论假设 1 和假设 2 得以证实。

在典型的农村家庭特征方面，户主受教育程度和家庭经营方式在一定程度上决定着家庭的消费观念和层次。一般而言，对于受教育程度越高的非务农家庭，其消费理念更加开放，需求层次也更高，进而用于需求弹性较大的旅游消费支出也相对更多。子女年龄在很大程度上决定着家庭用于旅游消费的经济能力和闲暇时间。作为一种基础需求，家庭对子女的抚养和教育支出具有较低的弹性，因而随着子女年龄的增长，家庭所承担的对低需求弹性产品的支出会大幅降低，这会显著释放家庭消费能力和意愿，将有限的资源更多地用于需求层次更高的消费品上来，如旅游消费。表 8—1 的估计结果初步证实了教育程度、经营方式以及子女年龄对农村家庭旅游消费支出的直接影响。重要的是，这些典型的农村家庭特征对家庭旅游消费决策的影响主要是基于旅游产品的需求弹性或需求层次而产生的，这符合本章理论框架中的农村家庭旅游消费"心理账户"效应存在的基础假设，即对于收入水平较低的农村家庭，旅游消费具有较大的需求弹性。因而该估计结果为后续验证农村家庭典型特征对边际旅游消费倾向以及"心理账户"效应的异质性影响，即假设 4~假设 6，提供了基础证据。

(二)城乡家庭旅游消费"心理账户"效应差异

根据上文构建的理论模型(5)，我们得出理论假设 3，即在存在城乡收入差距及边际消费倾向递减的条件下，农村家庭旅游消费决策中的"心理账户"效应平均意义上比城镇家庭更显著。由于存在边际消费递减的固有规律，因而收入水平较低的农村家庭是挖掘国内旅游需求市场潜力的关键。基于这个角度，识别我国家庭旅游消费"心理账户"效应的城乡差异有助于从微观角度解释我国农村地区收入增长与旅游需求不匹配以及国内整体旅游需求水平不足的事实。

为了检验这一理论假设，本章基于同一时期内可比的城乡家庭样本，对农村家庭和城镇家庭的旅游消费"心理账户"效应以及边际旅游消费倾向的相对强弱进行检验。首先，通过直接比较城乡家庭各类收入边际旅游消费倾向差异的统计显著性(即 F 统计量)，可直观地识别农村家庭旅游消费"心理账户"效应的相对强弱。结果如表 8—2 所示，其中，列(1)~列(2)分别表示农村家庭和城镇家庭样本，且均不控制除收入外的其他家庭特征变量，结果表明，城乡家庭旅游消费基本符合传统消费假说，并且两类家庭在旅游消费决策中都表现出了显著的"心理账户"效应。重要的是，"心理账户"效应对于农村家庭旅游消费行为而言更为显著(F 统计量分别为 8.87 和 5.39),该结果证实了理论假设 3。列(3)~列(4)进一步控制了家庭特征变量,检验结果仍然支持以上结论(F 统计量分别为 7.13 和 5.33),一定程度上表明我国家庭在旅游消费决策中普遍存在"心理账户"效应,并且农村家庭旅游消费行为更容易受到"心理账户"效应的影响。由于边际消费倾向递减规律,在总收入水平既定的条件下更均衡的收入结构是提高旅游消费水平的有效措施,因而理论假设 3 的证实为改善农村家庭收入结构、拓宽增收渠道提供了经验证据。

表 8—2　　　　　　　　城乡家庭旅游消费"心理账户"效应

被解释变量	家庭旅游消费			
家庭类型	农村家庭	城镇家庭	农村家庭	城镇家庭
	(1)	(2)	(3)	(4)
工资性收入	0.009***	0.013***	0.007***	0.012***
	(3.96)	(6.14)	(3.00)	(5.95)
转移性收入	0.044***	0.002	0.037***	0.002
	(6.72)	(1.28)	(5.51)	(1.31)
财产性收入	0.049**	0.082***	0.038**	0.071***
	(2.56)	(4.32)	(2.00)	(5.51)
经营性收入	0.015***	0.009*	0.016***	0.014**
	(3.66)	(1.80)	(3.96)	(2.50)
家庭特征变量	不控制	不控制	控制	控制
F 统计量	8.87	5.39	7.13	5.11
观测值	1075	1312	1075	1312
R^2	0.073	0.050	0.099	0.52

注:括号里为 t 值。***、** 和 * 分别表示 1%、5% 和 10% 的显著性水平。城镇家庭的经营方式由"是否从事个体经营"虚拟变量衡量,其他与农村家庭一致。

上述结果通过跨样本比较分析直接验证了城乡家庭间旅游消费"心理账户"效应的差异,为了保证上述检验结果的稳健性,本章基于整合的城乡家庭样本,通过检验家庭类型对边际旅游消费倾向调节效应的差异显著性来进一步验证城乡家庭"心理账户"效应的差异,即通过检验"差异的差异"来实现这一验证过程。结果如表 8—3 所示,列(1)~(4)分别引入了家庭类型与对应类型收入的交互项,列(5)则将所有类型收入的交互项同时引入模型。其中,家庭类型表示为虚拟变量,若观察单元为农村家庭,则取 1;若为城镇家庭,则取 0。首先,列(1)～列(4)显示所有交叉项估计系数在统计上显著,这初步表明城乡家庭在每类收入上的边际旅游消费倾向均存在差异,并且纳入交叉项后城乡家庭在旅游消费行为中普遍存在"心理账户"效应(F 统计量介于 24.14 与 31.47 之间),这为进一步验证"心理账户"效应的城乡差异提供了基础证据。列(5)将每类收入与家庭类型的交叉项同时引入,结果仍支持上述观点,重要的是,各交互项估计系数在统计上显著不同(F 统计量为 5.41),这表明城乡家庭对每类收入的调节效应存在明显差异,也证实了城乡家庭在旅游消费"心理账户"效应上的差异。基于以上估计结果,由于在现有的收入水平上,城镇家庭边际旅游消费倾向显著大于农村家庭,并且各类家庭遵循边际消费倾向递减规律,因此列(5)中 F 统计量即可以表明农村家庭在旅游消费上表现出更显著的"心理账户"效应。这再一次验证了理论假设 3,并且检验结果是稳健的。

表 8—3　　　　　　　　城乡家庭边际旅游消费倾向差异

被解释变量	家庭旅游消费				
	(1)	(2)	(3)	(4)	(5)
工资性收入×家庭类型	−0.023*** (−5.23)				−0.021*** (−4.50)
转移性收入×家庭类型		−0.004* (−1.81)			−0.002* (−1.86)
财产性收入×家庭类型			−0.068** (−2.18)		−0.037* (−1.78)
经营性收入×家庭类型				−0.016** (−2.12)	−0.011*** (−4.46)
各类型收入	控制	控制	控制	控制	控制
家庭类型	控制	控制	控制	控制	控制
观测值	2 387	2 387	2 387	2 387	2 387
F 统计量	31.47	24.14	29.24	28.62	5.41
R^2	0.061	0.050	0.051	0.059	0.063

注:括号里为 t 值。***、**和*分别表示 1%、5%和 10%的显著性水平。列(1)～列(4)中的 F 统计量用于检验各类型收入估计系数的差异显著性,列(5)中的 F 统计量用于检验各交互项估计系数的差异显著性。

(三)稳健性检验

为了检验时间动态趋势和消费滞后性对上述检验结果的影响,本章分别采用与2014年匹配的2012年家庭样本收支数据、2012年家庭收入以及2014年家庭旅游支出匹配数据,检验城乡家庭旅游消费"心理账户"效应的稳健性。结果如表8—4所示,考虑了动态趋势和消费滞后性后,各类收入的边际旅游消费倾向基本保持稳健,重要的是,时间趋势和消费滞后性等潜在因素并未影响本章关注的核心问题,结果仍支持农村家庭旅游消费"心理账户"效应的存在(F统计量分别为17.53和27.68),并且该效应在农村家庭旅游消费过程中的影响要强于城镇家庭(F统计量分别为4.50和3.27)。因此,以上对假设1~假设3的实证检验结果是稳健的。

表8—4　　　　时间趋势对旅游消费"心理账户"效应的影响

样本	2012年收入—2012年旅游支出		2012年收入—2014年旅游支出	
	农村家庭	城镇家庭	农村家庭	城镇家庭
工资性收入	0.011*** (3.28)	0.008*** (6.14)	0.012*** (3.34)	0.021*** (5.52)
转移性收入	0.037*** (5.80)	0.005 (0.60)	0.030*** (3.42)	0.005 (1.44)
财产性收入	0.056*** (7.41)	0.070*** (3.58)	0.212*** (14.7)	0.035 (1.56)
经营性收入	0.005* (1.93)	0.017*** (3.89)	0.012** (2.02)	0.002 (0.63)
家庭特征变量	控制	控制	控制	控制
F统计量	17.53	4.50	27.68	3.27
观测值	569	1 070	816	1 086

注:括号里为t值。***、**和*分别表示1%、5%和10%的显著性水平。

为了进一步检验旅游消费"心理账户"效应,表8—5估算了农村家庭任意两类收入边际旅游消费倾向的差异显著性,结果表明平均意义上农村家庭在每类收入上用于旅游服务的边际消费倾向均存在显著差异(F统计量介于5.10与15.37之间),这再次证实了对理论假设2检验结果的稳健性,即我国农村家庭在旅游消费决策中存在"心理账户"效应。

表 8—5　　　　　　　各类型收入边际旅游消费倾向差异

	工资性收入	转移性收入	财产性收入	经营性收入
工资性收入	—	9.74	10.01	6.20
转移性收入	9.74	—	15.37	5.10
财产性收入	10.01	15.37	—	10.99
经营性收入	6.20	5.10	10.99	—

注：表中数值表示对任意两类收入上边际旅游消费倾向估计值的差异显著性，即 F 统计量。

五、异质性分析

（一）农村家庭特征对边际旅游消费倾向的异质性影响

根据理论分析结果，农村家庭特征可能会对边际旅游消费倾向和"心理账户"效应产生异质性影响。为了检验理论假设 4～假设 6，本节识别家庭经营方式、受教育程度和子女年龄 3 个典型农村家庭特征对各类收入边际旅游消费倾向的调节作用。结果如表 8—6 所示。列（1）在基准模型中引入家庭经营方式与各类家庭收入的交互项，结果表明，对于从事农业生产的农村家庭，其工资性收入的边际旅游消费倾向明显较小。在经济显著性上，务农家庭的财产性收入和经营性收入用于旅游消费的边际份额也相对较低，这部分证实了理论假设 6，即农村家庭经营方式在一定程度上决定了各类收入的边际旅游消费倾向，并且务农家庭的边际旅游消费倾向更小。农业生产的自然属性会给农村家庭收入预期带来较大的不确定性，这导致务农家庭在需求层次较高的旅游产品上消费倾向相对较弱，而是将更多的收入储蓄用于确保需求层次较低的基础性支出。

列（2）检验了户主受教育程度对农村家庭边际旅游消费倾向的影响，结果表明，户主受教育程度越高，家庭转移性收入用于旅游消费的边际份额越小。其他类型收入用于旅游服务的边际支出则未受到户主受教育水平的显著影响，这与理论假设 4 不符。一方面，受教育程度较高的农村家庭更倾向于将主要针对低收入群体的转移性收入更多地用于基础性消费或保障性消费，而对需求层次更高的旅游消费则比较谨慎；另一方面，受教育程度对家庭边际旅游消费倾向的影响可能随家庭收入水平呈现非线性的趋势，当家庭总体收入低于一定水平时，高学历家庭可能具备更强的预算管理能力，通过压缩不必要的高层次消费需求以保障不确定性收入情况下的基础支出,而当家庭收入高于一定水平时,预算约束放松后的高学历家庭倾向于增加高需求层次的旅游消费,这是由消费观念差异和旅游服务的文化属性与投资属性共同决定的。

表 8—6　　　　农村家庭特征对边际旅游消费倾向的异质性效应

家庭特征	经营方式	教育程度	子女年龄
	(1)	(2)	(3)
家庭特征	−469.6	−103.2	6.858
	(511)	(302)	(197)
工资性收入	0.018***	0.006	−0.007
	(3.39)	(0.63)	(0.49)
家庭特征× 工资性收入	−0.013*	0.003	0.005
	(−1.77)	(0.66)	(1.52)
转移性收入	0.000	0.026***	−0.001
	(0.01)	(2.73)	(−0.48)
家庭特征× 转移性收入	0.000	−0.007***	0.001
	(0.01)	(−2.77)	(0.97)
财产性收入	0.077***	0.089	0.085
	(3.59)	(1.55)	(0.71)
家庭特征× 财产性收入	−0.083	−0.007	−0.002
	(1.35)	(−0.31)	(−0.09)
经营性收入	0.018**	0.006	0.010
	(2.52)	(0.52)	(0.65)
经营方式× 经营性收入	−0.011	0.002	0.000
	(−1.26)	(0.39)	(0.01)
各类型收入	控制	控制	控制
地区	控制	控制	控制
F 统计量(a)	3.69	1.66	0.47
F 统计量(b)	9.78	11.2	5.45
观测值	1 075	1 075	1 075
R^2	0.048	0.037	0.035

注:***、**和*分别表示1%、5%和10%的显著性水平。F 统计量(a)表示各类收入边际旅游消费倾向的差异显著性;F 统计量(b)表示家庭特征对各类收入边际消费倾向调节效应的差异显著性。

(二)农村家庭特征对旅游消费"心理账户"效应的异质性影响

典型的农村家庭特征已被证实对边际旅游消费倾向存在差异化的影响,并且这种影响本身也可能受到家庭总体收入水平等潜在因素的调节作用。不同于边际消费倾向,"心理账户"效应本质上是消费者潜在的一种行为决策准则,具体是指不同类别收入用于特定消费的边际份额的差异,在本章中主要以统计显著性加以识别,因此对"心理账户"效应存在性以及异质性的检验可以得出更稳健的结论。该小节重点检验典型的农村家庭特征对农村家庭旅游消费"心理账户"效应的异质性影响。首先,仍采用上文中在全样本下"心理账户"效应的检验方法,对估计的边际消费倾向的差异显著性进行检验,结果如表 8—6 所示,其中,F 统计量(a)表示各类收入边际旅游消费倾向的差异显著性,但由于回归中纳入了家庭特征与各类收入的交互项,因此 F 统计量(a)无法提供直观的统计信息。F 统计量(b)表示家庭特征对各类收入边际消费倾向调节效应的差异显著性,其估计值介于 5.45 与 11.2 之间,表明 3 个典型的农村家庭特征对旅游消费"心理账户"效应均存在异质性影响,这证实了理论假设 4~假设 6。

为了进一步识别家庭特征对"心理账户"效应产生影响的相对强弱,本章采用跨样本比较回归分析法,具体考察每个类别的农村家庭在旅游消费"心理账户"效应上的差异化表现。结果如表 8—7 所示,相对于其他经营方式的家庭,务农家庭在旅游消费上的"心理账户"效应较弱。由理论分析结果可知,这种差异主要由于务农家庭收入预期不确定性造成较大的旅游消费弹性。对于不同受教育程度家庭在旅游消费"心理账户"效应上的差异,结果显示,随着户主受教育程度的提升,农村家庭在不同来源收入上旅游消费倾向的差异越显著,即"心理账户"效应越强烈。子女年龄在 12~18 岁之间的农村家庭在旅游消费上表现出显著的"心理账户"效应。该年龄段是子女接受教育的关键阶段,此时农村家庭会面临较大的教育成本和精神压力,因而在旅游消费上的收入弹性可能会较大,这可能是导致该阶段旅游消费"心理账户"效应产生的主要原因。

表 8—7　农村家庭特征对旅游消费"心理账户"效应的异质性影响

家庭特征	F 统计量	观测值	家庭特征	F 统计量	观测值
务农家庭	1.59	504	无子女	0.91	193
非务农家庭	4.96	571	子女年龄:1~5 岁	0.08	189
未受正规教育	1.88	235	子女年龄:6~12 岁	0.63	166
受义务教育	3.40	531	子女年龄:12~18 岁	12.42	98
受中等教育	5.27	153	子女年龄:18 岁以上	2.30	429
受高等教育	5.81	156			

六、结论与启示

基于中国家庭追踪调查(CFPS)微观数据,本章从微观家庭层面检验了我国农村家庭不同来源的收入对旅游消费支出的差异化影响,从理论和实证上验证了我国农村居民旅游消费中存在的"心理账户"效应。此外,估计了典型农村家庭特征对边际旅游消费倾向和"心理账户"效应的异质性影响。研究结论可归纳为以下几点:

不同来源的家庭收入对农村家庭旅游消费均存在显著的正向影响,这与经典消费理论和多数研究结论一致。重要的是,农村家庭对于不同来源的收入表现出显著差异化的边际旅游消费倾向,即存在"心理账户"效应。并且,农村家庭旅游消费的"心理账户"效应在统计上比城镇家庭更为显著。理论分析结果表明,农村家庭在旅游消费上的"心理账户"效应主要与家庭收入水平和旅游消费需求层次有关。具体地,在二元经济结构背景下,由于收入预期的不确定性和城乡家庭收入差距的存在,农村家庭倾向于将转移性收入和财产性收入用于其家庭旅游消费,这在一定程度上符合马斯洛需求层次理论的观点。从"心理账户"理论中对收入相对重要性的解释来看,农村家庭倾向于将工资性收入纳入家庭基础性开支的预算中,将经营性收入用作经营活动的投资和运营。在存在"心理账户"效应的条件下,平均而言,农村家庭各类收入每增加1 000元,其中将会有7元工资性收入、37元转移性收入、38元财产性收入和16元经营性收入分别用于其家庭的旅游消费支出。可见,我国农村家庭旅游消费"心理账户"效应存在经济上和统计上的显著性。

在"心理账户"效应以及边际消费倾向递减的共同作用下,除了提高可支配收入外,拓宽农村家庭收入来源和平抑各类收入差距是提高农村地区总体边际旅游消费倾向的有效措施。第一,拓宽收入来源可以直接有效地增加农村家庭的可支配收入,这对旅游消费支出和边际消费倾向产生直接的刺激作用;第二,多元化的增收方式不但能够扩大农村家庭的消费选择空间,并且能够调节"心理账户"中各类收入的相互替代性,这在微观层面有利于消费者的理性决策,在宏观层面有助于优化旅游消费市场的资源配置效率和整体福利;第三,在边际消费倾向递减的条件下,通过完善农村要素市场拓宽农村家庭收入来源,有利于缩小家庭、城乡以及区域间的收入差距,有利于提升总体的边际旅游消费倾向。

研究结果还发现,典型的农村家庭特征对边际旅游消费倾向和"心理账户"效应产生异质性影响。首先,从事农业生产的农村家庭在工资性收入、财产性收入和经营性收入的边际旅游消费倾向相对较低,并且"心理账户"效应也相对更弱,这主要是由于农业生产的自然属性造成的收入预期不确定性。该结果同样表明,通过完善农村要素市场和拓宽增收渠道,降低农村家庭收入不确定,有利于整体上提升农村市场的边际旅游消费倾向。其次,教育程度更高的农村家庭的旅游消费"心理账户"效应更显著。受教育水平在很大程度上决定着家庭的消费理念和决策方式,理性的消费者更倾向于将针对低收入群体的转移性收入更多地用于家庭基础性和保障性支出,这有利于家庭消费结构的优化和整体效用的提升。对于需求层次较高的旅游消费,其决定因素不仅仅在于收入水平和收入结构,也在一定程度上依赖于消费者的消费理念和决策方式,而这是可以通过教育加以优化的。因此,对于农村家庭而言,教育可能是优化消费结构并提升整体福利的有效措施。在更广泛的意义上,通过教育提升农村地区的人力资本,有助于改善城乡收入差距以及家庭收入差距,这是刺激内需、优化产业结构的重要途径。此外,对于子女处在中学教育阶段的农村家庭,其表现出明显的旅游消费"心理账户"效应。尤其是对于我国农村家庭,子女年龄决定着家庭出游的经济能力、闲暇时间和精神压力状况,这种影响主要体现在子女的养育和教育成本对旅游消费的挤压方面。因此,从广泛的意义上来说,通过转移支付和社会保障机制缓解农村家庭的子女养育压力以及城乡差异,有助于释放农村家庭的旅游消费潜力。

第九章　发展旅游业有助于收缩城市复兴吗？
——以中国收缩城市为例

尽管中国仍处在快速城镇化进程中,但越来越多的城市开始出现不同程度的收缩。由于对劳动技能要求低、环境污染少,旅游业已成为许多城市应对收缩的重要发展产业。那么旅游业可以帮助收缩城市实现复兴吗？基于中国54个收缩城市的面板数据,本章使用工具变量模型,从城市人口、经济、就业、消费和投资等多个角度研究旅游业对收缩城市复兴的影响。研究结果显示,没有证据支持旅游业对收缩城市人口有显著的影响。旅游业对收缩城市经济、就业率、投资和消费具有显著的正向影响,其中旅游业对城市就业的影响最大。研究指出,收缩城市无法通过单一的旅游业实现人口增长,然而,可以通过发展旅游业促进城市经济、就业、投资和消费的增长来实现城市复兴。

一、问题的提出

20世纪下半叶到21世纪初,处于后工业时代的美国、欧洲和日本的许多城市经历了人口流失和经济衰退。这种现象引起了学者的关注,并将之称为城市收缩(Audirac,2018;Wichowska,2019;龙瀛和李郇,2015;孙青等,2019)。由于产业迁移,城市收缩最初主要发生在发达国家的去工业化地区。随着老龄化和经济全球化的发展,城市收缩开始向全球范围蔓延(Martinez-Fernandez等,2012;Yang和Dunford,2017)。越来越多的证据表明新兴经济体同样面临着严重的城市收缩问题,中国也不例外(龙瀛等,2015;杨振山和扬定,2019;张竞祥等,2017),尽管中国目前仍然保持着较高的城市化进程(Li和Mykhnenko,2018)。城市收缩问题已成为一种全球现象(李郇等,2017)。

当前学者对城市收缩问题的研究,主要集中在分析城市收缩的起因、后果和探索应对城市收缩的策略。现有研究认为经济转型(叶云岭和吴传清,2020)、人口结构变化(叶云岭和吴传清,2020)、战争(Rieniets,

2009)、政治变革(Hospers,2013)、经济全球化(Martinez-Fernandez 等,2012)、经济危机(Rieniets,2009)和自然资源枯竭(张明斗等,2019;张学良等,2016)是引起城市收缩的主要原因。由于不同城市所处的经济、地理、政治环境不同,因此造成城市收缩的原因可能是单一的,也可能是多重因素的综合(Deng 等,2019)。

收缩的城市和繁荣发展的城市都是工业化进程的产物(周恺等,2020)。但与城市繁荣所带来的社会进步相比,城市收缩被认为是一种消极现象(Camarda 等,2014),是城市不健康发展的表现。尽管城市收缩是城市进程中的一个阶段,但一旦开始,就会形成累积效应,进一步恶化后果(Hospers,2013)。以人口流失为特征的城市收缩会导致城市住房空置率上升(Hospers,2013)、消费市场失去活力、公共服务投入压力提升、导致城市居住环境质量下降,城市形象变差。该结果还会进一步导致投资减少、就业机会降低,加剧收缩城市人口外流,从而引发恶性循环(Hospers,2012)。

由城市收缩带来的管理、规划和资源配置的问题(Martinez-Fernandez 等,2012)令政府管理者和经济学家感到担忧,促使他们重新思考城市收缩现象并制定新的政策来应对城市收缩。一种观点认为,城市收缩是城市发展周期理论中的一个阶段,应该积极地接受收缩,提升居民的生活质量(Hospers,2013),有计划进行"smart-shrinkage"(精明收缩)来重塑城市形象(Audirac,2018)。另一种观点认为,应该采取积极的措施来对抗城市收缩,实现城市的复兴。例如,改善城市环境(Camarda 等,2014)、住房改造(Conway 和 Konvitz,2000)、与更高级别的政府进行沟通与合作(Hartt,2017)、直接向收缩城市提供资金用以社区重建(Martinez-Fernandez 等,2016)。在采取对抗性措施来应对城市收缩实现城市复兴时,当地政府面临着资源缺乏(Camarda 等,2014)、财政资金困难(Joo 和 Seo,2018)的问题。因此,这些政策的有效性值得怀疑(Hospers,2013),不足以实现城市的复兴(Bartholomae 等,2016)。规划人员和地方决策者在制定振兴政策和规划方面面临的挑战是艰巨的(Martinez-Fernandez 等,2012)。收缩城市有必要寻求积极的产业政策措施(Bartholomae 等,2016)来提升城市竞争力,实现城市复兴。所以,许多收缩城市通过发展旅游业来应对城市收缩。例如,英国第三大城市曼彻斯特,围绕文化、休闲和生活方式(主要包括体育赛事、文化遗产项目等)来发展第三产业,实现了经济的再次繁荣和人口的增长;美国的底特律市则通过发展以博彩业为主的娱乐项目和体育项目来应对城市收缩;德国的莱比锡市通过国际著名的会展(如莱比锡书展、音乐会等)增加城市活力,带动城市发展;韩国的大邱市通过举办大型国际项目(体育赛事)和发展胡同之旅提升城市形象,应对城市收缩;在日本,更典型的当代地方发展政策是吸引游客而非制造商的"后工业"政策(Martinez-Fernandez 等,2016)。毫无疑问,不管是国际性的体育赛事还是巡回演出的音乐节目,均会带来大量的游客。

旅游业是创造资本生产和再生产条件的重要工具(Milano 等,2019)。通过吸引外地游客,旅游业以在目的地消费的形式,提供就业机会、增加当地居民收入和政府税收、改善城市基础设施(Li 等,2018)、提升城市形象,促进了旅游地的社会经济繁荣(Mitra,2019)。从全球范围来看,近几十年来尽管局部地区政治动荡、经济增长缓慢,但是旅游业依然保持了巨大的增长,成为当前全球最大的产业之一(Mitra,2019),并以高于制造业、金融业和运输业的预期增长速度不断发展(World Travel and Tourism Council,2015)。预计到 2030 年,全球旅游业将达到 18 亿人次(UNWTO,2017)。旅游业对经济社会的繁荣发展已成为学术界的主流观点(Chingarande 和 Saayman,2018;Liu 和 Wu,2019;Lv,2019),并被作为收缩城市复兴的重要产业。

显然,旅游业的发展为旅游目的地带来了大量的流动人口。从理论角度来看,地方发展旅游业是毋庸置疑的。然而,旅游业对当地的影响结果是不确定的,仍然是一个开放的研究问题。以休闲为目的的旅游业对经济发展有很大的助力,但是在许多地区传统的旅游项目并没有引起国际游客的兴趣(Camarda 等,2014)。许多地区旅游业的繁荣并没有促进当地社会发展水平的提升(Gal 等,2010;Oh,2005;Sánchez-Rivero 和 Cárdenas-García,2014)。对于收缩城市来说,有的地区(如希腊),旅游业发展与人口增长具有正向的关系(Salvati,2019);有的地区通过发展旅游业创造了就业机会,降低了失业率,增加了就业人数(Rink 等,2012)。各种文化节日、体育赛事的举办也吸引了大量的游客,使得收缩城市中心城区成为购物者的天堂(Bontje,2004)。但是对于有些地区,旅游业的发展却不能扭转收缩城市人口流失的局面,如威尼斯旅游业产值在近十年里增长了 3 倍,但人口却缩减到了 40 年前的 1/2。这引起了我们对收缩城市以发展旅游业来促进城市复兴的重新思考——旅游业发展能否帮助收缩城市复兴?

中国是世界上最大的发展中国家,城市化率的提升仍然是城市发展的主要动力。根据《经济蓝皮书夏季号:中国经济增长报告(2018—2019)》,在2019年,中国城市化率已突破60%。但是与城市化率提升相伴随的是越来越多的城市出现收缩现象(Long和Wu,2016)。在2009年,中国国务院出台了关于加快发展旅游业的意见文件,将旅游业上升为一种战略产业。该文件出台后,中国的旅游业迅速发展,旅游消费占国内生产总值(GDP)的比重由2009年的2.9%上升为2018年的5.7%,国内旅游人次由2009年的19亿迅速上升为2018年的55.3亿。2019年,旅游业占GDP的比重达到11.05%,并以高于GDP的预期增长速度增长。

在这一背景下,本章选择中国54个收缩城市作为研究样本,探讨旅游业能否帮助收缩城市实现复兴,进一步揭示旅游业发展对收缩城市发展的影响路径。本章对现有文献的主要贡献在于:一是检验了旅游业对收缩城市人口、经济、就业、投资、消费的影响,试图识别旅游业对收缩城市的复兴路径;二是以往对收缩城市复兴计划的研究多为单个样本案例或几个相似城市的政策比较研究,而本章采用定量分析,选取了更大的样本数据,利用计量工具分析收缩城市复兴问题将更为严谨,结论更具有推广性。另外,采用大样本统计数据和严格计量方法的收缩城市相关研究并不多,因此本章也可以为将来相关研究提供系统的实证分析框架参考。

二、文献评述与假说提出

我们提到的收缩城市复兴往往指的是城市经济的增长和城市人口的恢复(Bartholomae等,2016)。但是收缩城市复兴是一个复杂的过程,因此旅游业与收缩城市复兴的关系主要体现在以下几个方面:

(一)旅游与城市人口

吸引外来人口迁入是实现收缩城市人口迅速增长的重要手段。改善居住环境和提高收入水平是居民选择迁移的主要动机(Thulemark等,2014)。以重视环境建设的旅游业,会吸引人口流入。旅游业对收缩城市人口流入的影响主要通过以下途径实现。一是农村人口流向城市。现在有越来越多的农村青年选择外出务工,由于城市就业机会较多,他们大部分选择进入城市。但他们往往没有接受过高等教育和专业的技能培训,缺乏熟练的工作技能,因此他们很难从事需要高级技能的工作。旅游业具有对人力资本和技术水平需求较低的特点(Xu等,2019),它是一项对年轻人具有吸引力的低技能工作(Thulemark等,2014)。因此,从农村进入城市的青年劳动力会流向城市旅游业,成为新的城市人口(Thulemark 等,2014)。二是城市间的人口迁移。良好的旅游环境是展现城市形象的一张名片,可以提高城市竞争力,吸引更多的游客和寻求工作的人选择在此定居。此外,旅游业的发展提升了当地公共服务质量,例如公共交通基础设施的修建使得居民的出行更加方便,公共休闲设施的建立则改善了居民的生活环境。因此,旅游业可以提高当地居民的社会福利,减少当地居民的移民倾向,这样会留住更多的人(Dritsakis,2004)。随着游客流量的增加,当地居民会获得自豪感,这可能会对城市环境产生一个连锁反应。从这个角度看,旅游业无疑会帮助收缩城市实现人口增加。

然而,有时过多的游客也会给当地居民带来意想不到的困扰。旅游业带来的经济繁荣会造成旅游地物价上涨,引起通货膨胀(Lee 和 Chang,2008),增加当地居民的生活成本。居民的福利会因旅游业的增长而下降(Hazari 等,2003)。游客的流入导致一些旅游目的地的拥堵,迫使当地居民的生活方式发生永久性的改变(Milano 等,2019)。

旅游业的发展会使资源要素重新分配给服务业(Faber 和 Gaubert,2019),制造业的产出和需求将会降低(Li 等,2019b)。从制造业转移出来的剩余劳动力将会被旅游业吸纳。相对于制造业,旅游业是一项低工资工作(Thulemark 等,2014)。面对日益增长的生活成本,较低的收入水平将会导致生活质量下降,结果可能造成人口的进一步流失。此外,旅游业吸引外来人口就业的前提是本地劳动供给无法满足旅游业的劳动需求(Thulemark 等,2014),但在收缩城市该条件往往并不具备。同时,旅游业发展具有季节性,这意味着旅游收入是不稳定的,可能会阻碍从其他地区人口的迁入。

基于上述分析,本章提出第一个假说:

H1:旅游业对收缩城市人口既有正向促进作用,同时又存在负向影响,但综合效应可能是不确定的。

(二)旅游业与社会经济发展

1.旅游与城市经济

在过去的几十年里,有关旅游业与目的地经济之间关系的研究取得了大量的研究成果。尽管旅游业与地方经济增长具有正向关系的观点没有受到研究者的质疑(Diamond,1977),但究竟是旅游发展带动了经济增长还是经济增长驱动了旅游业发展,目前关于两者之间的因果关系,学者尚未达成统一的共识(Oh,2005)。总的来说,现有文献主要传达出三种不同的观点。其一,旅游发展促进经济增长假说(TLGH)。该假说来源于出口导向型假说,认为旅游业可以带来外汇,用于进口物资和生产,进而带动经济增长(McKinnon,1964)。Lanza 和 Pigliaru(1999)将卢卡斯两部门内生增长模型应用到旅游发展与经济增长的关系中,为 TLGH 提供了理论支撑。他们在研究中进一步证实在旅游资源丰富的小国,旅游业的发展显著拉动其经济增长率。之后,Balaguer 和 Cantavella-Jorda(2002)研究了西班牙旅游业发展与经济增长的长期关系,证实了旅游导向型假说的有效性。旅游促进经济增长假说的观点也得到了更多学者的支持(Akan 等,2007;Sequeira 和 Nunes,2008;Tang 和 Tan,2015)。其二,经济增长驱动旅游发展假说(EDGH)(Ging,2008;Oh,2005)。该假说与 TLGH 的因果顺序相反,后者认为该地区的快速经济扩张将在短期内吸引更多游客。因此,旅游业受到经济增长的强烈影响。Oh(2005)使用 Engle 和 Granger 两步法和二元向量自回归(VAR)模型检验了韩国的经济扩张与旅游业之间的关系,并指出了经济驱动的旅游业增长的单向因果关系。Ging(2008)研究的新加坡旅游业与经济增长之间的关系也支持 EDGH。其三,还有学者认为旅游业与经济增长存在着双向因果关系(Dritsakis,2004;Ridderstaat 等,2014;Tang 和 Ozturk,2017)。总之,采用不同的计量工具研究不同地区的旅游与经济之间的关系往往得出不同的结论。但在这浩瀚的文献中我们可以发现,在欠发达地区,旅游促进经济增长假说更具有说服力(Ivanov 和 Webste,2013;Lin 等,2018)。

当前大部分城市收缩是由于经济转型失败造成的,这些城市往往缺乏具有竞争力的制造业。而发展制造业需要大量的资金和技术支撑,这些也是收缩城市所缺乏的。与制造业相比,旅游业对员工工作技能需求较低,更容易成为优先发展的产业。此外,旅游业具有其他工业行业所不具备的特点,那就是它可以直接借助当地的文化特色,而不需要进行专业的技术投入。因此在收缩城市中,更多的资源将流向旅游业,提高旅游业的产出(Kadiyali 和 Kosová,2013)。收缩城市旅游业的发展通过产业带动效应促进相关产业的产出,如旅游业的发展可以促进交通运输和住宿行业的产出(Li 等,2019b)。旅游企业间的竞争则会提升产出效率。此外,旅游业通过产业整合效应提升本地产品的增值商业渠道,实现地区产业结构升级(Liu 等,2017)。

基于以上分析,我们提出第二个研究假设:

H2:考虑其他因素不变,旅游业的发展可以促进收缩城市的经济增长。

2. 旅游与城市就业

旅游业作为服务业的一种，是一项依靠自然风光、历史文化等当地资源发展起来的经济活动(Diamond,1977)，属于劳动密集型产业(Balaguer和 Cantavella-Jordá,2002)。由于劳动密集型的性质，其在就业部门发挥着关键作用(Dritsakis,2004)。以毛里求斯为例，Fauzel(2016)发现旅游业发展确实在长期和短期内促进了就业。

旅游业与住宿、餐饮、交通、文化娱乐等产业有直接的关系，这间接促进了相关产业的劳动力需求。Dimoska 等(2016)指出，2014 年马其顿的旅游业直接为该国提供了 8 100 个就业岗位，并预计到 2035 年这一数字将达到 13 000，此外还将间接提供 35 800 个工作岗位。另外，旅游业具有较高的就业乘数效应(Bardarova 等,2019)，会进一步促进其他行业的用工需求。例如，旅游业发展会导致酒店和餐饮行业的繁荣，这样其他部门可能会雇佣更多的劳工从事生产或服务来满足酒店和餐饮行业不断增长的需求。Kadiyali 和 Kosová(2013)指出，通过旅游就业的乘数效应，酒店平均每多售出 100 个房间，将使非酒店行业多提供 2~5 个新的工作岗位。因此，可以提出本章的第三个假说：

H3：旅游业发展会促进收缩城市就业。

3. 旅游与城市投资

投资是实现地区繁荣发展的重要因素。旅游业扩张也需要大量的资金支持，用以改善支撑旅游业发展的交通基础设施建设，维护自然资源的完整性和用以提升旅游竞争力的文化软实力。此外，旅游业发展还需要熟练的劳动力，因此也会吸引对人力资本的投资(Rosentraub 和 Joo, 2009)。收缩城市的政府机构在旅游业发展初期通过投入大量原始资金用以开发原始旅游资源和建设旅游景区。推广和宣传城市旅游名片，以提高旅游景区知名度、吸引更多的游客、创造更好的旅游业绩环境。但是在面临财政短缺风险的收缩城市中，旅游景区可能会提前运营，利用部分旅游收入进行投资。以政府为主导的城市旅游规划为社会释放了一种投资信号，这将吸引更多的社会资本流入旅游业。社会投资一部分直接进入旅游市场参与旅游活动，另一部分则进入酒店、餐饮等与旅游业相关的其他行业。入境游是外商判断投资能否盈利的重要参考依据(Douglas 等,2000)。国际旅游让潜在的投资者可以亲身体验被访问城市的环境，并获得有关可用投资机会的信息(Fereidouni 和 Al-Mulali,2012)。世界旅游及旅行理事会(WTTC)的数据显示,2011年旅游业为南非发展共同体带来了85亿美元的投资,并将以每年3.7%的增长速度持续到2022年的12.5亿美元。自2008年以来,塞舌尔、纳米比亚、坦桑尼亚和马达加斯加等国家的旅游业发展对投资的贡献占GDP的比重超过了10%。Fereidouni和Al-Mulali(2012)研究发现,国际旅游业与FDI之间存在着双向因果关系,这意味着一个地区可以通过国际旅游来吸引外商投资。Endo(2006)利用跨国公司酒店数据研究发现,FDI对旅游业的投资逐年增加。因此本章的第四个研究假说为:

H4:旅游业发展可以促进收缩城市投资。

4. 旅游与城市社会消费

"吃、住、行、游、购、娱"是旅游的六大基本要素,这些要素也是消费的主要来源。旅游业对当地消费情况的影响具体可以表现为:一是收缩城市通过发展旅游业带动就业的同时也相应提高了当地居民的收入,这会提高他们的消费水平;二是游客在目的地的直接旅游支出即旅游消费,取决于游客规模、质量和游客停留的时间。研究表明,游客在目的地停留的时间越久,消费额度越大(Choi等,2015)。此外,游客的消费习惯会影响他们在目的地的消费结构。住宿、食品、运输、购物和娱乐是旅游消费中的主要构成部分,Divisekera(2010)研究旅游对消费行为的影响时发现,英国游客偏好于食物支出,而日本和新西兰的游客则钟情于购物,美国游客表现为更倾向于住宿。此外,旅游将使不可贸易产品变得可交易,如餐馆可口的饭菜变得可贸易。

基于以上分析,本章提出第五个研究假说:

H5:旅游业发展可以促进收缩城市社会消费。

三、样本选择与研究设计

(一)中国收缩城市及特征

1. 中国收缩城市的定义

城市收缩是一个涉及数量和质量的概念,从数量上看是一定范围内人口的减少。收缩城市国际研究网络(Shrinking Cities International Research Network,SCIRN)定义收缩城市为人口超过1万的城市区域出现超过两年及以上人口流失的地区。因此,本章依据SCIRN的定义来筛选出现收缩的城市。

中国按行政职能可以将城市划分为三个等级,直辖市(相当于省)、地级市和县级市。中国地级市包含市辖区、县以及其管辖下的农村地区。但是更严格地说,中国的城市仅是指城区部分(Deng 等,2019)。对于中国城市人口的统计,存在两种统计方法:一种是户籍统计法,另一种是常住人口统计法。中国有着严格的户籍管理制度,每个人都会对应一个户籍所在地,并以此来享受该地区的社会福利。存在这样一种情况,一个人常年生活在 A 城市,但是他的户籍却在 B 城市。户籍人口仅统计户籍在本市的人口;而常住人口统计的则是常年生活或工作在该城市的人口,包含户籍不在本地区但是工作却在本地区的人口。基于此,本章选择地级市城区常住人口在 2006—2017 年连续两年及以上出现减少的城市作为收缩城市的研究样本。

2. 中国收缩城市空间特征

在 2006—2017 年,中国有 54 个城市出现了不同程度的收缩,约占中国城市总量的 18.37%。从收缩城市数量空间分布特征来看,东北地区的城市收缩数量最多,几乎占了收缩城市的一半。其次是广阔的西部地区,该地区属于欠发达地区,但是却拥有最多的省份和土地面积,收缩城市的分布相对分散。之后是东部沿海地区,该区域是经济发展规模最大的地区,其中收缩城市主要集中在珠三角区域。分省份来看,出现人口流失城市最多的 6 个省份依次是辽宁省、吉林省、内蒙古自治区、四川省、黑龙江省和广东省。此外,尽管收缩城市广泛分布于中国不同的地理区域,但是仍表现出一定的空间集聚特点。

3. 中国城市收缩原因

经济衰退、产业结构调整和去工业化是造成西方国家城市收缩的主要驱动因素(Li 和 Mykhnenko,2018)。而当前中国的经济发展和城市化率依然保持着较高的增长速度,因此,中国的城市收缩原因与西方国家存在较大差异。以下原因可能会更好地解释中国城市收缩现象:

第一,资源型城市转型失败造成城市收缩。在中国有着丰富而分布不均的自然资源,因此形成了一批依赖自然资源发展的城市。这些城市一般产业结构单一,高度依赖于资源的开采(Li 等,2019a)。面对资源的枯竭,许多企业不得不关停生产,造成大量的人口失业。这些城市如阜新、抚顺、鸡西、鹤岗和萍乡等,也在努力调整产业结构实现经济转型,但是由于存在技术和管理经验的不足,导致转型失败,引起了大量的人口流失。

第二,劳动密集型产业转移造成了城市收缩。中国改革开放以后,通过"三来一补"①的方式吸引了大量外资和技术转移，因此在东部沿海地区创建了大量的企业集中在劳动密集型产业。随着沿海地区劳动成本的增加，劳动密集型产业逐渐迁往劳动成本更低的中西部地区。这一现象主要发生在珠三角地区，外来务工人员的反流造成了城市收缩。

第三，自然环境条件恶劣导致城市收缩。在中国的西北地区，自然环境较为恶劣，缺少工业基础，尤其是水资源的缺乏限制了城市的发展。这些地区的人为了更好的生活环境和更高的收入水平，选择离开自己的城市去往相对发达的东部省份务工或定居。

(二)研究设计

1.计量模型

(1)基准模型。

为了进一步研究旅游业发展能否帮助收缩城市复兴，本章设计如下基准模型。

$$R_{it}=\alpha_0+\alpha_1 Tourism_{it}+\sum\beta_j Control_{it}^j+\varepsilon_{it} \quad (9—1)$$

其中，被解释变量 R 代表收缩城市复兴指标，核心解释变量 $Tourism$ 代表收缩城市旅游业发展水平，$Control^j$ 代表第 j 个控制变量，ε 为随机误差项，下标 i 和 t 分别表示城市和时间。

(2)工具变量模型。

本章研究的旅游收入与地区生产总值、投资、消费之间可能存在双向因果关系，这已得到了许多文献研究的支持(Jorge 等,2014;Tang 和 Ozturk,2017)。此外，遗漏某一随时间变化而又共同影响旅游业发展和收缩城市复兴的非观测因素也可能导致严重的内生性问题。严重的内生性问题将导致 OLS 估计结果有偏和非一致，因此为了降低估计结果的偏误，需要对上述内生性问题进行处理。

本章采用工具变量法来解决文章中出现的内生性问题。旅游业在很大程度上是由当地的自然和文化特征的数量和质量共同决定的(Faber 和 Gaubert,2019)，因此本章采用 A 级旅游景区的数量作为旅游业的第一个工具变量。根据国家旅游景区质量等级评定委员会对景区的划分，可以将中国所有的旅游景区分为 A 级景区和非 A 级景区。其中，根据 A

---

① "三来一补"是中国在改革开放初期尝试性地创立的一种企业贸易形式，主要内容为："来料加工""来件装配""来样加工""补偿贸易"。它的主要形式是，由国外厂商提供原料、辅料、零部件、元器件(有的还包括包装物料)，由我方按照对方要求的品质、规格和款式等进行生产、加工装配，按照规定时间、数量把成品交付给对方销售，我方收取加工费。

级旅游经济的质量,从高到低又可划分为 5A、4A、3A、2A、1A 五个等级。但整体来看,A 级旅游景区质量要高于非 A 级景区。同时,中国旅游景区一般是在原有的自然风光、人文遗迹的基础上建立的,不会对地方经济直接产生影响,但与当地的旅游业密切相关。一般一个地区 A 级景区的数量越多,所带来的游客越多,旅游收入也会越多。

本章利用该城市是否为优秀旅游城市这一虚拟变量作为旅游业收入的第二个工具变量。国家旅游局在 1998 年进行了中国优秀旅游城市的评选项目,该项目旨在评选一批对游客具有吸引力的城市来促进旅游业的发展,但该项目在 2009 年以后不再进行优秀旅游城市的创建。当一个城市被评上优秀旅游城市后会吸引大量的游客,因此旅游城市是衡量旅游吸引力的一个重要指标。之所以选择这两个变量作为旅游业的工具变量,主要基于以下考虑:一是从外生性来看,景区数量主要由地理及人文因素决定,而优秀旅游城市的评选在 2009 年就已经截止,同时样本中的优秀旅游城市均在 2006 年以前确定的,属于历史数据,它们显然是外生的,不会对当前收缩城市的复兴产生直接影响。二是从与内生变量的关系来看,高质量旅游景区数量多的地方往往旅游总收入会更多,而优秀旅游城市则更是对外宣传的名片,吸引大量的游客。综上所述,收缩城市 A 级以上景区数量和是否为优秀旅游城市是 lnTOU 理想的工具变量。此外,考虑到旅游业与收缩城市复兴存在双向因果关系,本章将 lnTOU 的滞后项也作为其工具变量。

由于社会经济发展具有一定的惯性,所以在评估旅游业对经济社会表现的影响时,我们将上一年度的社会经济表现指标作为解释变量加入基准模型(1)的右边。因此,在模型(1)的右边加入被解释变量的滞后一期项,构建如下动态面板数据模型(模型 2):

$$R_{it} = \alpha_0 + \delta R_{it-1} + \alpha_1 Tourism_{it} + \sum \beta_j Control_{it}^j + \varepsilon_{it} \quad (9-2)$$

2. 变量说明

(1)被解释变量。

根据前文的理论分析,收缩城市复兴是一个多维的过程。基于前文的分析,本章的被解释变量分别是城市人口总量(POP)、城市经济(GDP)、城市就业率(EMP)、城市投资(INV)、城市消费(CON)。

城市经济采用市区国内生产总值来衡量;城市人口总量利用城区常住人口数据;就业率反映了当地就业状况,由于统计年鉴中没有直接的就业率统计数据,因此采用市区年末单位从业人员占市区就业与失业人数之和的比重作为就业率；城市投资采用固定资产投资总额来衡量；城市消费利用市区社会消费品零售总额。

（2）核心解释变量。

本章考察的主要是旅游业能在多大程度上影响城市复兴，因此本章利用地区旅游总收入（TOU）。

（3）控制变量。

为了降低因遗漏变量而造成的估计偏误，本章选取以下变量作为控制变量：市区面积（ARE）、绿化率（Green）和人均道路面积（TRA）、城市居民收入[在岗职工平均工资（Perwage）]、政府干预程度（GOV）、城市人均医疗情况（HOS）。

3. 数据来源

城市人口数据主要来源于《中国城市建设统计年鉴》（2007—2018），其他数据主要来源于《中国城市统计年鉴》（2017—2018）。对于部分统计年鉴缺失的数据，主要通过查找对应年份相关政府部门的报告予以补齐。

表 9—1　　　　　　　　变量定义及描述性统计

变量名	定义	最大值	最小值	均值	方差
$\ln GDP$	城市生产总值（万元）取对数	17.89	12.40	15.06	0.95
$\ln POP$	城市人口（万人）取对数	6.25	2.30	4.11	0.68
EMP	就业率（%）	99.32	43.93	93.23	4.32
$\ln INV$	全社会固定资产投资（万元）取对数	18.00	11.72	15.40	1.00
$\ln CON$	社会消费品零售总额（万元）取对数	17.44	11.35	14.13	0.99
$\ln TOU$	旅游业总收入（万元）取对数	7.38	0.47	4.4	1.18
$\ln Perwage$	城市人均工资收入（元）取对数	11.27	8.91	10.43	0.44
$\ln TRA$	人均道路面积（平方米）取对数	4.10	−0.94	2.43	0.47
$Green$	城市绿化率（%）	54.66	3.94	36.64	7.05
$\ln HOS$	每万人拥有医疗床位数取对数	0.70	0.04	0.44	0.13
GOV	政府财政支出占GDP的比重（%）	187.87	4.56	17.24	10.83

续表

变量名	定义	最大值	最小值	均值	方差
lnARE	城市土地面积(平方千米)取对数	6.38	2.58	4.27	0.69

四、实证结果

(一)基准回归结果

表9—2至表9—6分别报告了旅游业对收缩城市人口、经济、就业、投资和消费的估计结果。表9—2至表9—6中,每个表的第(1)列和第(2)列分别用普通最小二乘法(OLS)和个体固定效应模型(FE)估计了旅游业对收缩城市复兴指标的影响。当不考虑内生性问题时,OLS估计结果可能会因个体差异而出现估计偏误,因此本章采用个体固定效应模型(FE)的回归结果作为基准回归结果。

从基准回归结果来看,旅游业收缩城市人口的回归系数为-0.027,但是并没有通过5%水平的显著性检验,这意味着旅游业对收缩城市人口的影响是不显著的。旅游业对收缩城市经济、社会固定资产投资和社会消费的回归系数分别为0.147、0.481和0.130,并且均通过了1%水平的显著性检验。这表明旅游业可以显著促进收缩城市经济、投资和社会消费的增加。旅游业对收缩城市就业率的影响是正向的,却仅在10%水平显著。整体回归结果符合预期。

(二)工具变量估计结果

我们已经讨论了旅游业与收缩城市复兴间的内生性问题,因此采用工具变量估计可以显著提高模型估计结果的准确性。对于工具变量估计模型,在球形扰动项假设下采用两阶段最小二乘法(2SLS)来估计回归系数是最有效的。但是GMM方法对误差项的假设较少,而且还可以产生具有异方差的稳健标准误。因此本章采用两阶段GMM(2-step GMM)方法进行估计。

对于模型(2),我们同时采用差分GMM(DIF-GMM)和系统GMM(SYS-GMM)估计。由于DID-GMM较易受弱工具变量和小样本的偏误的影响,因此我们采用SYS-GMM的估计结果作为回归分析的依据。作为一致估计,DIF-GMM和SYS-GMM能够成立的条件是扰动项不存在自相关。因此,我们需要对扰动项的差分做自相关性检验。当扰动项差分一阶自相关即 AR(1)的值小于 0.05,而二阶或更高阶自相关即 AR(2)的值大于 0.05,则表明扰动项无自相关,可以使用 DID-GMM 和 SYS-GMM 进行估计。但当 AR(1)的值大于 0.05 时,不能拒绝"扰动项无自相关"的原假设,此时利用 DID-GMM 和 SYS-GMM 所得的回归系数不具有一致性。在这种情况下,2-step GMM 的估计结果依然有效。

1. 旅游业对收缩城市人口的影响

表 9—2 报告了旅游业对收缩城市人口的估计结果。从回归系数结果来看,旅游业发展对收缩城市人口的影响为 -0.042,表明旅游业对收缩城市人口数量存在反向促进作用。但该结果并没有通过 5% 的水平显著性检验,表明旅游业对收缩城市人口的反向促进作用并不显著。因此,现阶段尚不能确定旅游业对收缩城市人口的净效应,这与基本假说 H1 是一致的。

旅游业的发展确实可以吸引大量的人口流入,但是在收缩城市中旅游业对人口变化的影响可能更为复杂。一方面,旅游业开发可以使原本荒芜的土地或废弃的工厂得到重新改造。城市景观也将得到改善,使得城市变得更加宜居。尤其是对于退休的老年人来说,这是十分惬意的生活环境。旅游业的发展使得收缩城市户外娱乐设施、道路、公园得到更多的升级机会(Kim 等,2013)。因此,旅游业可以吸引人们在此定居。另一方面,城市环境的改善往往会提高城市住房交易价格和住房租金,在本市没有住房的外来人口将要面临更高的生活成本,这对吸引人口是不利的,尤其是对于没有购房能力的年轻人。同时,旅游业是一项具有季节性周期的行业,在旅游旺季景区会存在大量的游客,但在旅游淡季,景区游客稀少,这直接影响了旅游业从业者的收入水平。面对住房压力,更多的年轻人可能会选择其他高收入行业或者离开该城市到其他具有可观收入水平的城市,这会加剧收缩城市人口的外流。综合来看,在现阶段旅游业发展对城市人口既有吸引作用,又存在负向影响,但是对收缩城市人口数量的净效应尚不明确。

表 9—2　　　　　　　　旅游业对收缩城市人口回归结果

	(1)	(2)	(3)	(4)
	OLS	FE	2SLS	2-step GMM
lnTOU	0.062*** (0.014)	-0.027 (0.017)	0.067 (0.045)	-0.042* (0.023)

续表

	（1）	（2）	（3）	（4）
	OLS	FE	2SLS	2-step GMM
常数项	2.286*** (0.334)	2.340*** (0.267)	2.333*** (0.773)	1.985*** (0.360)
控制变量	是	是	是	是
K-P LM			23.263 [0.000]	334.505 [0.000]
sargan hansen test			5.382 [0.0678]	4.546 [0.104]
Within-R^2	0.833	0.242	0.834	0.256
观测值	648	648	594	594

注：(1) *$p<0.1$, **$p<0.05$, ***$p<0.01$,（）中的内容为异方差标准误，[]中的内容为对应检验统计量的 p 值。(2) K-P LM（Kleibergen-Paap rk LM）检验的原假设为"工具变量识别不足"，拒绝原假设即表明工具变量是合理的。sargan hansen test 检验的原假设是"模型不存在过度识别问题"，接受原假设即表明工具变量不存在过度识别，表明工具变量是外生的。(3) 在本研究中，我们所关心的是旅游业在收缩城市复兴中的作用，因此在报告结果中我们省略了控制变量的估计系数，当控制变量项为"是"时，表明我们添加了所有的控制变量。

2. 旅游业对其他收缩城市复兴指标的影响

（1）旅游业对收缩城市经济的影响。

表9—3报告了旅游业对收缩城市经济的回归结果，其中第（6）列为SYS-GMM估计结果。结果显示 lnTOU 的系数为 0.094，通过了 1% 的水平显著性检验，表明旅游业发展可以显著地促进收缩城市的经济增长，这与假说 H2 是一致的。采用其他不同方法的回归结果也表明旅游业发展对收缩城市经济的正向促进作用是稳健的。因变量的滞后项回归系数为 0.520，并通过了 1% 的水平显著性检验，说明收缩城市经济增长具有持续性。"人口红利"是实现中国经济增长的主要推动力（Zhong 和 Li，2010）。人口流失特别是青年劳动力的流失，使收缩城市面临着经济衰退的风险。旅游业为收缩城市带来了大量的游客，这将直接导致收缩城市的市场需求扩大。此外，旅游业是集"吃、住、行、游、购、娱"于一体的综合性很强的产业。通过异地消费，可以将不可贸易品变得可交易（如餐饮服务）。收缩城市开展旅游活动，如会展、博览会等，使得部分资源由旅游客

源地流向了收缩城市,从客观上起到对收缩城市资源重新配置的作用。在中国,每个城市都有独特的文化传统。游客对旅游地特色商品的需求带动了工艺品、纪念品和具有民族特色的产品的生产和开发。一系列旅游业活动将延伸旅游产业链纵深发展,带动交通、通信、餐饮、建筑等行业的发展。由此可以看出,旅游业发展对收缩城市经济增长具有积极的促进作用。

表 9—3　　　　　　　旅游业对收缩城市经济的回归结果

	(1)	(2)	(3)	(4)	(5)	(6)
	OLS	FE	2SLS	2-step GMM	DIF-GMM	SYS-GMM
lnTOU	0.159*** (0.019)	0.147*** (0.026)	0.158*** (0.059)	0.110*** (0.037)	0.142*** (0.013)	0.094*** (0.015)
L.lnGDP					0.493*** (0.020)	0.520*** (0.026)
控制变量	是	是	是	是	是	是
常数项	4.754*** (0.452)	6.139*** (0.429)	4.878*** (0.978)	5.823*** (0.596)	4.597*** (0.276)	3.789*** (0.304)
K-P LM			23.263 [0.000]	334.505 [0.000]		
sargan hansen test			2.191 [0.334]	0.626 [0.429]	50.991 [0.985]	51.482 [0.999]
AR(1)					0.010	0.012
AR(2)					0.908	0.927
Within-R^2	0.846	0.859	0.836	0.818		
观测值	648	648	594	594	540	594

注:小括号里为 t 值。***、** 和 * 分别表示 1%、5% 和 10% 的显著性水平。

(2)旅游业对收缩城市就业率的影响。

表 9—4 报告了旅游业对收缩城市就业率的回归结果。第(5)、(6)列中,尽管就业率的滞后一期项的系数显著为正,但是 AR(1)分别为 0.223 和 0.220,表明收缩城市就业率在统计上不能拒绝不存在一阶序列相关性的原假设。因此,利用动态面板模型来估计旅游业对收缩城市就业率的影响是无效的。但工具变量估计结果[列(3)和列(4)]是有效的。2-step GMM 结果显示,旅游业对收缩城市就业率的影响系数为 1.137,并通过 5% 的水平显著性检验。这说明收缩城市可以通过发展旅游业来

提升就业率,该结果暗示了假说 H3 的正确性。主要原因可能是旅游业发展对收缩城市产生了大量的用工需求。一是旅游业前期建设需要大量的工人来修建基础设施,如道路、园林、酒店和娱乐设施等建筑工程,因此旅游业发展需要大量的建筑工人。二是旅游业属于劳动密集型产业,在运行的初期,可以提供大量的工作岗位,这直接促进了失业人口的再就业。三是旅游业具有较高的乘数效应。旅游业进入平稳运行期后,需要大量的配套服务,如交通运输、酒店住宿、餐饮等,间接地激发了收缩城市的用工需求。综上所述,旅游业发展为收缩城市提供了大量的工作岗位,因此旅游业对收缩城市就业率具有积极的促进作用。

表 9—4　　　　　　　　旅游业对收缩城市就业率的回归结果

	(1)	(2)	(3)	(4)	(5)	(6)
	OLS	FE	2SLS	2-step GMM	DIF-GMM	SYS-GMM
lnTOU	0.783*** (0.207)	0.869* (0.510)	0.804*** (0.308)	1.137** (0.562)	1.344*** (0.181)	1.523*** (0.397)
L. EMP					0.094*** (0.002)	0.124*** (0.002)
常数项	85.03*** (4.924)	92.07*** (8.222)	88.31*** (6.815)	99.46*** (10.555)	97.14*** (3.343)	92.84*** (5.826)
控制变量	是	是	是	是	是	是
K-P LM			23.263 [0.000]	334.505 [0.000]		
sargan hansen test			3.729 [0.155]	2.133 [0.144]	47.638 [0.994]	50.687 [0.999]
AR(1)					0.223	0.220
AR(2)					0.216	0.217
Within-R^2	0.110	0.048	0.111	0.027		
观测值	648	648	594	594	540	594

注:小括号里为 t 值。***、** 和 * 分别表示 1%、5%和 10%的显著性水平。

(3)旅游业对收缩城市投资的影响。

表 9—5 报告了旅游业对收缩城市投资的回归结果。在控制其他因素不变的情况下,lnTOU 的回归系数为 0.062,通过了 1%的水平显著性检验,该结果比较稳健。这验证了假说 H4,即旅游业发展可以促进收缩城市投资。这里主要有两个原因:一是旅游业基础设施建设需要大量的

资金投入。收缩城市为了吸引更多的游客,需要开发大量的旅游景点和修建基本的旅游服务设施。对于旅游景区来说,其也会不断地投资于新的旅游项目来满足游客的需求。二是酒店、餐饮等旅游业相关行业高度依赖游客数量。旅游业的发展为收缩城市带来了大量的游客,这激发了对酒店和餐饮行业的投资。综上所述,旅游业发展对收缩城市投资具有积极的正向促进作用。

表 9—5　　旅游业对收缩城市固定资产投资的回归结果

	(1) OLS	(2) FE	(3) 2SLS	(4) 2-step GMM	(5) DIF-GMM	(6) SYS-GMM
lnTOU	0.137*** (0.032)	0.481*** (0.067)	0.130* (0.076)	0.573*** (0.095)	0.355*** (0.018)	0.062*** (0.021)
L.lnINV					1.231*** (0.014)	1.341*** (0.019)
常数项	5.157*** (0.772)	10.610*** (1.079)	5.902*** (1.357)	13.013*** (1.511)	9.605*** (0.336)	5.174*** (0.344)
控制变量	是	是	是	是	是	是
K-P LM			23.263 [0.000]	334.505 [0.000]		
sargan hansen test			5.655 [0.059 2]	6.110 [0.112]	52.221 [0.979]	51.375 [0.999]
AR(1)					0.000 1	0.000 1
AR(2)					0.457	0.426
Within-R^2	0.595	0.586	0.545	0.485		
观测值	648	648	594	594	540	594

注:小括号里为 t 值。***、**和*分别表示1%、5%和10%的显著性水平。

(4)旅游业对收缩城市社会消费的影响。

表 9—6 报告了旅游业发展对收缩城市社会消费的回归结果。lnTOU 的回归系数在1%的水平上显著为正。在控制其他因素情况下,该结果比较稳健。这与假说 H5 基本一致,即旅游业发展可以促进收缩城市消费。该结果的可能解释有:一是旅游业发展带来的就业机会,使得更多的当地居民有一项正式的工作。在一定程度上提高了当地居民的收入水平,这将促进城市居民消费水平的提升。二是游客在当地直接消费。旅游的本质就是一种满足精神需求的消费。饮食是一项基本的生活需

求。因此,收缩城市发展旅游业会吸引大量的游客促进本地区餐饮消费的增加。此外,部分游客会通过购买具有纪念意义的当地特色产品和观赏独特的民俗节目来满足精神上的需求,这也增加了收缩城市的消费规模。综上所述,旅游业发展可以促进收缩城市社会消费。

表 9—6　　　　　　　旅游业对收缩城市社会消费的回归结果

	(1) OLS	(2) FE	(3) 2SLS	(4) 2-step GMM	(5) DIF-GMM	(6) SYS-GMM
lnTOU	0.157*** (0.021)	0.130*** (0.027)	0.169** (0.066)	0.165*** (0.038)	0.056*** (0.016)	0.071*** (0.006)
L.lnINV					0.379*** (0.015)	0.538*** (0.015)
常数项	2.385*** (0.510)	3.101*** (0.429)	2.466** (1.193)	3.585*** (0.603 8)	2.042*** (0.246)	2.369*** (0.101)
控制变量	是	是	是	是	是	是
K-P LM			23.263 [0.000]	334.505 [0.000]		
sargan hansen test			2.871 [0.238 0]	0.516 [0.472 4]	49.753 91 [0.989 2]	47.759 76 [0.999]
AR(1)					0.023 8	0.021 1
AR(2)					0.100 3	0.087 3
Within-R^2	0.821	0.896	0.809	0.869		
观测值	648	648	594	594	540	594

注:小括号里为 t 值。***、** 和 * 分别表示 1%、5%和 10%的显著性水平。

五、主要结论

旅游业被认为是促进地区经济增长和实现产业升级的重要驱动力。特别是在收缩城市中,旅游业因具有对劳动技能要求低和对环境污染小的特点而成为率先发展的产业。越来越多的收缩城市也通过发展旅游业来应对收缩。尽管对收缩城市发展旅游业的研究越来越多,但是目前尚未通过实证研究来证明旅游业与收缩城市复兴之间的关系。为了补充之前的研究,本章试图利用一种综合的方法来实证研究两者之间的关系。

首先,根据 SCIRN 对收缩城市的定义,我们筛选出了中国在 2006—2017 年出现收缩的 54 个城市。中国收缩城市具有很强的空间集聚性,近一半的收缩城市集聚在东北地区。中国不同地区的城市收缩有着各自特殊的原因,东北地区和西部地区主要原因是自然资源的枯竭、城市缺乏有竞争力的制造业;在西北地区,自然环境限制了产业和人口的发展,出现了为追求更高收入的移民迁出;在东部沿海地区,产业结构升级,劳动密集型产业转移,造成了大量的外来务工人员反流。

第二,整体来看,旅游业的发展可以促进收缩城市的复兴。我们利用工具变量法和系统 GMM 估计了收缩城市旅游总收入对城市人口、经济、就业、投资和消费这些反映城市繁荣指标的影响。具体来看,城市旅游总收入每提高 1%,将导致收缩城市 GDP、就业率、固定资产投资和社会消费品零售总额分别提升 0.094%、1.137%、0.062%、0.071%。从对收缩城市各个复兴的影响程度来看,旅游业发展对城市就业率的影响最大,为 1.137。这意味着,旅游总收入每增加 1%,将通过直接和间接地提供就业岗位,带动就业率增加 1.137 个百分点。我们的回归结果还表明,旅游业对收缩城市人口的影响为负,但是该结果并不显著。主要原因是,旅游业对收缩城市人口的影响具有双向性,双向效应之间的绝对差并不显著。这也意味着收缩城市不能通过单一的旅游业来实现人口的增长。

当前中国的城市收缩问题仍处于萌芽阶段,旅游业确实是一个值得在收缩城市中推广的产业。但是在瞬息万变的今天,旅游业与城市间的关系日趋复杂。我们不能忽视其他产业而一味地发展旅游业。特别是当遇到突发公共卫生事件时,首先受到冲击的便是旅游业,这对以旅游业为主的收缩城市来说无疑是雪上加霜。因此旅游业的发展应该与当地生产部门相结合,挖掘独具特色的旅游项目,例如生产体验游、生态观光游等。同时,我们也应该走出收缩城市复兴就是城市人口增加的误区,更加关注收缩城市居民生活质量的提升。

第十章　地方领导与旅游业发展：一项定量评估

本章基于经济学视角，采用中国 2005—2018 年 30 个旅游城市地方官员的信息和城市特征因素的匹配数据，利用面板数据模型实证研究地方官员对当地旅游业发展的影响。本章研究发现：第一，官员任期与旅游业发展之间存在着倒 U 型的非线性关系。具体而言，随着官员任期的增加，官员的晋升激励会随之增长，进而对旅游业产生积极的效应；但当官员任期过长时，官员晋升的预期降低，从而晋升激励减退，最终对旅游业产生消极的影响。第二，地方官员"拥有理论知识"不等同于"具备实践能力"。地方官员是否有经济管理专业背景对当地旅游业的发展影响并不显著。第三，拥有旅游部门工作经历的地方官员更有利于推动当地旅游业的发展。本书为理解并推动当地旅游业的发展提供了一个重要的新的研究维度。

一、问题的提出

近年来，政府对旅游业发展的作用引发越来越多的学者的关注和研究。地方政府在管理和发展旅游业中承担了大部分责任（Bramwell，2011；Elliot，1997；Ruhanen，2013）。这主要是因为地方政府与地方旅游业的发展关系密切（Aronsson，2000），并且控制着大部分与旅游业发展规划方面的资源（Dredge 和 Jenkins，2007），如制定土地利用规划的政策并监管地方发展（Dredge 和 Moore，1992）。此外，与中央政府相比，地方政府更适合管理当地旅游业，因为他们更了解当地情况（Timothy，1998），代表当地居民的利益（Ruhanen，2013）。可见，地方政府作为当地旅游业发展的主要利益相关者和促进者，在当地旅游业发展中扮演着越来越重要的角色（Bramwell 和 Lane，2010；Dredge，2001；Dredge 和 Jamal，2013；Dymond，1997；Shone 等，2016）。

然而，官员作为政府组织中最为重要和基本的能动微观主体，是地方经济政策、制度变迁的推动者和执行者，决定着整个政府组织的绩效水平和运转效率，也势必会在其管辖地区留有自身的治理特征（Xu 等，2007）。

因此,若忽视地方官员的特征,单纯研究地方政府的宏观功能对旅游业发展的影响,是难以厘清这种影响背后的内在微观机制的。因此,有大量从官员视角研究地方政府对旅游业的影响的文献,如 Kapera(2018)、Kubickova 和 Campbell(2018)、Luo 和 Bao(2019)、Qin 等(2011)、Ruhanen (2013)、Su(2019)、Shone 等(2016)、Wibowo 等(2018)。这些研究主要集中在地方政府的角色发展的旅游业以及地方政府在发展旅游业的过程中对当地生态环境和当地居民等方面产生的影响。然而,这些研究大多是基于社会学视角,通过对地方政府官员的采访进行的个案微观研究,缺乏从区域层面进行大规模的实证研究;而且现有研究的采访对象主要是政府一般官员,而不是地方主要领导。在中国,地方主要领导更具有权威性和决策权,政府一般官员往往必须听从领导的指示开展工作。因此,为了填补这一空白,我们从经济学视角,以中国30个旅游城市的地方主要领导为样本,利用面板数据模型探究地方主要领导对当地旅游业发展的影响。

与之前的研究相比,本书采用计量经济学方法,基于面板数据,定量讨论地方领导人对旅游发展的影响。我们的研究有三方面的贡献:第一,在理论方面,本章将地方政府对当地旅游业的影响研究嵌入在经济学的范式中,为地方政府和旅游业的研究提供一个新的视角。希望本书的研究结果能对这一重要的旅游子领域的多学科研究起到启发作用。第二,在研究方法方面,现有的研究主要依靠案例研究,研究尺度多集中于单个城市,时间跨度较短,多不足一年。为此,我们采用计量经济学研究方法,将研究对象扩大为30个旅游城市,时间跨度延长为14年,以期通过大样本数据获得新的科学的发现。第三,在研究数据方面,为了更准确地评价地方政府在当地旅游业发展中的作用,我们创新性地采用了地方主要领导作为研究样本。

本章的其余部分组织如下:第二部分是文献综述和我们试图检验的三个假设;第三部分介绍了本书的实证模型,并对数据收集进行了详细说明;第四部分报告了实证结果;第五部分给出了结论。

二、文献综述与理论假说

(一)文献综述

在分权化的时代,中央政府向地方政府转移的权力越来越大(Wibowo 等,2018)。地方政府在旅游业发展中的作用一直是旅游研究中的一个重要前沿问题。对于这一问题,学者们针对不同的案例,主要通过对地方官员的深入采访,进行了广泛的研究。

现有研究肯定了地方政府在当地旅游业发展中的积极作用。例如,Qin等(2011)以中国广西阳朔为案例,通过对地方官员的采访,探讨政府参与对遗产旅游开发的影响。研究表明,旅游业的发展不仅受到中央政府宏观政策的影响,而且还受到地方政府的主动行为的影响。阳朔能够从一个不寻常的小众旅游目的地转变为大众旅游目的地,一个重要原因在于政府的重视和积极参与。Kubickova和Campbell(2020)对洪都拉斯的政府代表进行了访谈和调查,研究表明,在洪都拉斯等发展中国家,政府在目的地管理方面更加积极,因为各种政府政策可能直接和间接地影响旅行和旅游业(Bull,1995;Croes,2011)。这为政府干预旅游业的发展提供了令人信服的理由。Su(2020)以中国丽江为案例,从国家到地方各级官员的角度,研究了丽江古镇保护(真实性和完整性概念)与商品化之间的关系。研究认为,虽然国家的政策自上而下地发挥着深远的影响,但在政策的制定和执行之间的任何分歧,都由中下层官员进行调解。这肯定了地方政府在缓和旅游业遗产保护和利用之间的紧张关系方面发挥着关键作用。

当然,也有部分学者指出了地方政府管理旅游业发展中存在的问题。例如,Wang和Xu(2014)研究了地方政府在旅游企业运营中发挥的作用。研究显示,地方政府的参与往往会导致减少土地管制所产生的经济影响,并导致场址明显的过度拥挤,从而造成不利的生态后果。Wibowo等(2018)对贝劳地方政府官员进行了深入采访,调查发现,贝劳地方政府给予街道办事处有限的权力来管理当地的旅游业,但是,它们没有为旅游业发展提供足够的资金,导致旅游业发展的滞后。Luo和Bao(2019)以三亚作为研究案例,通过对地方官员的采访,发现当地政府在发展地区旅游业的过程中牺牲了当地村民的利益。Kapera(2018)通过对波兰地方官员的调查,研究了地方政府在旅游业可持续发展中存在的问题。研究结果显示,旅游部门的合作存在冲突,主要表现在环境保护与旅游发展的意见分歧。Ruhanen(2013)以昆士兰为案例,通过对地方官员的采访,研究了地方政府在目的地可持续旅游发展中的角色,认为地方政府既是旅游业可持续发展的促进者,也是阻碍者。

尽管已有大量关于地方政府对当地旅游业发展的影响的研究,但我们发现,已有研究有三个特征:第一,案例研究似乎是主要的研究方法,社会调查占主导地位。我们发现,现有研究中有很多案例调查,却没有系统的研究,如多城市的大规模研究。案例研究方法的实施在很大程度上取决于样本、地点、时间甚至调查者本身。此外,通过野外工作获得纵向数据也具有挑战性。因此,在有限的时间内根据特定案例进行研究时,所得出的结论可能不可避免地会引起一些怀疑。第二,当前研究的采访对象主要是政府官员,而不是地方领导人。然而,在现实中地方领导人对目的地的管理更具有权威性,地方官员往往听从上级的指示进行工作。因此,忽略地方领导人而只研究地方官员对当地旅游业的影响是不准确的。第三,目前对地方政府与旅游业的研究缺乏多维视角,大部分以社会学为基础,很少涉及其他学科。因此,本书试图从经济学的角度探讨地方领导人对旅游业的影响,从而填补这一空白,以期获得新的发现。

(二)理论假说

在中国现行的官员治理模式下,地方官员的人事管理权基本集中在上一级党政部门手中。不同辖区的地方官员间存在着为晋升而展开的锦标赛(周黎安,2007)。一方面,官员的任期限制强化了地方官员之间的晋升激励机制;另一方面,已有研究表明,官员的个人特征可以影响他们的晋升机会,不同的地方官员对经济增长的作用也存在显著差异(Yao 和 Zhang,2015)。因此,本章重点研究官员任期和官员特征对当地旅游业发展的影响。

1. 官员任期与旅游业发展

官员任期作为地方政府官员职业发展中最基本的模式,成为研究地方政府官员行为一个非常重要的因素(Mccabe 和 Feiock,2008)。在有限的任期内,地方官员如果想获得晋升的机会,就必须努力提升自己的政绩。作为具有综合带动性的重要经济产业,旅游业与地方官员基于"晋升锦标赛模式"促进经济发展的激励机制相容,因此,在旅游资源丰裕地区,地方官员也会重点发展旅游业(Zeng 等,2000)。晋升激励是地方官员发展旅游业的重要动力,而晋升激励又受到任期的影响。随着新的任期开始,地方官员的晋升激励和工作热情会随之增加。经济动机是地方官员发展旅游业的主要动机。因此,在对旅游业依赖程度较高的城市,地方官员具有较强的动力去发展旅游业,以谋求更好的政绩并能得到上级的关注和提拔。当官员任期超过一定时间后,官员晋升的空间和概率会下降,预期也会随之减弱(Zhang 和 Gao,2007)。而旅游业的发展往往具有投资金额大、投资回收期长的特点。晋升激励衰退和旅游业的投资特点可能会导致地方官员热情的减退和行为模式的改变,最终使得地方官员发展旅游业的动力减弱。

基于上述论述,我们提出本章的研究假设:

H1：官员任期对旅游业发展的影响是非线性的,呈先增后减的倒 U 型关系。

2.官员特征与旅游业发展

专业背景和职业经历是官员领导能力的重要体现(Dreher 等,2009；Hayo 和 Neumeier,2012)。对于旅游城市的地方官员来说,旅游部门工作经历是一种与专业相关的职业经历。因此,本章重点研究地方官员的专业背景和旅游部门工作经历这两个特征对当地旅游业发展的影响。

官员决策可能与其自身专业背景有关。Dreher 等(2009)发现,具有经济专业背景的官员更倾向于推进市场化改革。而市场化在中国旅游业发展过程中发挥着重要作用。地方政府往往紧紧围绕市场化发展目标,通过市场化的、行政化的手段,引导旅游业的发展。因此,如果地方官员更倾向于市场化改革,则可能会对当地旅游业的发展产生影响。此外,已有研究还表明,具有经济管理类专业背景的地方官员更有利于辖区产业结构高级化(Zhang 和 Hu,2013)和经济增长(Wen 等,2020)。旅游业的发展需要遵循宏观经济的运行规律和市场规律,而具有经济管理专业与经济发展关系密切。因此,本章提出如下假设：

H2：相较于没有经济管理专业背景的地方官员,具有经济管理专业背景的地方官员更有利于推动当地旅游业的发展。

是否具有旅游部门工作经历会影响地方官员对旅游业的熟悉程度以及工作偏好。本章推断具有旅游部门工作经历的地方官员,相较其他官员,更熟悉旅游业的发展规律,对通过发展旅游业以谋求更好的政绩会有更加强烈的决策偏好,并且也更有经验和能力推动当地旅游业的发展。因此,本章提出如下假设：

H3：相较于没有旅游部门工作经历的地方官员,具有旅游部门工作经历的地方官员更有利于推动当地旅游业的发展。

三、模型与数据

(一)研究样本

旅游研究中,一般采用地区旅游收入占地区 GDP 比重来衡量一个地区旅游专业化(发展)水平。考虑到在"晋升锦标赛"模式下,官员考核会采取"相对绩效"考核法(周黎安,2007),同时会遵循"可比地区"的原则,本章依据地区旅游专业化(发展)水平,从中国地级及以上城市中,选取在 2005—2018 年旅游专业化(发展)水平最高的 30 个城市(剔除部分数据统计有严重缺失的城市)作为研究样本(见表10—1)。文中相关数据主要来源于CEIC、《中国区域统计年鉴》与《中国城市统计年鉴》,个别数据通过各省市统计年鉴以及各城市国民经济和社会发展统计公报进行了补充。

表10—1　　2005—2018年样本城市平均旅游专业化(发展)水平

排序	城市	旅游收入/GDP(%)	排序	城市	旅游收入/GDP(%)
1	丽江	125.304	16	桂林	23.864
2	黄山	77.876	17	本溪	23.732
3	三亚	64.056	18	贺州	23.232
4	安顺	58.132	19	湖州	23.137
5	张家界	57.509	20	雅安	23.021
6	池州	53.410	21	呼伦贝尔	22.912
7	舟山	37.421	22	鹰潭	22.455
8	贵阳	33.687	23	大同	22.250
9	丹东	32.469	24	吉安	22.058
10	忻州	30.544	25	广元	21.993
11	晋中	29.761	26	葫芦岛	21.944
12	乐山	29.333	27	阳泉	21.624
13	景德镇	27.266	28	南平	21.456
14	丽水	25.484	29	厦门	21.325
15	秦皇岛	24.682	30	遵义	21.289

从空间分布来看,样本城市主要集中在东中部地区,少数分布在西部地区。其中,丽江、黄山、三亚这三个城市的旅游专业化(发展)水平相当突出,城市发展几乎完全围绕旅游业开展,旅游业在当地的经济结构中起着绝对的支撑作用。

(二)数据库构建

考虑到在中国"党管干部"的政治体制下,书记才是一个地区的"一把手"。因此,我们以2005—2018年曾在样本城市任职的市委书记作为地方官员样本。这些官员的数据来自人民网、新华网等权威网站上公布的干部资料,经作者整理而成。相关指标说明如下:

1. 官员任期

本章将官员任期界定为官员在同一城市同一职位上从上任至离任的年数。由于官员开始担任某一职位的时间,通常都不是某年的开始月份或者结束月份,而是在年中的某个月份开始的。因此,关于官员任期的确定,我们主要参考了王贤彬和徐现祥(2008)等的做法,对于在一年中的1~5月上任的,我们将该年记为该官员在该城市该职位的开始年份;对于在一年中的6~12月上任的,我们将该年的下一年记为该官员在该城市该职位的开始年份。这样处理的原因是,一个官员从上任到对该城市的发展产生实际影响,需要一定的时间。这样不仅每个官员在任年数都是整数,而且同一城市同一职位在某一年只会有一位官员在任,从而确保官员与年度经济数据相匹配。

2. 官员特征

我们构建地方官员是否拥有经济管理类教育背景的虚拟变量。如果地方官员拥有经济管理类教育背景,记为1,否则记为0。

我们构建地方官员是否拥有旅游部门工作经历的虚拟变量。如果有在旅游部门工作的经历,记为1,否则记为0。

(三)计量模型

为了检验地方官员与旅游业发展的关系,本章参考 Jones 和 Olken (2005)以及 Yao 和 Zhang (2015)的研究,设定如下多元回归模型:

$$tourism_{i,t} = \beta_0 + \beta_1 tenure_{i,t} + \beta_2 tenure_{i,t}^2 + \beta_3 G_{i,t} + \beta_4 X_{i,t} + \vartheta + \omega + \varepsilon_{i,t}$$

其中,$tourism$ 代表旅游业发展水平;$tenure$ 表示官员任期;$tenure^2$ 表示官员任期的二次方项;G 表示官员特征变量,包括是否拥有经济管理类教育背景和是否有旅游部门工作经历;ϑ 是城市固定效应;ω 是时间固定效应;ε 是误差项;下标 i 和 t 分别代表城市和时间。为了保证估计方程具有较好的稳健性,我们分别在城市层面选取了一系列控制变量 X。参考 Deng 等(2019)、Fang 等(2018)的研究,我们共选取了7个控制变量,具体包括:旅游资源丰度、交通运输水平、服务业发展水平、人均GDP、人口密度、对外开放程度、投资水平。各变量定义如表10—2所示。

表10—2　　　　　　　　　变量表述

变量	符号	定义
旅游业发展	tourism	旅游总收入的增长率(%)
官员任期	tenure	市委书记从上任到离任的时间(年)
官员专业背景	major	市委书记有经济管理专业背景=1,否则=0
官员是否有旅游部门工作经历	tprof	市委书记有在旅游部门工作的经历=1,否则=0
旅游资源丰度	resource	5A级景区数量(个)
交通运输水平	trans	全社会客运量(百万人)

续表

变量	符号	定义
服务业发展水平	service	服务业增加值占 GDP 比重(%)
真实人均 GDP	pgdp	人均 GDP 除以 GDP 平均指数(元)
人口密度	pdensity	每平方千米人口数(人/平方千米)
对外开放程度	fdi	直接利用外商投资占 GDP 比重(%)
投资水平	invest	地区固定资产投资占 GDP 比重(%)

(四)官员基本特征及其描述性统计

在样本期内(2005—2018 年),30 个样本城市历任官员共计 134 人。在样本统计区间,离任的官员共 107 人,本章可以确切地统计其任职年数[①],图 10—1 描述了这 107 位官员的任职年数分布。从中可以发现,大部分官员的任职年数集中在 2~5 年的区间,任期 2~5 年的官员占全部官员的 73.83%。由计算可得,地方官员任职年数的均值为 3.84。图 10—2 描述了这 107 位官员是否有经济管理专业背景和是否拥有旅游部门工作经历分布。超过半数的市委书记具有经济管理专业背景,占 55.14%;而具有旅游部门工作经历的市委书记数量较少,仅占 6.54%。

模型中各变量描述性统计如表 10—3 所示。

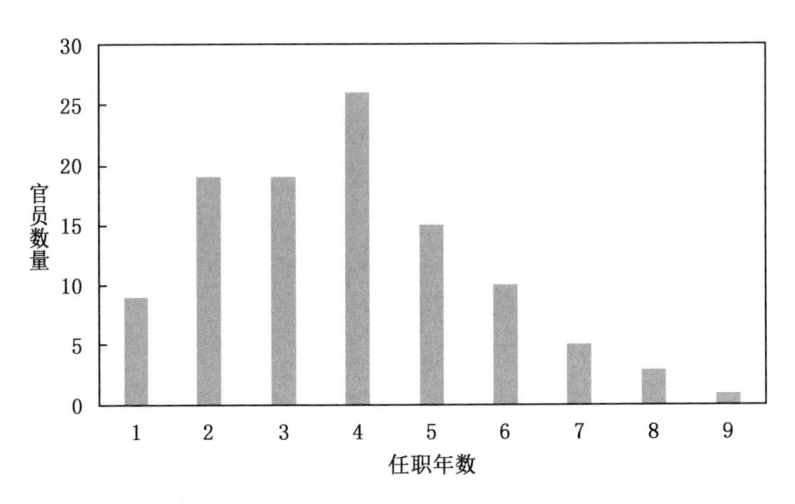

图 10—1 地方官员任职年数分布

[①] 那些在样本统计区间未离任的官员,可能目前仍然在任。本书认为在样本期间离任的官员已经可以为我们的研究提供必要的信息,因此,本书只统计了样本统计区间离任的在位官员的任期分布。

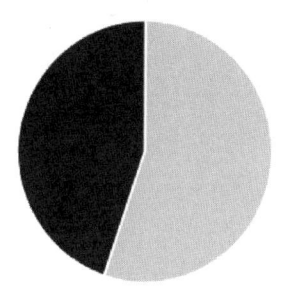

(a) 地方官员专业背景分布 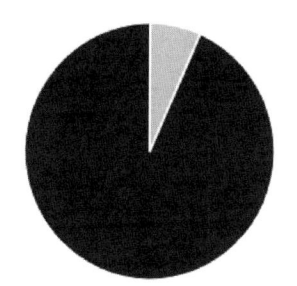　　(b) 地方官员职业背景分布

图 10—2　地方官员特征分布

表 10—3　　　　　　　　变量描述性统计

变量	观测值	均值	标准差	最小值	最大值
$tourism$	420	26.614	29.331	−52.587	289.100
$tenure$	420	2.774	1.668	1	9
$major$	420	0.550	0.498	0	1
$tprof$	420	0.076	0.266	0	1
$resource$	420	0.714	0.843	0	4
$lntrans$	420	3.922	0.794	1.358	7.098
$lnservice$	420	3.711	0.220	3.047	4.279
$lnpgdp$	420	9.994	0.674	8.147	11.541
$lnpdensity$	420	2.597	0.490	0.883	3.986
$lnfdi$	420	0.029	1.344	−6.443	3.842
$lninvest$	420	4.265	0.412	3.238	5.104

注：变量前有"ln"表示该变量取对数值。

四、回归结果

（一）基本分析

为了便于直接观察官员任期与旅游业发展之间的相关关系，本章首先将官员任期与旅游业发展这两个变量进行了散点图（见图 10—3）分析。从图 10—3 可知,官员任期与旅游业发展之间存在非线性关系,官员任期对旅游业发展的影响呈倒 U 型。随着官员任期的增长,旅游业发展水平越来越高,但当任期过长时,旅游业发展水平则越来越低。

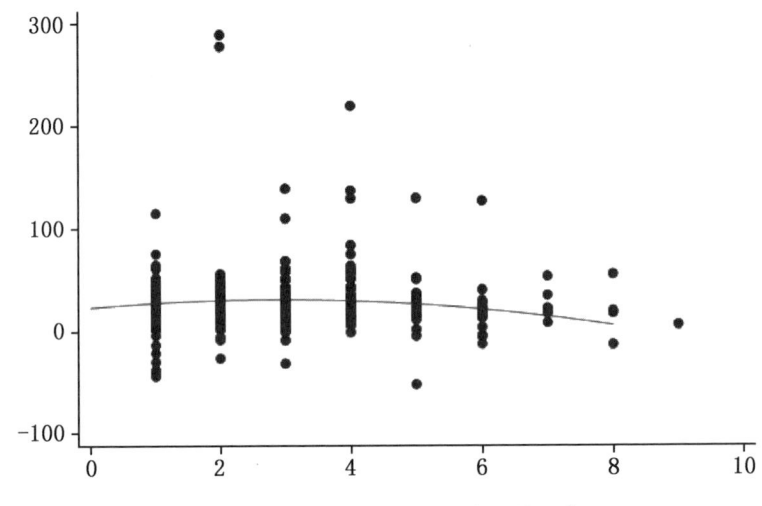

图 10—3 官员任期与旅游业发展的散点图

(二)结果分析

本章采用中国 2005—2018 年 30 个旅游城市地方官员的信息和城市特征因素的匹配数据,实证分析了地方官员任期和特征对当地旅游业发展的影响。本章采用了双向固定效应(Two-way FE)模型,同时加入城市固定效应和时间固定效应,以此消除传统模型中的估计偏差问题。为了防止极端值对估计结果产生不良影响,本章对数据进行了 2.5% 的缩尾处理。实证结果如表 10—4 所示。为了控制可能存在的异方差,本章在计量结果中报告了异方差稳健标准误。

1.官员任期与当地旅游业发展

我们在模型中加入官员任期和官员特征变量,同时控制城市和时间固定效应,结果如表 10—4 模型(1)所示。可以看出,官员任期的系数并不显著。进一步加入控制变量后,如表 10—4 模型(2)所示,官员任期的系数仍不显著。这说明官员任期与旅游业发展之间并不存在显著的线性关系。我们在模型(1)的基础上,加入官员任期平方项,结果如表 10—4 模型(3)所示。官员任期的系数为 6.575,其平方项的系数为 —0.883,两者均在 1% 的水平上显著。为了进一步检验结果的稳健性,我们在模型(3)的基础上加入城市特征的控制变量,结果如模型(4)所示。官员任期的系数为 6.324,平方项的系数为 -0.921,二者仍然在 1% 的水平上显著。这说明官员任期确实会对旅游业发展产生影响,并且官员任期与旅游业发展之间存在倒 U 型的非线性关系,这验证了本章的假设 H1。地方官员任期的变化会引起晋升激励的变化,而且这种变化势必会嵌入政府行为之中,从而引致地方旅游业的发展差异。进一步地,我们通过回归系数计算得出,两者拐点处于第 3 年至第 4 年之间,具体为 3.4 年。由此可知,对于任期较短或较长的市长,其所在城市的旅游业发展水平偏低,而总任期处在 3.4 年的市长,所在城市的旅游业发展呈现出较高水平。

2. 官员特征与当地旅游业发展

从官员特征来看:第一,模型(3)和模型(4)的结果均显示,官员是否有经济管理专业背景的系数均不显著。这说明官员是否有经济管理专业背景对当地旅游业的发展影响并不显著。虽然这与假设 2 不相符,但这表明"拥有理论知识"不等同于"具备实践能力"。作为地方领导人,需要统筹协调整个区域的发展,实践经验是非常重要的。虽然经济管理专业背景的地方官员学习过系统的经济管理理论与知识,但可能由于实践经验不足等原因,在解决实际问题的过程中出现理论与实践脱节的现象。当然,经济管理专业背景的地方官员也可能把目的地的发展重点放在了其他方面,而并不一定仅仅是旅游业的发展上。第二,根据模型(3),地方官员是否有旅游部门工作经历的系数符号为正,但不显著。在模型(4)中进一步控制了城市特征变量后,地方官员是否有旅游部门工作经历的系数符号仍然为正,且在 5% 的水平下显著。这表明拥有旅游部门工作经历的地方官员更有利于推动当地旅游业的发展,因而验证了假设 3。

3. 控制变量分析

从模型(4)中控制变量的系数及其显著性来看,交通运输水平对当地旅游业的发展具有显著的正向影响。这符合旅游业发展实际情况,因为交通运输是连接旅游目的地和旅游客源地的重要纽带,其水平的高低直接影响旅游者对旅游目的地的选择和旅游日程的安排。人口密度对当地旅游业的发展具有显著的正向影响,这是因为人口密度的增大意味着市场规模和市场潜力的扩大,从而有利于旅游收入的增长。地区投资水平对当地旅游业的发展具有显著的正向影响,这是因为资本供给有利于扩大旅游业发展规模,是一个当地旅游业可持续发展的重要动力之一。对外开放程度对当地旅游业的发展具有显著的负向影响,这可能是因为政府通过优惠政策吸引的外商直接投资会产生显著的国内投资挤出效应、本地市场掠夺效应以及污染转移效应,进而对当地旅游业的发展产生不利影响。综上所述,各控制变量的结果基本符合预期,表明本章的回归模型设置具有合理性。

表 10—4　　　　　　　　　　　　回归结果

变量	旅游业			
	(1)	(2)	(3)	(4)
$tenure$	0.080 (0.697)	−0.120 (0.684)	4.900*** (1.185)	4.761*** (1.184)
$tenure^2$			−0.684*** (0.178)	−0.696*** (0.177)
$major$	−2.797 (2.039)	−2.711 (1.769)	−2.569 (2.026)	−2.468 (1.761)
$tprof$	7.574 (5.009)	6.920* (3.473)	6.642 (4.603)	5.801** (2.569)
$resource$		0.529 (2.600)		0.536 (2.569)
$\ln transp$		8.367*** (2.360)		8.342*** (2.271)
$\ln service$		−11.598 (12.157)		−14.367 (11.764)
$\ln pgdp$		−1.049 (8.599)		−2.756 (8.424)
$\ln pdensity$		12.186** (5.927)		11.233* (5.908)
$\ln fdi$		−2.773* (1.398)		−2.889* (1.457)
$\ln invest$		7.619* (4.440)		8.128* (4.255)
$constant$	39.338*** (5.189)	−2.683 (113.263)	33.037** (5.086)	17.648 (111.337)
city fixed	Yes	Yes	Yes	Yes
year fixed	Yes	Yes	Yes	Yes
obs	420	420	420	420
R^2	0.138 8	0.195 6	0.156 9	0.214 2

续表

变量	旅游业			
	(1)	(2)	(3)	(4)
F test	8.33	12.90	10.11	19.72
p value	0.0000	0.0000	0.0000	0.0000

注：***、**、* 分别表示 1%、5% 和 10% 的显著性水平；括号中的数字为稳健标准差。

(三) 稳健性检验

1. 剔除副省级城市样本

改革开放以来，中国城市的行政级别从高至低可分为直辖市、副省级城市、其他级别城市。其中，直辖市直接归中央管辖，当地领导人的级别为正省部级，政治级别最高。副省级城市的领导人政治级别为副省部级，高于其他地级市的领导人。不同级别的地方官员面临的晋升激励可能存在差异。在本章的 30 个旅游城市中，厦门市为副省级城市，其行政级别高于其他城市。因此，本章删去厦门市官员样本后进行回归，结果如表 10—5 列(1)和(2)所示。官员任期与旅游业发展之间的倒 U 型关系依然显著。官员是否有经济管理专业背景对旅游业发展的影响依然不显著。控制城市特征变量后，官员拥有旅游部门工作经历对旅游业发展依然具有显著的正向影响。这表明本章的结论是稳健的。

2. 剔除腐败官员样本

本章结论成立的逻辑前提是，地方官员之间存在着"晋升锦标赛"。但在现实中，作为一个"理性经济人"的官员，除了追求政治晋升的"政治利益"之外，还可能纯粹追求某些私人的"经济利益"，即腐败。因此，本章剔除了因贪污、渎职等原因被撤职的地方官员样本进行检验。表 10—5 列(3)和(4)的回归结果与前文实证分析结果一致，表明本章的结论是稳健的。

3. 地方官员任期和旅游业发展之间的内生性

考虑到地方官员任期和旅游业发展之间可能存在着双向因果关系，旅游业发展较快的时候，地方官员更容易获得晋升，从而影响其任期。为了解决这一内生性问题，我们使用系统广义矩估计(SYS-GMM)方法，在模型中引入旅游业发展的滞后一阶项进行回归。目前在 GMM 估计中，最为常见的两种方法是差分广义矩估计方法(DIFF-GMM)和系统广义矩估计方法(SYS-GMM)。由于 DIFF-GMM 在小样本下可能存在弱工具变量问题,而 SYS-GMM 能克服上述问题,从而提高估计结果的有效性和一致性,因此我们采用 SYS-GMM 方法。SYS-GMM 估计结果的稳定性依赖于工具变量的可靠性和误差项无自相关假设的有效性。因此,我们运用 Hansen 检验来判断工具变量的有效性,同时使用 Arellano-Bond 检验来检验误差项的自相关情况。参数估计结果如表 10—5 所示。根据检验结果可知,AR(1)检验拒绝了原假设,而 AR(2)则接受了原假设,表明误差项存在一阶自相关,但不存在二阶自相关。另外,Hansen 检验均接受了"所有工具变量均有效"的原假设。因此,工具变量和误差项两者的参数估计结果是稳定的。参数估计系数显示,除了是否有旅游部门工作经历变量显著性较差外,本章的大部分实证结果是稳健的。

表 10—5   稳健性检验结果

变量	(1)删除副省级城市	(2)删除副省级城市	tourism (3)删除腐败官员样本	(4)删除腐败官员样本	(5) SYS-GMM
$tenure$	4.825*** (1.239)	4.588*** (1.224)	4.545*** (1.568)	4.481*** (1.499)	6.687** (2.778)
$tenure^2$	−0.675*** (0.178)	−0.673*** (0.176)	−0.556** (0.233)	−0.581** (0.221)	−1.002** (0.405)
$major$	−2.186 (2.065)	−2.157 (1.809)	−2.334 (1.964)	−2.157 (1.785)	−0.217 (4.404)
$tprof$	6.743 (4.601)	6.420** (2.717)	12.264*** (1.099)	8.615** (3.173)	3.825 (9.308)
城市特征	No	Yes	No	Yes	Yes
$l.tourism$					0.076 (0.111)
$constant$	33.830*** (5.260)	−22.066 (117.891)	34.224*** (5.313)	15.276 (127.716)	25.835 (25.347)
city fixed	Yes	Yes	Yes	Yes	Yes
year fixed	Yes	Yes	Yes	Yes	Yes
obs	406	406	358	358	390
R^2	0.162 2	0.221 6	0.171 9	0.225 9	
F test	11.25	18.79	142.74	42.46	
p value	0.000 0	0.000 0	0.000 0	0.000 0	

续表

变量	*tourism*				
	(1)删除副省级城市	(2)删除副省级城市	(3)删除腐败官员样本	(4)删除腐败官员样本	(5) SYS-GMM
AR(1)					−3.43***
AR(2)					0.15
Hansen					7.68

注：***、**、*分别表示1%、5%和10%的显著性水平；括号中的数字为稳健标准差。

五、主要结论与政策建议

关于地方官员与当地旅游业发展的研究越来越引起学术界的关注。然而，现有研究大多是基于社会学视角，通过对地方政府官员的采访进行的个案微观研究，缺乏从区域层面进行大规模的实证研究。本章基于经济学视角，采用中国2005—2018年30个旅游城市地方官员的信息和城市特征因素的匹配数据，利用面板数据模型实证研究地方主要领导对当地旅游业发展的影响。

本章研究发现：第一，官员任期与旅游业发展之间存在着倒U型的非线性关系。具体而言，随着官员任期的增加，官员的晋升激励会随之增长，进而对旅游业产生积极的效应；但当官员任期过长时，官员晋升的预期降低，从而晋升激励减退，最终对旅游业产生消极影响。此"倒U"型曲线的拐点处于官员任期的第3.4年，表明官员任期处在第3年至第4年的市长，所在城市的旅游业发展呈现出较高水平。第二，官员是否有经济管理专业背景对当地旅游业的发展影响并不显著。地方官员"拥有理论知识"不等同于"具备实践能力"。虽然经济管理专业背景的地方官员学习过系统的经济管理理论与知识，但可能由于实践经验不足等原因，在解决实际问题的过程中出现理论与实践脱节的现象。第三，相较于没有旅游部门工作经历的地方官员，拥有旅游部门工作经历的地方官员更有利于推动当地旅游业的发展。

本书的政策启示主要体现在以下方面：第一，重视地方官员任期对当地旅游业发展的影响，充分发挥地方官员对当地旅游业发展的推动作用。要意识到地方官员任期存在最优的"度"，适度的任期能促进当地旅游业发展，但任期过短或过长可能会对当地旅游业的发展产生不利影响。第二,选拔官员要重能力而不局限于相关专业。地方领导人不仅需要统筹协调整个区域的发展,更要具备一定的实践经验。虽然有经济管理专业背景的地方官员学习过系统的经济管理理论与知识,但可能由于实践经验不足等原因,在解决实际问题的过程中出现理论与实践脱节的现象。第三,对于旅游城市来说,在地方干部选拔的过程中,应当重视提拔具有旅游部门工作经历的优秀人才。因为相对于专业背景来说,拥有旅游部门工作经历的地方官员对旅游业更熟悉,也具有更强烈的通过发展旅游业谋求更好政绩的决策偏好,从而更有经验和能力发展旅游业。

第十一章 区域政策与旅游业发展:一个准自然实验

中国的西部大开发战略在旅游业发展的政策环境中产生了显著影响。以西部大开发作为一个准自然实验,本章将断点回归方法(RDD)首次应用于旅游研究中,通过比较政策地理边界附近城市的旅游业发展来考察区域政策对旅游业发展的因果影响。结果发现,西部大开发对旅游业发展存在显著促进效应,该效应介于5.9%~6.7%之间。机制分析进一步表明,该政策可以通过基础设施建设和税收优惠来影响旅游业的发展。

一、问题的提出

自21世纪初以来,中国实施了西部大开发战略,以推动西部地区发展并降低地区不平等现象。由于时间跨度大、覆盖范围广,西部大开发被视为中国改革开放以来最具影响力的区域政策(Fan等,2011)。尽管中国西部地区经济落后,但这个偏远且落后的地区却具备着丰富的自然资源和文化资源,这为未来经济潜力的发掘奠定了基础。为了促进西部地区的经济发展,中央政府先后批准了一系列基础设施项目,加强了对生态环境的保护,并实施了税收优惠政策。在许多西部省份,贫困片区的空间分布与旅游资源高度重叠(Ma,2001)。作为与其他行业密切相关的劳动密集型行业,对于西部地区很多城市而言,旅游业常被视为支柱产业或主导产业。

自西部大开发实施以来,西部地区经济快速增长。然而,对于西部大开发实际的政策效应仍存在较大争议。例如,Song(2013)指出,尽管西部地区取得了经济发展,但与其他地区的差距却在进一步拉大。在实施大开发期间,中国西部地区的旅游业取得了长足的进步。从2002年到2010年,旅游业总收入从183.6亿美元增加到1 037亿美元,到访中国西部的游客数量从3.046亿增加到10.018亿。对西部大开发进行有效评估对于确定其实际影响并制定适当的政策具有重要的现实意义。因此,问题的关键就在于如何准确衡量西部大开发对旅游业增长的影响。

实施西部大开发有望为西部地区旅游业创造机遇,特别是一批重大区际交通工程的建成,内陆与沿海地区的交通联系得到有力加强。然而,尚未有研究考察该政策对旅游业发展的因果影响。尽管有一些研究(Ma,2001;Jackson,2006)提到了西部大开发对西部地区旅游业的潜在重要性,但没有给出充分的证据。Jackson(2006)特别呼吁,使用更丰富的数据和更严谨的方法来分析西部大开发对旅游业的因果影响。此外,区域政策如何影响旅游产业(即机制分析)也常被忽视。

随着对外开放水平的提高和中产阶级的迅速崛起,中国的旅游业近年来蓬勃发展。但由于内生性问题的困扰,准确地评估区域政策对旅游业的因果影响非常具有挑战性。从学术的角度来看,通过简单比较政策实施前后的旅游收入或人次的增长不足以识别区域政策对西部地区旅游业发展的实际效应。这种旅游业的增长是由于大开发带来的,还是由于国内旅游需求自然扩张引起的?这需要进一步区分。

政策评估的核心问题是如何从影响结果变量的混淆效应中识别因果影响(Battistin 和 Rettore,2008)。为了解决内生性问题,本章尝试将西部大开发作为一个准自然实验,把断点回归(RDD)这种前沿因果推断方法应用于该政策的评估当中。RDD方法的优势在于处理内生性问题的影响和提高政策效应估计准确度。与传统的回归方法相比,RDD 是一种较好的估计政策跳跃效应的因果推断方法。作为一种区域发展战略,西部大开发在改善旅游经济的政策环境上产生了明显影响,其实施范围由外生的地理边界决定,为本书提供了较为可信的自然实验证据。为了探讨西部大开发对旅游业的政策影响,本章比较了其政策边界附近的政策受益城市与非受益城市的旅游业发展。

本章对旅游发展相关文献的贡献主要体现在三个方面:第一,本章提出了旅游研究中政策评价的完整分析框架;第二,以中国地级市的数据为基础,实证检验了西部大开发对中国西部地区旅游业发展的因果影响;第三,由于 RDD 方法在政策评价中越来越重要,因此本章将一种新的 RDD 方法应用于旅游研究,丰富了旅游经济学的应用方法。本章的其余部分结构如下:第二部分是文献综述。第三部分详细说明了研究背景、概念框架和计量经济学模型;第四部分描述了实证结果;第五部分得出结论。

二、文献综述

(一)公共政策的旅游发展效应

早期关于公共政策如何影响旅游发展的研究主要集中在理论分析

上。Pearce(1998)和 Vernon(2005)分别强调了政府在促进旅游业发展中的作用,包括制度模式选择、政策制定以及促进公私部门合作。Alipour 和 Kilic(2005)指出,政策体制的失败导致了两个相似地区旅游发展的差异。Dredge(2006)表明,通过利用公私伙伴关系,政策网络可以塑造旅游业发展。总体而言,这些研究证实了公共政策对旅游发展的影响。

随着计量经济学方法在旅游研究中的应用,实证研究开始探索政策如何影响旅游业。例如,Gulcan 和 Akgungor(2009)使用一个计量经济学方法研究公共投资的影响在旅游业的增加值。研究结果表明,公共政策对旅游发展有显著的促进作用。Lejarraga 和 Walkenhorst(2013)探究了发展中国家旅游业和国民经济之间联系的决定因素,发现公共政策可以通过改善商业环境和贸易法规来加强旅游发展与国民经济之间的关联。

公共政策往往在一个国家的旅游业发展过程中发挥着关键作用(Lejarraga 和 Walkenhorst,2013)。作为世界上最大的发展中国家,中国的旅游发展受到强烈的政治驱动(Richter,1983)。早期的研究主要集中在中国改革开放背景下的旅游发展初期。Chow(1988)揭示了旅游业最初的发展与中国的制度变迁密切相关。Sofield 和 Li(1998)指出,中国的旅游发展与文化政策有关。Zhang 等(1999)将政策在发展中国入境旅游中的作用总结为五个方面:基础设施、法规、财政激励、政府部门之间的协调、旅游教育和培训。He(2013)探讨了"营改增"对中国旅游服务业的税收政策影响机制,发现税收政策会增加旅游服务企业的税负。

这些文献提高了我们对公共政策如何影响旅游发展的理解。但是,现有的文献存在一定的局限性。首先,大部分研究的视角局限于旅游政策,忽视了区域政策等决定旅游发展环境的综合性政策。综合性政策对旅游业发展的影响可能会更加复杂和深刻。一方面,旅游政策的制定和实施需要综合考虑经济、社会和文化等环境因素(Meethan,1998;Wang 和 Ap,2013),即综合性政策会影响旅游业的政策环境;另一方面,综合政策可以决定旅游业的产业环境,如基础设施、税收、市场等。其次,文献主要采用简单的统计分析来估计政策对旅游发展的影响,缺乏基于丰富数据和严谨方法的分析,特别是因果推理方法。

(二)区域政策对旅游发展的因果影响

区域政策对旅游发展可能会通过以下几种方式产生因果影响,如图11—1 所示。

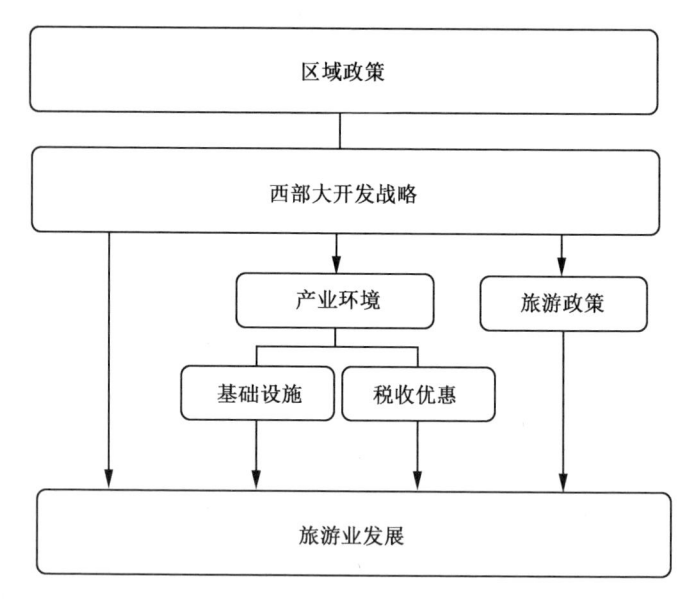

```
┌─────────────────┐
│    区域政策     │
└────────┬────────┘
         │
┌────────▼────────┐
│  西部大开发战略  │
└──┬───────────┬──┘
   │           │
┌──▼────┐  ┌───▼────┐
│产业环境│  │旅游政策│
└┬─────┬┘  └───┬────┘
 │     │      │
┌▼───┐┌▼───┐  │
│基础││税收│  │
│设施││优惠│  │
└─┬──┘└─┬──┘  │
  │     │     │
┌─▼─────▼─────▼─┐
│   旅游业发展    │
└───────────────┘
```

图 11—1　区域政策影响旅游业发展的理论框架

第一，区域政策直接影响旅游业的发展。首先，区域政策的主要目的是缓解中国的区域失衡（Hong 等 2014）。在实践中，特别是对于发展中国家来说，旅游业在减少地区不平等方面发挥着重要作用（Li 等，2016）。因此，有理由认为区域政策包含了一些与旅游直接相关的项目来实现区域发展目标。在西部大开发的背景下，旅游企业的税收优惠、旅游项目优先权、文化资源保护等都是直接决定旅游发展的区域政策条款。其次，区域政策的目标是欠发达地区，这些地区通常具有较强的发展旅游业的潜力和意愿。一方面，弱势产业激发了发展旅游业的动机；另一方面，适度的外部干预有利于旅游业潜力的培育。以中国西部为例，旅游资源分布与贫困分布高度相关（Ma，2001）。因此，旅游业有可能成为区域政策支持欠发达地区的优先工具。此外，随着"扶贫旅游"（Pro-poor Tourism，PPT）的提出，旅游扶贫已成为旅游研究的重点（Zeng 和 Ryan，2012）。旅游业扶贫的广泛实践进一步促进了旅游业与区域政策的融合。

第二，区域政策影响着旅游业的发展环境。区域政策作为一种综合性的公共政策，对中国地方经济具有多重影响（Hong 等，2014）。旅游业作为区域经济的重要组成部分，必然会以各种方式受到区域政策的直接或间接影响；也就是说，除了直接影响外，区域政策还可能通过外部环境因素对旅游业产生间接影响。在大开发的背景下，基础设施投资（如交通、信息等)和税收优惠等手段不仅是区域政策的主线,而且是决定旅游业发展环境的关键因素。因此,在这种情况下,区域政策可能主要通过改善基础设施和税收优惠来改善旅游业的发展环境。以往的研究已经从不同的角度部分论证了这些间接机制。首先,大规模的基础设施改善为旅游业创造了良好的环境(Imikan 和 Ekpo,2012)。Khadaroo 和 Seetanah(2007)的研究表明,交通基础设施促进了旅游人数的增长;Law 等(2009)发现信息技术被旅游部门广泛采用以降低成本和提高服务质量。除了硬件基础设施之外,还需要改善旅游发展的软环境基础设施(Thapa,2012),如人力资源(Baum 和 Szivas,2008;刘和华,2005)、商业环境(Lejarraga 和 Walkenhorst,2013)。其次,通过刺激创新(Bloom 等,2002)、优化工业区位(Baldwin 和 Okubo,2010)和促进企业进入(Rin 等 2009),大开发涉及的税收优惠有助于改善旅游业的商业环境。

第三,区域政策影响旅游政策的制定和实施。旅游政策是一个由经济、社会、文化等多维因素组成的复杂系统(Meethan,1998)。当然,旅游政策的制定和实施也会受到一系列综合因素的共同影响(Krutwaysho 和 Bramwell,2010),包括经济社会环境、制度等因素(Wang 和 Ap,2013)。

综上所述,区域政策是涉及区域发展各个方面的综合性政策,那么区域政策必然会在一定程度上影响旅游政策的制定和实施。

三、政策背景、方法与研究设计

(一)政策背景

中国西部地区包括 6 个省(甘肃、青海、山西、四川、贵州和云南)、5 个自治区(内蒙古、宁夏、西藏、新疆和广西)以及一个直辖市(重庆)。西部地区自然和文化资源丰富,具有重要的战略地位。由于自然和历史的原因,西部地区的经济状况一直落后于中国其他地区。为了促进西部地区的经济发展,地方政府把旅游业作为支柱产业,在保护自然环境的同时充分利用矿产资源。

自 21 世纪初以来,国务院发布了相关政策措施和投资计划,以促进中国广袤、偏远、经济落后的西部地区的经济发展。相关政策大致可以分为三类:公共基础设施投资、财政转移支付和税收优惠政策。首先是公共基础设施投资。交通运输业是经济发展过程中的基础支撑,对旅游业具有重要意义。在西部大开发框架内,中央政府对公共建设项目进行了重大投资,包括交通、能源和水利基础设施的建设和改造,以及生态保护、教育和公共卫生项目。特别是在西部地区,完成了青藏铁路、机场、公路等一批国家重点交通运输工程。其次是财政转移支付。西部经济欠发达地区中央财政转移支付力度不断加大。在西部大开发框架下,中央政府加大了对西部地区地方政府的财政转移(如一般性转移、专项转移、财政贴息等)力度。这些财政转移改善了西部地区的城市环境和服务设施。最后是税收优惠政策。税收优惠是发展中国家最重要的优惠政策之一。减税和免税对吸引外来投资有积极作用。在西部大开发框架下,企业所得税减免是主要的税收激励措施。在实施西部大开发的过程中,中央政府出台了许多税收减免政策文件。

(二)方法:断点回归设计(RDD)

1. 背景与基本架构

断点回归设计(RDD)最初是由 Thistlethwaite 和 Campbell(1960)提出的,用于识别非实验环境下的政策处理效应。自 20 世纪 90 年代末以来,越来越多的研究将 RDD 用于政策评估(Angrist 和 Lavy,1999;DiNardo 和 Lee,2004;Chay 等,2005;McEwan 和 Shapiro,2008)。特别是在 Hahn 等(2001)正式论证了识别条件和方法之后,RDD 开始在经济学、政治学和社会学中广泛应用,并成为实证分析中最流行的识别策略之一。

现有文献通常在潜在结果的框架下展开因果推论(Holland,1986;Rubin,1974)。在因果推论的基本设置中,我们感兴趣的是二元处理的因果效应。假定 Y_{i0} 和 Y_{i1} 代表个体 i 的潜在结果:Y_{i0} 表示 i 不受政策影响的结果,Y_{i1} 表 i 接受政策影响的结果。对 i 的因果效应就是 Y_{i1} 和 Y_{i0} 之间的差值。由于不能同时观察到 Y_{i0} 和 Y_{i1},所以我们需要估计平均处理效果(ATE),如式(11—1)所示:

$$\tau_{ATE}=E[Y_{t1}-Y_{i0}] \quad (11—1)$$

设 D_i 为处理变量,如果 i 城市未接受区域政策,$D_i=0$,否则 $D_i=1$;Y_i 为可观测的结果变量,表示为 (Y_{i0},Y_{i1}),如式(11—2)所示:

$$Y_i=(1-D_i) \cdot Y_{i0}+D_i \cdot Y_{i1} \quad (11—2)$$

RDD 的基本思想是,D_i 由运行变量 X_i 是否超过给定的断点 c 决定。X_i 的定义通常由特定的政策规则决定。在本章中,X_i 为 i 城市与政策边界的地理距离,断点为政策边界。

假设在断点处,$E(D_i|X_i)$ 具有明显的不连续,而其他影响 Y_i 的因素的分布是连续的,那么 $E(Y_i|X_i)$ 的任何不连续都可以解释为 D_i 的处

理效应。在这种情况下,如果 Y_i 和 X_i 之间存在线性关系,那么我们所关注的处理效应可以通过线性回归来估计,如式(11—3)所示:

$$Y_i = \alpha + \tau D_i + \beta X_i + \varepsilon_i \qquad (11—3)$$

在 RDD 中,(Y_{i1},Y_{i0}) 与 X_i 之间存在两种潜在关系:$E[Y_{i1}|X_i]$ 和 $E[Y_{i0}|X_i]$。但通过式(11—2),我们只能看到 $E[Y_{i1}|X_i,D_i=1]$ 和 $E[Y_{i0}|X_i,D_i=0]$,无法直接得到 ATE:$E[Y_{i1}-Y_{i0}|X_i]$。幸运的是,如果 $E[(Y_{i0},Y_{i1})|X_i]$ 相对于 X_i 是连续的,则 RDD 可以在断点 c 处获得局部 ATE (LATE),如式(11—4)所示:

$$\lim_{\varepsilon \to 0^+} E[Y_i|X_i=c+\varepsilon] - \lim_{\varepsilon \to 0^-} E[Y_i|X_i=c+\varepsilon] = E[Y_{i1}-Y_{i0}|X_i=c]$$

$$(11—4)$$

一般来说,连续性条件使 RDD 能够使用断点一侧的观测结果(如 $E[Y_i|X_i,D_i=0]$)作为断点另一侧不可观测的潜在结果(如 $E[Y_{i0}|X_i,D_i=1]$)的有效估计(Lee 和 Lemieux, 2010)。

在政策评估实践中,根据政策规则,RDD 可分为两类(Hahn 等,2001;Trochim,1984):精确 RDD 和模糊 RDD。在精确 RDD 中,对政策的分配完全由 X_i 决定:如果 $X_i \geqslant c$,则 $D_i=1$,如果 $X_i < c$,则 $D_i=0$。在模糊 RDD 中,对政策的分配不仅由 X_i 决定,还由其他不可观测的因素决定:$D_i = D(T_i, \varepsilon_i)$,其中 $T_i=1$,如果 $X_i \geqslant c$,否则 $T_i=0$,ε_i 是不可观测因素。

2. 基本识别条件

为了通过 RDD 获得无偏的因果效应,必须满足一些基本的识别条件(Hahn 等,2001)。第一,在断点接受政策的概率上存在明显的差距,如式(11—5)所示:

$$\lim_{x \to c^+} E[D_i|X_i=x] \neq \lim_{x \to c^-} E[D_i|X_i=x] \qquad (11—5)$$

在精确 RDD 中,接受政策的概率在断点处从 0 变化到 1;而在模糊 RDD 中,概率只需要较小的跳跃。一般来说,有效的 RDD 要求在断点处政策接受概率的分布具有明显的不连续,否则它将由于弱处理效应而失败。

第二,除了 D_i 之外,所有影响 Y_i 的因素对 X_i 都必须是连续的,否则处理效应会受到其他因素的干扰。在潜在结果框架中,该条件要求 $E[(Y_{i0},Y_{i1})|X_i]$ 在断点处是连续的,如式(11—6)所示:

$$\lim_{x \to c^+} E[Y_{ij}|X_i=x] = \lim_{x \to c^-} E[Y_{ij}|X_i=x], j=0,1 \qquad (11—6)$$

在实践中，RDD 经常要求 $E[Y_{ij}|X_i]$ 在所有 X_i 值上都是连续的(Imbens 和 Lemieux，2008)。

第三，RDD 的关键条件是个体不能在断点附近精确地控制 X_i，这保证了 RDD 在断点上接近局部随机实验。这是使 RDD 更加透明和有说服力的条件(Lee 和 Lemieux，2010)。在潜在结果的框架中，这一条件表示对政策处理的分配独立于断点附近的潜在结果，如式(11—7)所示：

$$(Y_{i1}, Y_{i0}) \perp D_i | X_i \in (c-\delta, c+\delta) \quad (11—7)$$

3. 估计方法

RDD 的估计方法主要包括边界非参数回归、局部线性回归(LLR)和局部多项式回归(LPR)。由于非参数回归在边界处并不总是有效，LLR 被认为是较好的选择(Hahn 等，2001；Imbens 和 Lemieux，2008；Lee 和 Lemieux，2010)。在精确 RDD 中，非参数估计量可表示为式(11—8)，其中 $K(x)$ 为核函数，h 为带宽。

$$\tau_{LATE} = E[Y_{i1} - Y_{i0} | X_i = c]$$

$$= \frac{\sum_{i:X_i \geq c} Y_i \cdot K\left(\frac{X_i - c}{h}\right)}{\sum_{i:X_i \geq c} K\left(\frac{X_i - c}{h}\right)} - \frac{\sum_{i:X_i < c} Y_i \cdot K\left(\frac{X_i - c}{h}\right)}{\sum_{i:X_i < c} K\left(\frac{X_i - c}{h}\right)} \quad (11—8)$$

当 $K(x)$ 表示一个矩形核函数时，式(11—8)的值实际上等于断点附近两边个体 Y_i 均值的差值[即式(11—4)]。然而，通过局部随机化的假设，非参数回归仅在断点附近的限制带宽内有效。此外，当 X_i 对 (Y_{i1}, Y_{i0}) 产生影响时，处理组和对照组之间的差异往往会导致一个有偏的非参数估计量。在这种情况下，LLR 可以通过分别在断点两侧局部线性回归来降低估计偏差(Hahn 等，2001)。如式(11—9)与式(11—10)所示：

$$\min_{\alpha_l, \beta_l} \sum_{i=1}^{N} [Y_i - \alpha_l - \beta_l \cdot (X_i - c)]^2 \cdot K\left(\frac{X_i - c}{h}\right) \cdot 1(X_i < c) \quad (11—9)$$

$$\min_{\alpha_r, \beta_r} \sum_{i=1}^{N} [Y_i - \alpha_r - \beta_r \cdot (X_i - c)]^2 \cdot K\left(\frac{X_i - c}{h}\right) \cdot 1(X_i \geq c) \quad (11—10)$$

如果 $K(x)$ 表示一个矩形核函数，通过估计式(11—9)和式(11—10)，我们可以看到 LLR 估计量是两个拟合值在断点 c 处的差值，如式(11—11)所示：

$$\tau_{LATE} = [\hat{\alpha}_r + \hat{\beta}_r \cdot (c - c)] - [\hat{\alpha}_l + \hat{\alpha}_l \cdot (c - c)] = \hat{\alpha}_r - \hat{\alpha}_l \quad (11—11)$$

只要带宽足够窄，LLR 就是条件期望函数的最优线性逼近。然而，当需要扩大带宽以获取更丰富的样本时,LPR 可以用于捕获 Y_i 和 X_i 之间的高阶非线性关系。与 LLR 相似,LPR 在边界点两边分别进行回归,如式(11—12)和式(11—13)所示:

$$\min_{b_l} \sum_{i=1}^{N} (Y_i - b_l^T x)^2 \cdot K\left(\frac{x_i}{h}\right) \cdot 1(x_i < 0) \quad (11—12)$$

$$\min_{b_r} \sum_{i=1}^{N} (Y_i - b_r^T x)^2 \cdot K\left(\frac{x_i}{h}\right) \cdot 1(x_i \geq 0) \quad (11—13)$$

式中,$x_i = x_i - c$, $x = (1, x_i, x_i^2, x_i^3, \cdots, x_i^p)$, $b_j = (b_{j1}, b_{j2}, \cdots, b_{jp})$, $j = r, 1$。LPR 估计量可表示为式(11—14):

$$\tau_{LATE} = \hat{b}_{r0} - \hat{b}_{l0} \quad (11—14)$$

在模糊 RDD 中,上述方法仍然适用,但 Y_i 需要分别对 X_i 和 T_i 进行回归,由其中两个参数的比值作为模糊 RDD 的估计量。另外,如果两种回归均采用矩形核函数,且带宽相同,则可以使用 T_i 作为 D_i 的工具变量通过 2SLS 方法估计模糊 RDD(Angrist 和 Pischke,2008;Cook,2008)。

4. 有效性和稳健性检验

由于带宽选择是估计偏差和方差之间的权衡,因此 RDD 的有效性和稳健性依赖于带宽。在早期研究中,交叉验证(CV)方法(Imbens 和 Lemieux,2008;Ludwig 和 Miller,2007)通常用于估计最佳带宽。这里我们采用改进的 CV 方法(Calonico 等,2014;Imbens 和 Kalyanaraman,2012)获得更可信的估计量。

估计后,一些有效性和稳健性测试是必要的。第一,利用伪结果对连续性假设进行检验;第二,X_i 的概率密度函数可以用来检验局部随机化的假设(McCrary,2008);第三,用伪断点检验处理效应是否与其他未观察到的因素混淆;第四,利用不同的带宽估计 RDD,可以判断估计的稳健性和带宽选择的敏感性。

5. RDD 的优势与发展

随机实验是因果推断的黄金标准(Angrist 和 Pischke,2008;Imbens 和 Wooldridge,2009)。因为 RDD 更接近随机实验,所以 RDD 的因果推论比基于其他策略的推论更可信,例如双重差分法和工具变量(Lee 和 Lemieux,2010)。第一,与其他非实验方法相比,RDD 需要的假设较为温和(Hahn 等,2001)。第二,只要个体不能精确地控制运行变量,RDD 并不要求对政策的分配是完全随机的(Lee,2008)。第三,使用简单的图表可以自然地测试RDD,这确保了它的可信度和透明度(Lee和Lemieux,2010)。鉴于出现的问题,RDD被不断改进,如多运行变量RDD(Caliendo等,2013),运行变量存在测量误差的RDD(Pei和Shen,2016)、对RDD的分位数处理效应(Frandsen等,2012),伴有样本自选择的RDD(Dong,2017)和弯折回归设计(Card等,2015)。

6. RDD因果推断概念模型

本章提出了RDD因果推理的概念模型,描述了空间RDD在当前背景中的具体应用。如图11—2所示,实心箭头表示作用关系;实线表示递进关系;白框代表实证模型的变量;黑框代表识别过程的组成部分。两个虚线框分别代表以分界点分隔的两类政策环境,即中国中西部省份的地理边界。左边的虚线框代表了在断点附近受西部大开发影响的西部城市。右边的虚线框代表了在断点附近不受西部大开发影响的其他城市。

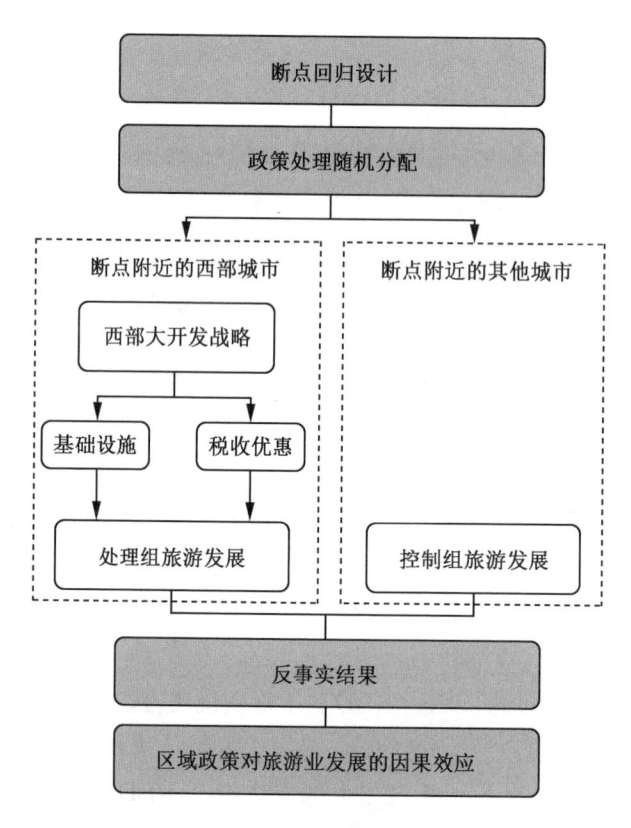

图11—2 RDD因果推断的概念模型

本章旨在探讨区域政策对旅游发展的因果影响。基于传统计量经济学方法的因果推论，由于现存的其他相关政策和混杂因素，容易出现偏差。因此，本章基于中国西部大开发提供的准自然实验证据，采用空间RDD方法消除混杂因素，识别区域政策对旅游发展的真实因果影响。

基于政策分配在断点两侧近似随机的自然实验，空间RDD选择在断点附近的样本，以确保在提出西部大开发之前两组样本之间不存在系统性差异。然后，右侧组（对照组）可以为左侧组（实验组）提供反事实证据，这是因果推理的核心条件。此外，根据西部大开发的政策背景，区域政策可能主要通过改善基础设施和税收优惠来影响旅游发展，本章在机制分析中对此进行了检验。

(三)研究设计

1.计量模型

为了探讨区域政策对旅游发展的因果影响，本章首先利用OLS将$\Delta Revenue$对$West$进行回归，如式(11—15)所示。然后以这一结果作为比较的基准，对因果效应进行初步识别，并对主要的经验模型进行改进。

$$\Delta Revenue_i = \alpha + \beta West_i + \lambda Z_i + \mu_i + \varepsilon_i \quad (11—15)$$

其中，$\Delta Revenue$指的是结果变量，以2002—2010年间旅游总收入占GDP比重的提升表示；$West$指的是处理变量，当城市受益于政策时，$West$为1，否则为0；Z_i表示一组协变量，以避免潜在的混淆偏差；β是我们感兴趣的估计量，是对实际因果效应的初步判断；μ为固定效应，用于控制影响城市旅游发展的未观测到的环境因素；ε指的是随机干扰项。

值得注意的是，OLS回归无法控制不可观察因素的影响，如自然资源禀赋、当地习俗、道德价值观和宗教文化等，这些都是影响旅游业发展的关键因素。在这种情况下，对于区域政策对城市旅游发展的因果作用，会出现过度或低估的情况。虽然OLS可导致估计偏差，但其结果可以作为基准或参考，并有助于提高计量经济学模型的有效性。

为了避免估计偏差，识别区域政策对旅游发展的真正因果效应，本章采用RDD方法(Lee和Lemieux，2010)识别西部大开发对旅游发展的影响。参考Almond等(2009)，本章将西部大开发作为一个自然实验，利用空间RDD研究区域政策对旅游开发的因果效应。具体而言，本章的实证策略以中西部省份的地理边界为断点。断点左侧的样本城市属于RDD处理组(以及上述三个城市)，断点右侧的样本城市属于RDD对照组。在识别条件方面，由于我们以城市为样本，以城市固定的位置为运行变量，因此可以在地图上定位断点附近样本观察到的特征。这一特性保证了空间 RDD 的有效性，也是该模型的优势之一（Keele 和 Titiunik，2015）。在实践中，一个 RDD 的适用性和有效性可以通过一个简单的图解方法来测试。

值得注意的是，我们这里的断点是指中国中西部省份的地理边界。如图 11—2 所示，灰色区域代表处理组的样本城市，白色区域代表对照组；具体来说，灰色和白色区域之间的边界就是我们模型的断点。我们的空间 RDD 实证模型为式（11—16）。$distance$ 为运行变量，表示样本城市到断点的最短线性距离。$F(distance)$ 表示运行变量的多项式项，用于控制断点两侧不可观察的混杂因素。τ 是我们感兴趣的处理效应。

$$\Delta Revenue_i = \theta + \tau West_i + \delta F(distance) + \lambda Z_i + \mu_i + \varepsilon_i \quad (16)$$

对于模型模式，由于大开发的政策分配完全依赖于城市的位置，所以本章采用精确 RDD。Z_i 代表一组控制变量，包括一些可能影响旅游发展的城市特征预定变量。根据识别条件，RDD 方法的有效性不依赖于 CIA，即没有必要控制其他混淆。值得注意的是，引入 X 有助于提高 RDD 的估计效率。

2.变量与数据

本章选择 2002—2010 年作为研究时期。考虑到数据的可用性，本章选择了中国 285 个城市作为整体样本。政策范围内的城市属于处理组，其他城市属于对照组。具体来说，在实际的估计过程中，根据 RDD 的原理，从整个样本中提取断点附近的城市样本，根据最优带宽提取有效样本。表 11—1 总结了本章中使用的所有变量。

主要数据来源为《中国区域经济统计年鉴》和《中国城市统计年鉴》。采用 GDP 平减指数来消除价格的影响（基于 2000 年的价格）。人均 GDP、人均财政收入、公路网密度、人口规模取对数。各变量的统计特征如表 11—1 所示。

表 11—1   变量描述

变量	符号	定义
旅游业发展	$Revenue$	旅游收入占 GDP 比重的变化
游客增长	$Tourist$	游客年均增长率
基础设施投资	$Infrastructure$	市政设施人均投资的变化
税收负担	Tax	总税收占 GDP 比重的变化
区域政策	$West$	当城市位于西部地区，West=1；否则，West=0

续表

变量	符号	定义
地理距离	$Distance$	到政策分界线的直线距离
人均 GDP	$Pgdp$	GDP/总人口
人均财政收入	$Govern$	财政收入/总人口
产业结构	$Industry$	第三产业 GDP/GDP
道路密度	$Road$	等级道路历程/城市面积
基础设施	$Infrastructure$	基础设施投资/GDP
旅游资源	$Resource$	4A 和 5A 级景区数量
人均公园面积	$Park$	公园面积/人口规模
人口规模	$Psize$	总人口数
政府规模	$Gsize$	政府支出/GDP
固定资产投资	$Invest$	固定资产投资/GDP
教育水平	Edu	中学在校生人数/中学老师数
医疗设施	$Medicin$	医院床位数/人口
省固定效应	$fixed$	省份虚拟变量

四、实证结果

(一)OLS 估计

表 11—2 总结了不同带宽和控制变量下 OLS 估计的基准结果。列(1)—(5)控制了所有的城市特征和各省固定效应,但样本范围(带宽)不同。列(6)和列(7)在整个样本中释放控制向量。

如全样本估计的第(1)列所示,区域政策使得西部城市旅游总收入占 GDP 的比例比其他城市高出 8.9%。这一结果表明,在控制了可观察到的影响因素后,区域政策对旅游业发展起到了显著的促进作用。随着样本范围的逐渐缩小,列(2)—(5)的结果仍然显示区域政策对旅游发展有积极的影响,且估计结果相对稳健。在不控制省级固定效应的条件下,列(6)表明,虽然内生性导致估计系数下降,但区域政策对旅游经济的影响仍然显著。在继续释放城市特征变量后,列(7)表明积极的区域政策效应仍然存在。这种效应的减弱可能是因为城市特色与政策处理的负相关关系,即西部城市的开发相对落后,这是符合实际情况的。综上所述,在控制了可见的城市特征和省级固定效应之后,区域政策对旅游发展具有显著的正向作用。我们观察到基准回归的结果与预期一致。

表 11—2　　　　　　　　　　OLS 估计结果

	(1)	(2)	(3)	(4)	(5)	(6)	(7)
带宽	全样本	750km	500km	250km	100km	全样本	全样本
$West$	0.089***	0.090***	0.108***	0.110***	0.123***	0.016*	0.014*
	(0.016)	(0.019)	(0.022)	(0.018)	(0.026)	(0.009)	(0.008)
R^2	0.443	0.432	0.464	0.662	0.765	0.191	0.013
控制变量	控制	控制	控制	控制	控制	控制	不控制
固定效应	控制	控制	控制	控制	控制	不控制	不控制
观测值	285	259	214	145	70	285	285

注：括号内为标准差。***、** 和 * 分别表示 1％、5％ 和 10％ 水平的显著性。

(二) RDD 估计

1. 适用性检验

使用 RDD 需要满足两个条件：(1)个体不能精确操纵运行变量，以保证政策处理分配的随机性；(2)结果变量在断点的分布是不连续的，其他变量(即控制变量)在断点的分布是连续的，以确保对处理效应的估计不受混杂因素的影响(Lee 和 Lemieux, 2010)。

对于条件(1)，由于样本和运行变量分别为城市和地理距离，所以这些元素在地理分界点附近的值是明确且恒定的。因此，本书设计符合 RDD 条件(Keele 和 Titiunik, 2015)。对于条件(2)，遵循 Lee 和 Lemieux (2010)以及 Meng(2013)的方法，我们使用图形方法验证结果变量在断点的连续性。将样本分成 20 个组，用散点图和多项式拟合线绘制结果变量在每个组中的均值分布。如图 11—3 所示，结果变量在断点处具有明显的不连续性，且满足 RDD 条件。

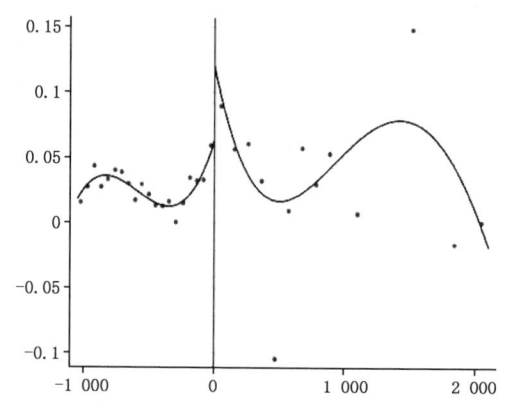

图 11—3　结果变量在断点附近的分布

2.最优带宽估计

带宽选择是确保 RDD 健壮性的关键。在较小带宽下,个体差异较小,但估计方差较大;否则,情况正好相反。因此,带宽的选择是估计稳健性和效率之间的权衡。常用的最优带宽估计方法是 Imbens 和 Lemieux(2008)提出的交叉验证方法(CV)。此后,Imbens 和 Kalyanaraman(2012)与 Calonico 等(2014)进一步改进了 CV,提出了两种最优带宽估计方法(IK 和 CCT)。这些方法的基本思想是使均方误差(MSE)最小化;因此,由这些方法获得的带宽称为最优带宽。Calonico 等(2018)提出了一种最小覆盖误差的最优带宽估计方法,称之为带宽覆盖误差最优带宽。

为了实现稳健估计,我们使用两种方法的 10 种算法来估计最优带宽和 RDD。如表 11—3 所示,MSE 最优带宽为 125～159,覆盖误差最优带宽为 94～120;这两种估计都是可靠的,但后者比前者要小。因此,我们选择不同的最优带宽来保证 RDD 估计的稳健性。

表 11—3　　　　　　　　　　最优带宽估计

最优带宽估计方法		最优带宽	
		断点左侧	断点右侧
MSE	(1)	130.1	130.1
	(2)	124.6	159
	(3)	129.6	129.6
	(4)	129.6	129.6
	(5)	129.6	130.1
CV	(6)	98.08	98.08
	(7)	93.89	119.8
	(8)	97.71	97.71
	(9)	97.71	97.71
	(10)	97.71	98.08

注:(1)～(5)基于 Imbens 和 Lemieux(2008),Imbens 和 Kalyanaraman(2012),Calonico 等(2014)的做法;(6)～(10)基于 Calonico 等(2018)的算法。

3.RDD 估计结果

虽然 RDD 估计不依赖于可观察的影响因素,但控制重要因素可以使处理组和控制组更具可比性,提高 RDD 估计的效率(Angrist 和 Pischke,2008)。关于最优带宽,由于 MSE 最优带宽和覆盖误差最优带宽相似,我们分别从每个带宽组中选择一个来运行 RDD。此外,为了进一步测试 RDD 估计的稳健性,我们手动选择了接近估计的最优带宽的 RDD 估计带宽。

关于核函数的选择,Imbens 和 Lemieux(2008)认为矩形核函数与其他核函数没有明显区别。因此,本章采用了矩形核函数。对于多项式项,因为在我们的研究中,最优带宽相对于整个样本范围太小,局部线性回归(LLR)更有效(Angrist 和 Pischke,2008)。此外,本章还使用了 3 种类型的稳健标准误差估计量:常规估计量、偏校正估计量和稳健估计量。

表 11—4 总结了 RDD 估计的主要实证结果。对于不同的带宽和稳健标准误差,RDD 估计是非常稳健的。区域政策对旅游业发展水平的影响为 5.9%~7%,具有统计学意义。结果表明,在 21 世纪前 10 年,受区域政策影响,西部地区旅游总收入占 GDP 的比重比其他城市高出 6%。这是一个非常显著的政策效应,因为在研究期间,中国所有城市的旅游收入百分比平均增长 3.1%。我们观察到,由于区域政策不同,分界点两侧城市的旅游发展趋势明显。

RDD 估计与 OLS 估计基本一致,然而,由于 OLS 估计量的正偏置,区域政策在 RDD 中的系数较小。例如,由于地域文化、习俗、地形等不可观测因素的遗漏,可能导致 OLS 估计存在正偏倚。幸运的是,RDD 可以通过将样本限制在断点附近并近似地随机化策略处理来获得一致性估计量。

为了进一步验证 RDD 估计的稳健性,我们随机选择超出估计带宽范围的 85km 和 200km 运行 RDD 估计。结果如表 11—5 所示。当选择更小的带宽(85km)时,样本容量会减少,但城市受政策的影响更大。当选择较大的带宽(200km)时,样本数量增加,但政策效应呈现距离衰减。简而言之,RDD 估计在不同带宽下具有稳健性和稳健标准误差。稳健性检验再次证实了区域政策具有一定的合理性。

表 11—4　　　　　　　　　　RDD 估计结果

最优带宽估计方法	MSE (1)传统	MSE (2)偏差矫正	MSE (3)稳健	CV (1)传统	CV (2)偏差矫正	CV (3)稳健
West	0.062*** (0.024)	0.067*** (0.024)	0.067** (0.028)	0.059* (0.032)	0.063** (0.032)	0.063* (0.033)

续表

最优带宽估计方法	MSE			CV		
	（1）传统	（2）偏差矫正	（3）稳健	（1）传统	（2）偏差矫正	（3）稳健
控制变量	控制	控制	控制	控制	控制	控制
固定效应	控制	控制	控制	控制	控制	控制
多项式	线性	线性	线性	线性	线性	线性
带宽	130	130	130	98	98	98
全部观测值	285	285	285	285	285	285
有效观测值	87	87	87	63	63	63

注：***、**和*分别表示1%、5%和10%水平的显著性。

表11—5　　　　　　　　RDD估计结果（其他带宽）

最优带宽估计方法	85km			200km		
	（7）传统	（8）偏差矫正	（9）稳健	（10）传统	（11）偏差矫正	（12）稳健
West	0.079** (0.031)	0.084*** (0.031)	0.084*** (0.033)	0.033* (0.019)	0.044** (0.019)	0.044* (0.024)
控制变量	控制	控制	控制	控制	控制	控制
固定效应	控制	控制	控制	控制	控制	控制
多项式	线性	线性	线性	线性	线性	线性
带宽	85	85	85	200	200	200
全部观测值	285	285	285	285	285	285
有效观测值	55	55	55	124	124	124

注：***、**和*分别表示1%、5%和10%水平的显著性。

4.有效性检验

根据Imbens和Lemieux（2008）提出的有效性原则，本章采用了三种常用的检验方法。（1）RDD估计的基本前提是个体不能绝对操纵断点。（2）由于混杂因素，估计的治疗效果可能存在偏差；因此，必须验证一些重要的城市特征在分界点的连续性。我们选择旅游资源、基础设施、经济发展和人口规模这四个重要的城市特征变量来运行伪结果检验。首先，在图11—4中，四个伪结果变量在断点处跳跃不明显，这初步验证了主要回归结果的可靠性。此外，在表11—6中，所有四种伪结果的估计都不显著。这些结果表明，可能影响政策效应的城市特征在断点附近没有系统差异，因此不会造成混淆偏差。(3)在其他伪断点可能存在跳跃,即区域政策效应可能是伪处理效应。本章在真断点周围随机选取8个假断点进行伪处理测试。如表11—7所示,所有伪处理估计均不显著,说明结果变量在真实断点(即大开发政策边界)处的跳跃是由区域政策引起的。

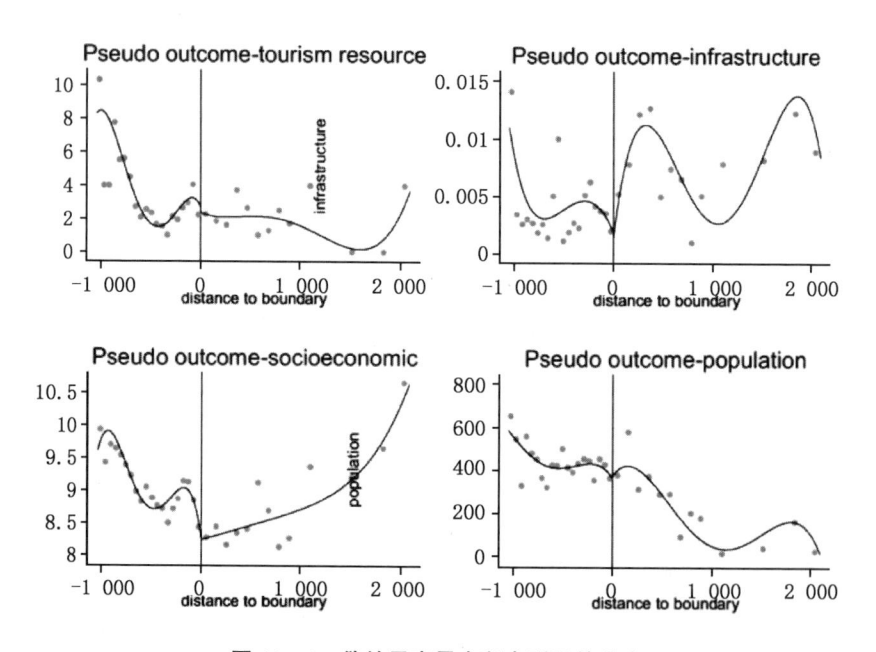

图11—4 伪结果变量在断点附近的分布

表11—6　伪结果检验

结果变量	Resources	Infrastructure	Economy	Population
(1)传统	1.955 (2.001)	0.00153 (0.00267)	−0.153 (0.0950)	0.0102 (0.218)
(2)偏差矫正	1.833 (2.001)	0.000774 (0.00267)	−0.0846 (0.0950)	−0.0445 (0.218)
(3)稳健	1.833 (2.187)	0.000774 (0.00311)	−0.0846 (0.119)	−0.0445 (0.241)
带宽	147.2	95.4	87.6	116.7
所有观测值	285	285	285	285
有效观测值	91	61	56	79

注:每个回归采用对应的最优带宽。

表11—7　伪处理检验

断点	−75km	75km	−100km	100km	−175km	175km	−250km	250km
(1)传统	0.005 (0.013)	−0.002 (0.023)	−0.020 (0.012)	0.032 (0.027)	−0.017 (0.013)	0.031 (0.033)	0.009 (0.018)	0.025 (0.027)

续表

断点	−75km	75km	−100km	100km	−175km	175km	−250km	250km
(2)偏差矫正	0.010 (0.013)	−0.008 (0.023)	−0.018 (0.012)	0.029 (0.027)	−0.022 (0.012)	0.015 (0.033)	0.002 (0.018)	0.029 (0.026)
(3)稳健	0.010 (0.015)	−0.008 (0.025)	−0.018 (0.014)	0.029 (0.029)	−0.022 (0.014)	0.015 (0.033)	0.002 (0.021)	0.029 (0.029)
带宽	188.1	151	113.9	113.8	121.9	136.9	104.9	165.7
有效观测值	129	71	40	40	94	48	58	45

注：每个回归采用对应的最优带宽。

5. 稳健性检验

主要回归结果表明，区域政策对旅游发展具有显著的正向影响，并且估计量是稳健的。为了进一步探究这一因果效应，本部分分别以2002—2013年（较宽的时间范围）旅游总收入占GDP的百分比增长和2002—2010年的游客平均年增长率作为结果变量，再次进行RDD估计。首先，如图11—5所示，两个结果变量在断点处都具有明显的不连续；其次，如表11—8所示，两个旅游发展指标的回归结果与主要回归结果一致。因此，区域政策对旅游发展的积极影响再次得到确认。

大开发对旅游总收入占GDP的百分比增长的长期效应为7.9%~8.6%，说明区域政策对旅游经济的影响是持续的。此外，较大的估计系数表明区域政策效应在研究期内没有出现时间衰减。区域政策对游客年平均增长率的影响为6.6%~6.9%，说明区域政策增强了对游客的吸引力，例如区域政策改善了城市基础设施。综上所述，区域政策可以促进旅游业的长期发展，这也证明了本章主要结果的稳健性。

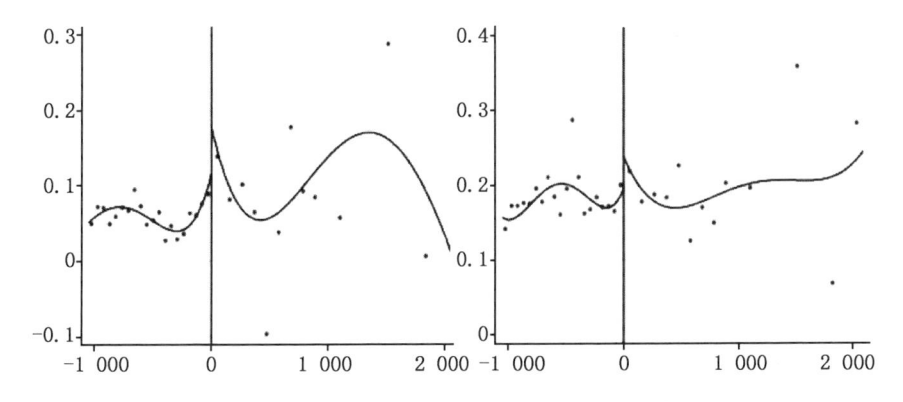

图11—5 其他结果变量在断点附近的分布

表 11—8　　拓展分析

结果变量 带宽估计方法	传统	偏差矫正	稳健	传统	偏差矫正	稳健
$West$	0.068 5*	0.066 3*	0.066 3*	0.079 3**	0.086 3**	0.086 3**
	(0.035 1)	(0.035 1)	(0.040 3)	(0.034 1)	(0.034 1)	(0.039 5)
控制变量	控制	控制	控制	控制	控制	控制
固定效应	控制	控制	控制	控制	控制	控制
多项式	线性	线性	线性	线性	线性	线性
带宽	190	190	190	125	125	125
全部观测值	285	285	285	285	285	285
有效观测值	121	121	121	85	85	85

注：***、**和* 分别表示1％、5％和10％水平的显著性。

（三）机制分析

回归结果表明，大开发对旅游发展的多个指标具有正向影响，说明区域政策可能通过多种渠道影响旅游发展。根据大开发的规划，该计划主要通过改善基础设施、税收优惠和转移支付来促进区域发展。基础设施建设和税收优惠主要面向城市和企业发展，转移支付的主要受益者是当地居民。

因此，该部分从基础结构和税收两个方面分析了区域政策对旅游发展的影响机制。我们分别以2002—2010年人均市政基础设施投资和城市税负变化为结果变量，进行RDD估计。我们在表11—9中观察到结果是稳健的。首先，大开发对城市基础设施投资具有显著的正向影响，说明区域政策可以通过改善城市基础设施来提升城市旅游产业的吸引力和竞争力；其次，旅游税负对城市税负有显著的负面影响，说明区域政策可以通过减轻税负来提高旅游企业的竞争力。

表 11—9　　机制分析

结果变量 带宽估计方法	传统	偏差矫正	稳健	传统	偏差矫正	稳健
$West$	0.712*	0.803**	0.803*	−0.014**	−0.015**	−0.015**
	(0.402)	(0.402)	(0.454)	(0.006)	(0.006)	(0.007)
控制变量	控制	控制	控制	控制	控制	控制
固定效应	控制	控制	控制	控制	控制	控制

续表

结果变量 带宽估计方法	传统	偏差矫正	稳健	传统	偏差矫正	稳健
多项式	线性	线性	线性	线性	线性	线性
带宽	188	188	188	154	154	154
全部观测值	285	285	285	285	285	285
有效观测值	110	110	110	99	99	99

注：***、**和*分别表示1％、5％和10％水平的显著性。

五、结论与讨论

本章将中国旅游发展指数作为一个自然实验，采用空间RDD方法估算区域政策对旅游发展的因果效应。已经进行了充分的检验来证实实证结果的稳健性。主要结论总结如下：第一，大开发对旅游发展产生了显著的积极影响。与其他城市相比，受西部大开发影响的西部城市旅游收入的百分比增幅更高，预计可达6％，在5.9％～6.7％之间。相对于中国所有样本城市的平均增长，这一估计的政策效应是极其显著的。第二，大开发作为一项综合性的公共政策，对旅游发展具有长期持续的促进作用。第三，在旅游发展指标方面，大开发提高了以旅游收入占比衡量的旅游专业化水平，增加了游客数量。第四，西部大开发通过改善基础设施和税收优惠来促进旅游业发展。综上所述，改善一个城市的基础设施可以提高一个城市旅游业的吸引力，降低税收负担可以提高旅游企业的竞争力。

本章提供了一个评估框架，以确定区域政策对发展中国家旅游业的因果影响。我们现在就我们的评估框架提出进一步的讨论。在研究方法上，本章试图从区域政策的角度分析政策对旅游发展的影响。与专门化的旅游政策相比，区域政策对旅游发展的影响可能更加复杂和持续。综上所述，文献中的许多定量结果都是基于简单的统计分析或案例证据，而这些类型的结果往往受到混杂因素的干扰。我们的经验策略的主要目的是消除这种混杂的偏见。基于严格辨识策略和统计数据的估计系数是一种净效应。

RDD是一种类似于随机实验的准实验方法。本章首次将RDD方法应用于旅游研究，通过充分的效度检验，证实了RDD方法在旅游研究中的适用性。因此，本章为未来的旅游研究提供了一个新的、有效的实证分析框架。需要指出的是，本章将地理边界作为RDD估计的空间分界点，这只是 RDD 在旅游研究中的具体应用之一。RDD 的灵活性和适用性使其成为旅游实证研究中识别因果效应的重要方法。例如,以游客的法定退休年龄为截点,我们可以使用 RDD 方法来估计退休政策对游客旅游选择的影响。

　　实际上,正如文献所强调的,与旅游有关的政策是一个受其他政策以及经济和社会因素影响的复杂系统。虽然确定单一政策对旅游业发展的影响是可能的,但各种政策对旅游业发展的长期联合影响往往不容易确定。西部大开发是中国实施的一项大规模区域政策。我国的实证研究结论对其他发展中国家具有良好的外部有效性。发展中国家工业化、城镇化进程中可能出现区域发展不平衡、空间资源配置不当等问题。中国的经验表明,旅游业可以为解决这些问题的区域政策提供有效的产业支持。

参考文献

第一章 参考文献

[1]曹芳东,黄震方,吴江,等.城市旅游竞争潜力时空格局演化及其结构合理性评价——以长江三角洲地区为例[J].地理科学,2012,32(8):944—950.

[2]邓涛涛,赵磊,马木兰.长三角高速铁路网对城市旅游业发展的影响研究[J].经济管理,2016,38(1):137—146.

[3]邓祖涛,尹贻梅.我国旅游资源、区位和入境旅游收入的空间错位分析[J].旅游科学,2009,23(3):6—10.

[4]丁菊红,王永钦,邓可斌.中国经济发展存在"资源之咒"吗[J].世界经济,2007,(9):38—46.

[5]方法林.江苏旅游"资源诅咒"现象实证研究[J].北京第二外国语学院学报,2012,(5):27—34.

[6]方法林.基于旅游资源优势度视角的江苏旅游经济发展研究[J].特区经济,2012,(6):122—126.

[7]方叶林,黄震方,胡小海.安徽省旅游资源错位现象及相对效率评价[J].华东经济管理,2013,27(6):27—31.

[8]方叶林,黄震方,张宏,彭倩,陆玮婷.省域旅游发展的错位现象及旅游资源相对效率评价——以中国大陆31省市区2000—2009年面板数据为例[J].自然资源学报,2013,28(10):1754—1764.

[9]方颖,纪衍,赵扬.中国是否存在"资源诅咒"[J].世界经济,2011(4):144—160.

[10]韩春鲜.基于旅游资源优势度差异的新疆旅游经济发展空间分析[J].经济地理,2009,29(5):871—875.

[11]何雄浪,江泽林.自然资源禀赋与经济增长:资源诅咒还是资源福音?——基于劳动力结构的一个理论与实证分析框架[J].财经研究,2016,42(12):27—38.

[12]何昭丽,孙慧.西部民族地区旅游专业化对经济是祝福还是诅咒?[J].广西民族研究,2015(1):160—166.

[13]胡援成,肖德勇.经济发展门槛与自然资源诅咒——基于我国省际层面的面

板数据实证研究[J].管理世界,2007(4):15—23.

[14]李连璞.区域旅游发展"同步—错位"诊断及差异分析——基于中国31省(区、直辖市)国内旅游统计数据[J].人文地理,2008,23(2):87—90.

[15]廖淑凤,郭为.旅游有效供给与供给侧改革原因与路径[J].旅游论坛,2016,9(6):10—16.

[16]刘长生.一般均衡视角的旅游产业福利效应研究——基于中国四个世界双遗产旅游地的面板数据分析[J].旅游科学,2011,25(4):36—48.

[17]刘红梅,李国军,王克强.中国农业虚拟水"资源诅咒"效应检验:基于省际面板数据的实证研究[J].管理世界,2009(9):69—79.

[18]刘家明.国内外海岛旅游开发研究[J].华中师范大学学报(自然科学版),2000,34(3):349—352.

[19]邵帅,范美婷,杨莉莉.资源产业依赖如何影响经济发展效率?——有条件资源诅咒假说的检验及解释[J].管理世界,2013,(2):32—63.

[20]邵帅,杨莉莉.自然资源丰裕、资源产业依赖与中国区域经济增长[J].管理世界,2010,(9):26—44.

[21]孙根年,张毓,薛佳.资源—区位—贸易三大因素对日本游客入境旅游目的地选择的影响[J].地理研究,2011,30(6):1032—1043.

[22]王玉珍.旅游资源禀赋与区域旅游经济发展研究:基于山西的实证分析[J].生态经济,2010(8):41—45.

[23]魏敏.旅游资源依赖型城市形成与发展模式研究[J].财贸研究,2010(3):33—38.

[24]徐红罡.资源型旅游地增长极限的理论模型[J].中国人口·资源与环境,2006,16(5):35—40.

[25]徐康宁,王剑.自然资源丰裕程度与经济发展水平关系的研究[J].经济研究,2006(1):78—89.

[26]杨勇.旅游资源与旅游业发展关系研究[J].经济与管理研究,2008(7):22—27.

[27]张菲菲,刘刚,沈镭.中国区域经济与资源丰度相关性研究[J].中国人口·资源与环境,2007,17(4):19—24.

[28]张广海,高俊.供给侧改革背景下旅游经济动力系统构建研究[J].青岛职业技术学院学报,2016,29(6):74—79.

[29]钟伟.旅游业扩张对旅游城市经济影响的均衡分析:一个理论模型[J].现代城市研究,2016(8):106—111.

[30]朱希伟,曾道智.旅游资源、工业集聚与资源诅咒[J].世界经济,2009(5):65—72.

[31]左冰.中国旅游经济增长因素及其贡献度分析[J].商业经济与管理,2011,

240(10):82—90.

[32]左冰. 旅游能打破资源诅咒吗?——基于中国 31 个省(市、区)的比较研究[J]. 商业经济与管理,2013,259(5):60—69.

[33]左冰. 去工业化:旅游发展对桂林工业部门的影响研究[J]. 旅游科学,2015,29(1):25—39.

[34]Andrew B P. Tourism and the Economic Development of Cornwall[J]. *Annals of Tourism Research*,1997,24(3):721—735.

[35] Arezki R, Ploeg F V. Can the Natural Resource Curse be Turned into a Bleesing? The Role of Trade Policies and Institutions[Z]. *IMF Working Paper*, 2007.

[36] Auty R M. Sustaining Development in Mineral Economies: The Resource Curse Thesis[M]. *London Routledge*,1993.

[37]Capó J, Font A R, Nadal J R. Dutch Disease in Tourism Economies: Evidence from the Balearics and the Canary Islands[J]. *Journal of Sustainable Tourism*,2007, 15(6):615—627.

[38]Chao C C, Hazari B R, Sgro P M. Tourism, Globalization, Social Externalities, and Domestic Welfare[J]. *Research in International Business and Finance*,2004, 18(2):141—149.

[39]Clarke H R, Ng Y K. Tourism, Economic and Efficient Pricing[J]. *Annals of Tourism Research*,1993(20):613—632.

[40] Clarke H R, Ng Y K. Non-Traded Goods and the Welfare Gains from Tourism: Comment[J]. *International Review of Economics and Finance*,1995,4(3):305—309.

[41]Copeland B R. Tourism, Welfare and De-industrialization in a Small Open Economy[J]. *Economica*,1991,58(232):515—529.

[42]Corden W M, Neary J P. Booming Sector and De-industrialization in a Small Open Economy[J]. *The Economic Journal*,1982,92(368):825—848.

[43]Deng T T, Ma M L, Cao J H. Tourism Resource Development and Long-term Economic Growth: A Resource Curse Hypothesis Approach[J]. *Tourism Economics*,2014,20(5):923—938.

[44]Ding N, Field B C. Natural Resource Abundance and Economic Growth[J]. *Land Economics*,2008,81(4):496—502.

[45]Divisekera S. Economics of Tourist's Consumption Behavior: Some Evidence from Australia[J]. *Tourism Management*,2010,31(5):629—636.

[46]Durbarry R. The Economic Contribution of Tourism of Tourism in Mauritius [J]. *Annals of Tourism Research*,2002,29(3):862—865.

[47] Giannoni S. Tourism, Growth and Resident's Welfare with Pollution[J]. *Tourism and Hospitality Research*, 2009, 9(1): 50—60.

[48] Gylfason T. Natural Resources, Education and Economix Growth[J]. *European Economic Review*, 2001, 45(4—6): 847—859.

[49] Gylfason T, Herbertson T T, Zoega G A. Mixed Blessing: Natural Resources and Economic Growth[J]. *Macroeconomic Dynamics*, 1999(3): 204—225.

[50] Gylfason T, Zoega G. Natural Resources and Economical Growth: The Role of Investment[Z]. *Discussion Paper*, 2001, No. 2743.

[51] Hazari B R, A-NG. An Analysis of Tourists' Consumption of Non-traded Goods and Services on the Welfare of the Domestic Consumers[J]. *International Review of Economics and Finance*, 1993, 2(1): 43—58.

[52] Hazari B R, Kaur C. Tourism and Welfare in the Presence of Pure Monopoly in the Non-Traded Goods Sector[J]. *International Review of Economics and Finance*, 1995, 4(2): 171—177.

[53] Hebertson T T, Skuladottir M G, Zoega G. Three Symptoms and a Contribution to the Economics of the Dutch Disease[Z]. *Discussion Paper*, 2000, No. 2364.

[54] Henry E W, Deane B. The Contribution of Tourism to the Economy of Ireland in 1990 and 1995[J]. *Tourism Management*, 1997, 18(8): 535—553.

[55] Hodler R. The Curse of Natural Resources in Fractionalized Countries[J]. *European Economic Review*, 2006, 50(6): 1367—1386.

[56] Holzner M. Tourism and Economic Development: The Beach Disease? [J]. *Tourism Management*, 2011, 32(4): 922—933.

[57] Isbam J, Woolcock M, Pritchett L, Busby G. The Varieties of Resource Experience: Natural Resource Export Structures and the Political Economy of Economic Growth[J]. *World Bank Economic Review*, 2005, 19(2): 141—174.

[58] Ishikawa N, Fukushike M. Impacts of Tourism and Fiscal Expenditure to Remote Island: the Case of the Amami Island in Japan[J]. *Applied Economics Letter*, 2007, 14(9): 661—666.

[59] Katircioglu, Salih T. Revisiting the Tourism-Led-Growth Hypothesis for Turkey Using the Bounds Test and Johansen Approach for Cointegration[J]. *Tourism Management*, 2009, 30(1): 17—20.

[60] Law C M. Urban Tourism and Its Contribution to Economic Regeneration [J]. *Urban Studies*, 1992, 29(3—4): 559—618.

[61] Maconachie R, Binns T. Beyond the Resource Curse? Diamond Mining, Development and Post-conflict Reconstruction in Sierra Leone[J]. *Resources Policy*, 2007, 32(3): 104—115.

[62]Mehrara M. Reconsidering the Resource Curse in 11 Oil-exporting Countries [J]. *Energy Policy*,2009,37(3):1165—1169.

[63]Mikesell R. Explaining the Resource Curse with Special Reference to Mineral-exporting Countries[J]. *Resource Policy*,1997,23(4):191—199.

[64]Murshed S M. When Does Natural Resource Abundance Lead to a Resource Curse? [Z]. *Environment Economics Programme Discussion Paper*,2004.

[65]Nowak J J,Sahli M,Sgro P M. Tourism,Trade and Domestic Welfare[J]. *Pacific Economic Review*,2003,8(3):245—258.

[66]Oh C O. The Contribution of Tourism Development to Economic Growth in the Korean Economy[J]. *Tourism Management*,2005,26(1):39—44.

[67]Papyrakis E,Gerlagh R. The Resource Curse Hypothesis and Its Transmission Channels[J]. *Journal of Comparative Economics*,2004,32(1):181—193.

[68]Po W C,Huang B N. Tourism Development and Economic Growth—A Nonlinear Approach[J]. *Physica*,2008,387(22):5535—5542.

[69]Robinson J A,Torvik R,Verdie T. Political Foundations of the Resource Curse[J]. *Journal of Development Economics*,2006,79(2):447—468.

[70]Ross M L. Does Oil Hinder Democracy? [J]. *World Politics*,2001,53(3):325—361.

[71]Sachs J D,Warner A M. Natural Resources Abundance and Economic Growth[Z]. *NBER Working Paper*,1995,No. 5398.

[72]Sachs J D,Warner A M. The Curse of Natural Resource[J]. *European Economic Review*,2001,45(4—6):827—838.

[73]Sheng L. Taxing Tourism and Subsidizing Non-Tourism:A Welfare-Enhancing Solution to "Dutch Disease"? [J]. *Tourism Management*,2011,32(5):1223—1228.

[74]Sheng L. Specialisation Versus Diversification:A Simple Model for Tourist Cities[J]. *Tourism Management*,2011,32(5):1229—1231.

[75]Sala-I-Martin X,Subramanian A. Addressing the Natural Resource Curse:An Illustration from Nigeria[Z]. *NBER Working Paper*,2003,No. 9804.

[76]Wantchenkon L. Why Do Resource Abundant Countries Have Authoritarian Governments? [Z]. *Yale University Leitner Center Working Paper*,1999.

[77]Wen M,King S P. Push or Pull? The Relationship between Development, Trade and Primary Resource Endowment[J]. *Journal of Economic Behavior and Organization*,2004,53(4):569—591.

[78]YangY,Fik T. Spatial Effects in Regional Tourism Growth[J]. *Annals of Tourism Research*,2014(3):144—162.

[79] Zhang X B, Xing L, Luo X P. Resource Abundance and Regional Development in China[J]. *Economics of Transition*, 2008, 16(1): 7－29.

第二章 参考文献

[1] Copeland B. R. Tourism, Welfare and De-industrialization in a Small Open Economy[J]. *Economica*, 1991, 58, 515－529.

[2] Deng T T, Ma M L, Cao J H. Tourism Resource Development and Long-term Economic Growth —A Resource Curse Hypothesis Approach[J]. *Tourism Economics*, 2014, 20(5), 923－938.

[3] Holzner M. Tourism and Economic Development: The Beach Disease? [J]. *Tourism Management*, 2011(32): 922－933.

[4] Nowak J J, Sahli M. Coastal Tourism and Dutch Disease in a Small Island Economy[J]. *Tourism Economics*, 2007, 13(1): 49－65.

[5] Papyrakis E, Gerlagh R. Resource Abundance and Economic Growth in the United States[J]. *European Economic Review*, 2007(51): 1011－1039.

[6] Papyrakis E, Gerlagh R. The Resource Curse Hypothesis and Its Transmission Channels[J]. *Journal of Comparative Economics*, 2004(32): 181－193.

[7] Sachs J D, Warner A M. The Curse of Natural Resources[J]. *European Economic Review*, 2001, 45(4): 827－838.

[8] Sachs J D, Warner A M. Natural Resource Abundance and Economic Growth[Z]. *NBER Working Paper Series*, 1995: 1－47.

第三章 参考文献

[1] 邓涛涛, 王丹丹, 刘璧如. "资源诅咒"理论在旅游经济研究中的应用: 综述与启示[J]. 旅游学刊, 2017(11): 60－68.

[2] 邓明, 魏后凯. 自然资源禀赋与中国地方政府行为[J]. 经济学动态, 2016(1): 15－31.

[3] 范言慧, 席丹, 殷琳. 繁荣与衰落: 中国房地产业扩张与"荷兰病"[J]. 世界经济, 2013(11): 27－50.

[4] 何雄浪, 姜泽林. 自然资源禀赋与经济增长: 资源诅咒还是资源福音？——基于劳动力结构的一个理论与实证分析框架[J]. 财经研究, 2016(12): 27－38.

[5] 罗文斌, 徐飞雄, 贺小荣. 旅游发展与经济增长第三产业增长动态关系——基于中国 1978—2008 年数据的实证检验[J]. 旅游学刊, 2012(10): 20－26.

[6] 刘红梅, 李国军, 王克强. 中国农业虚拟水"资源诅咒"效应检验: 基于省际面板数据的实证研究[J]. 管理世界, 2009(9): 69－79.

[7] 邵帅, 齐中英. 西部地区的能源开发与经济增长——基于"资源诅咒"假说的

实证分析[J].经济研究,2008(1):147-160.

[8]邵帅,杨莉莉.自然资源丰裕、资源产业依赖与中国区域经济增长[J].管理世界,2010(9):26-44.

[9]隋建利,刘碧莹.中国旅游发展与宏观经济增长的非线性时变因果关系——基于非线性马尔科夫区制转移因果模型[J].经济管理,2017(8):24-41.

[10]徐康宁,王剑.自然资源丰裕程度与经济发展水平关系的研究[J].经济研究,2006(1):78-89.

[11]万建香,汪寿阳.社会资本与技术创新能否打破资源诅咒?——基于面板门槛效应的研究[J].经济研究,2016(12):76-89.

[12]吴玉鸣.旅游经济增长及其溢出效应的空间面板计量经济分析[J].旅游学刊,2014(2):16-24.

[13]杨勇.旅游业与我国经济增长关系的实证分析[J].旅游科学,2006(2):40-46.

[14]杨莉莉,邵帅.人力资本流动与资源诅咒效应:如何实现资源型区域的可持续增长[J].财经研究,2014(11):44-60.

[15]张攀,杨进,周星.中国旅游业发展与区域经济增长——254个地级市的面板数据[J].经济管理,2014(6):116-126.

[16]张在旭,薛雅伟,郝增亮.中国油气资源城市"资源诅咒"效应实证[J].中国人口·资源与环境,2015(10):79-86.

[17]张志刚.耕地资源与经济增长之间的关系研究——基于"资源诅咒"假说的实证检验[J].农业技术经济,2018(6):127-135.

[18]赵磊.旅游发展与经济增长——来自中国的经验证据[J].旅游学刊,2015(4):33-49.

[19]赵磊.中国旅游全要素生产率差异与收敛实证研究[J].旅游学刊,2013(11):12-23.

[20]赵磊.国外旅游发展促进经济增长假说(TLGH)研究综述[J].旅游科学,2012(4):77-95.

[21]赵磊,方成.旅游业与经济增长的非线性门槛效应——基于面板平滑转换回归模型的实证分析[J].旅游学刊,2017(4):20-32.

[22]朱希伟,曾道智.旅游资源、制造业集聚与资源诅咒[J].世界经济,2009(5):65-72.

[23]左冰.旅游能打破资源诅咒吗?——基于中国31个省(市、区)的比较研究[J].商业经济与管理,2013(5):60-69.

[24]左冰.去制造业化:旅游发展对桂林制造业部门的影响研究[J].旅游科学,2015(1):25-39.

[25]Brau R,Lanza A,Pigliaru F. How Fast are Small Tourism Countries Grow-

ing? Evidence from the Data for 1980—2003[J]. *Tourism Economics*, 2007, 13(4): 603—613.

[26]Brida J G, Cortesjimenez I, Pulina J. Has the Tourism-led Growth Hypothesis been Validated? A Literature Review[J]. *Current Issues in Tourism*, 2016, 19(5): 394—430.

[27]Capo J, Font A R, Nadal J R. Dutch Disease in Tourism Economies: Evidence from the Balearics and the Canary Islands[J]. *Journal of Sustainable Tourism*, 2007, 15(6): 615—627.

[28]Castro-Nuno M, Molina-Toucedo J A, Pablo-Romero M P. Tourism and GDP: A Meta-analysis of Panel Data Studies[J]. *Journal of Travel Research*, 2013, 52 (6): 745—758.

[29]Chao C C, Hazari B R, Sgro P M. Tourism, Globalization, Social Externalities, and Domestic Welfare[J]. *Research in International Business and Finance*, 2004, 18(2): 141—149.

[30]Chang C L, Khmkaew T, Macaleer M. IV Estimation of A Panel Threshold Model of Tourism Specialization and Economic Development[J]. *Tourism Economics*, 2012, 18(1): 5—41.

[31]Copeland B R. Tourism, Welfare and De-industrialization in a Small Open Economy[J]. *Economica*, 1991, 58(232): 515—529.

[32]Deng T T, Ma M L, Cao J H. Tourism Resource Development and Long-term Economic Growth—A Resource Curse Hypothesis Approach[J]. *Tourism Economics*, 2014, 20 (5): 923—938.

[33]Kim H J, Chen M H, Jang S C. Tourism Expansion and Economic Development: The Case of Taiwan[J]. *Tourism Management*, 2006, 27(5): 925—933.

[34]Gylfason T, Herbertson T T, Zoega G A. Mixed Blessing: Natural Resources and Economic Growth[J]. *Macroeconomic Dynamics*, 1999(3): 204—225.

[35]Holzner M. Tourism and Economic Development: The Beach Disease? [J]. *Tourism Management*, 2011, 32(4): 922—933.

[36]Katircioglu S T, Salih T. Revisiting the Tourism-led-growth Hypothesis for Turkey using the Bounds Test and Johansen Approach for Cointegration[J]. *Tourism Management*, 2009, 30(1): 17—20.

[37]Kurtz M J, Brooks S M. Conditioning the "Resource Curse": Globalization, Human Capital and Growth in Oil-Rich Nations[J]. *Comparative Political Studies*, 2011, 44(6): 747—770.

[38]Nowak J J, Sahli M, Sgro P M. Tourism, Trade and Domestic Welfare[J]. *Pacific Economic Review*, 2003, 8(3): 245—258.

[39]Oh C O. The Contribution of Tourism Development to Economic Growth in the Korean Economy[J]. *Tourism Management*,2005,26(1):39—44.

[40]Papyrakis E, Gerlagh R, 2004. The Resource Curse Hypothesis and Its Transmission Channels[J]. *Journal of Comparative Economics*,32(1):181—193.

[41]Papyrakis E, Gerlagh R. Resource Abundance and Economic Growth in the United States[J]. *European Economic Review*,2007(51):1011—1039.

[42]Sachs J D, Warner A M. The Curse of Natural Resource[J]. *European Economic Review*,2001,45(4—6):827—838.

[43]Shahzad S J H, Shahbaz M, Ferrer R. Tourism-led Growth Hypothesis in the Top Ten Tourist Destinations: New Evidence Using the Quantile-on-quantile Approach[J]. *Tourism Management*,2017(60):223—232.

[44]Sheng L, Tsui Y M. Taxing Tourism: Enhancing or Reducing Welfare?[J]. *Journal of Sustainable Tourism*,2009,17(5):627—635.

[45]Song H Y, Dwyer L, Li G. Tourism Economics Research: A Review and Assessment[J]. *Annals of Tourism Research*,2012,39(3):1653—1682.

[46]Schubert S, Brida J, Risso W. The Impacts of International Tourism Demand on Economic Growth of Small Economics Dependent on Tourism[J]. *Tourism Management*,2011(3):377—385.

[47]Vita G D, Kyaw K S. Tourism Specialization, Absorptive Capacity and Economic Growth[J]. *Journal of Travel Research*,2016,56(4):423—435.

[48]Zuo B, Huang S. Revisiting the Tourism-led Economic Growth Hypothesis: The Case of China[J]. *Journal of Travel Research*,2017(1):1—13.

[49]Zeng D Z, Zhu X W. Tourism and Industrial Agglomeration[J]. *Japanese Economic Review*,2011,62(4):537—561.

第四章　参考文献

[1]Chen, C L. Reshaping Chinese Space-Economy through High-Speed Trains: Opportunities and Challenges[J]. *Journal of Transport Geography*,2012(3):312—316.

[2]Garmendia M, Ureña J M, Coronado J M. Long-distance Trips in a Sparsely Populated Region: The Impact of High-Speed Infrastructures[J]. *Journal of Transport Geography*,2011(4):537—551.

[3]Givoni M. Development and Impact of the Modern High Speed Train: A Review[J]. *Transport Reviews*,2006(5):593—611.

[4]Gutiérrez J. Location, Economic Potential and Daily Accessibility: An Analysis of the Accessibility Impact of the High-Speed Line Madrid-Barcelona-French Border

[J]. *Journal of Transport Geography*, 2001(9):229-242.

[5] Masson S, Petiot R. Can the High Speed Rail Reinforce Tourism Attractiveness? The Case of the High Speed Rail between Perpignan (France) and Barcelona (Spain)[J]. *Technovation*, 2009, 29(9):611-617.

[6] Pagliara F, Pietra A, Gomez J, Vassallo J. M., High Speed Rail and the Tourism Market: Evidence from the Madrid Case Study[J]. *Transport Policy*, 2015(1):187-194.

[7] Yang Y, Fik T. Spatial Effects in Regional Tourism Growth[J]. *Annals of Tourism Research*, 2014(3):144-162.

[8]蔡卫民,熊翠.高铁发展对湖南省温泉旅游格局的影响研究[J].热带地理,2011(3):328-333.

[9]崔保健,张辉,黄雪莹.高铁背景下城市群旅游空间结构转型研究[J].华东经济管理,2014(11):68-72.

[10]黄爱莲.高速铁路对区域旅游发展的影响研究——以武广高铁为例[J].华东经济管理,2011(10):47-49.

[11]冯长春,丰学兵,刘思君.高速铁路对中国省际可达性的影响[J].地理科学进展,2013(8):1187-1194.

[12]葛全胜,席建超.新常态下中国区域旅游发展战略若干思考[J].地理科学进展,2015(7):793-799.

[13]蒋海兵,刘建国,蒋金亮.高速铁路影响下的全国旅游景点可达性研究[J].旅游学刊,2014(7):58-67.

[14]孙根年,张毓,薛佳.资源—区位—贸易三大因素对日本游客入境旅游目的地选择的影响[J].地理研究,2011(6):1032-1043.

[15]汪德根,章鋆.高速铁路对长三角地区都市圈可达性影响[J].经济地理,2015(2):1032-1044.

[16]汪德根.京沪高铁对主要站点旅游流时空分布影响[J].旅游学刊,2014(1):54-61.

[17]汪德根,陈田,李立,章鋆.国外高速铁路对旅游影响研究及启示[J].地理科学,2012(3):322-327.

[18]王缉宪,林辰辉.高速铁路对城市空间演变的影响:基于中国特征的分析思路[J].国际城市规划,2011(1):16-24.

[19]王姣娥,丁金学.高速铁路对中国城市空间结构的影响研究[J].国际城市规划,2011(6):638-647.

[20]魏小安,金准."高速时代"的中国旅游业发展[J].旅游学刊,2012(12):40-46.

[21]殷平.高速铁路与区域旅游新格局构建——以郑西高铁为例[J].旅游学刊,

2012a(12):47—54.

[22]殷平.高速铁路与旅游业:成果评述与经验启示[J].旅游学刊,2012b(6):33—40.

[23]张岳军,张宁.高速铁路对沿线城市旅游的影响效应与作用机制研究[J].铁道运输与经济,2013(9):36—43.

[24]周杨.高速铁路沿线旅游目的地协同发展及其实现路径研究[J].经济管理,2013(3):119—129.

第五章 参考文献

[1]Albalate D, Campos J, Jiménez J L. Tourism and High Speed Rail in Spain: Does the AVE Increase Local Visitors? [J]. *Annals of Tourism Research*, 2017(65): 71—82.

[2]Albalate D, Fageda X. High Speed Rail and Tourism: Empirical Evidence from Spain[J]. *Transportation Research Part A: Policy and Practice*, 2016(85): 174—185.

[3]Baum-snow N. Did Highways Cause Suburbanization? [J]. *Quarterly Journal of Economics*, 2007, 122(2): 775—805.

[4]Beck T, Levine R, Levkov A. Big Bad Banks? The Winners and Losers from Bank Deregulation in the United States[J]. *The Journal of Finance*, 2010, 65(5): 1637—1667.

[5]Campa J L, López-Lambas M E, Guirao B. High Speed Rail Effects on Tourism: Spanish Empirical Evidence Derived from China's Modelling Experience[J]. *Journal of Transport Geography*, 2016(57): 44—54.

[6]Campa J L, Pagliara F, López-Lambas M E, Arce A, Guirao, B. Impact of High-Speed Rail on Cultural Tourism Development: The Experience of the Spanish Museums and Monuments[J]. *Sustainability*, 2019, 11(20): 5845.

[7]Cartenì A, Pariota L, Henke I. Hedonic Value of High-speed Rail Services: Quantitative Analysis of the Students' Domestic Tourist Attractiveness of the Main Italian Cities[J]. *Transportation Research Part A Policy & Practice*, 2017(100): 348—365.

[8]Chen C L. Reshaping Chinese Space-economy through High-speed Trains: Opportunities and Challenges[J]. *Journal of Transport Geography*, 2012, 22(3): 312—316.

[9]Chen Z H, Haynes K E. Impact of High-speed Rail on International Tourism Demand in China[J]. *Applied Economics Letters*, 2015, 22(1): 57—60.

[10]Corte V D, Piras A, Zamparelli G. Brand and Image: The Strategic Factors in

Destination Marketing[J]. *International Journal of Leisure and Tourism Marketing*, 2010,1(4):358—377.

[11]Costa T F G, Lohmann G, Oliveira A V. A Model to Identify Airport Hubs and Their Importance to Tourism in Brazil[J]. *Research in Transportation Economics*, 2010(26):3—11.

[12]Deng T T, Wang D D, Yang Y, Yang H. Shrinking Cities in Growing China: Did High Speed Rail Further Aggravate Urban Shrinkage? [J]. *Cities*, 2019(86):210—219.

[13]Diao M, Zhu Y, Zhu J. Intra-city Access to Inter-city Transport Nodes: The Implications of High-speed-rail Station Locations for the Urban Development of Chinese Cities[J]. *Urban Studies*, 2017, 54(10):2249—2267.

[14]Fröidh O. Market Effects of Regional High-speed Trains on the Svealand Line[J]. *Journal of Transport Geography*, 2005, 13(4):352—361.

[15]Galiani S, Gertler P, Schargrodsky E. Water for Life: The Impact of the Privatization of Water Services on Child Mortality[J]. *Journal of Political Economy*, 2005, 113(1):83—120.

[16]Guirao B, Campa J L, López-Lambas M E. The Assessment of the HSR Impacts on Spanish Tourism: An Approach Based on Multivariate Panel Data Analysis [J]. *Transportation Research Procedia*, 2016(18):197—204.

[17]Guirao B, Campa J L. The Effects of Tourism on HSR: Spanish Empirical Evidence Derived from A Multi-criteria Corridor Selection Methodology[J]. *Journal of Transport Geography*, 2015(47):37—46.

[18]Guirao B, Campa J L. Cross Effects between High Speed Rail Lines and Tourism: Looking for Empirical Evidence Using the Spanish Case Study[J]. *Transportation Research Procedia*, 2016(14):392—401.

[19]Guirao B, Soler F. Impacts of the New High Speed Rail Services on Small Tourist Cities: The Case of Toledo (Spain)[J]. *The Sustainable City V. Urban Regeneration and Sustainability*, 2008(117):465—473.

[20]Gutiérrez A, Miravet D, Saladié Ò, Anton Clavé S. Transport Mode Choice by Tourists Transferring from a Peripheral High-Speed Rail Station to Their Destinations: Empirical Evidence from Costa Daurada[J]. *Sustainability*, 2019, 11(11):3200.

[21]Harman R. High Speed Trains and the Development and Regeneration of Cities[J]. *Green Gauge*, 2006(21):5—126.

[22]Harvey J, Thorpe N, Caygill M, Namdeo A. Public Attitudes to and Perceptions of High Speed Rail in the UK[J]. *Transport Policy*, 2014(36):70—78.

[23]Hou X. High-Speed Railway and City Tourism in China: A Quasi-Experi-

mental Study on HSR Operation[J]. *Sustainability*, 2019, 11(6):1512.

[24] Jacobson L S, LaLonde R J, Sullivan D G. Earnings Losses of Displaced Workers[J]. *American Economic Review*, 1993, 83(4):685—709.

[25] Jiang H X, Meng X C. Impact of Railway High-speed on the Urban Spatial Interaction: A Case Study of Beijing-Shanghai Line[J]. *Acta Scientiarum Naturalium Universitatis Pekinensis*, 2016, 53(5):905—912.

[26] Kim H, Sultana S. The Impacts of High-Speed Rail Extensions on Accessibility and Spatial Equity Changes in South Korea from 2004 to 2018[J]. *Journal of Transport Geography*, 2015(45):48—61.

[27] Li H, Wei Y D, Liao F H, Huang, Z. Administrative Hierarchy and Urban Land Expansion in Transitional China[J]. *Applied Geography*, 2015(56):177—186.

[28] Lim C. Review of International Tourism Demand Models[J]. *Annals of Tourism Research*, 1997, 24(4):835—849.

[29] Llorca C, Ji J, Molloy J, Moeckel R. The Usage of Location Based Big Data and Trip Planning Services for the Estimation of A Long-distance Travel Demand Model. Predicting the Impacts of A New High Speed Rail Corridor[J]. *Research in Transportation Economics*, 2018(72):27—36.

[30] Ma L J. Urban Administrative Restructuring, Changing Scale Relations and Local Economic Development in China[J]. *Political Geography*, 2005, 24(4):477—497.

[31] Masson S, Petiot R. Can the High-speed Rail Reinforce Tourism Attractiveness? The Case of the High-speed Rail between Perpignan (France) and Barcelona (Spain)[J]. *Technovation*, 2009, 29(9):611—617.

[32] Pagliara F, La Pietra A, Gomez J, Manuel V, J. High Speed Rail and the Tourism Market: Evidence from the Madrid Case Study[J]. *Transport Policy*, 2015(37):187—194.

[33] Pagliara F, Mauriello F, Russo L. A Regression Tree Approach for Investigating the Impact of High Speed Rail on Tourists' Choices[J]. *Sustainability*, 2020, 12(3):910—925.

[34] Pels E. A note on airline alliances[J]. *Journal of Air Transport Management*, 2001, 7(1):3—7.

[35] Wang D, Qian J, Chen T, Zhao M, Zhang Y. Influence of the High-Speed Rail on the Spatial Pattern of Regional Tourism-Taken Beijing-Shanghai High-Speed Rail of China as Example[J]. *Asia Pacific Journal of Tourism Research*, 2014, 19(8):890—912.

[36] Tanaka S. Environmental Regulations on Air Pollution in China and Their

Impact on Infant Mortality[J]. *Journal of Health Economics*,2015(42):90—103.

[37]Yan Y,Zhang H,Ye B. Assessing the Impacts of the High-Speed Train on Domestic Tourism[J]. *Tourism Economics*,2014,20(1):157—169.

[38]Yin P,Pagliara F,Wilson A. How Does High-Speed Rail Affect Tourism? A Case Study of the Capital Region of China[J]. *Sustainability*,2019,11(2):472—485.

第六章 参考文献

[1]Albalate D,Fageda X. High Speed Rail and Tourism:Empirical Evidence from Spain[J]. *Transportation Research Part A:Policy and Practice*,2016(85):174—185.

[2]Ashrafi A,Seow H,Lee L S,Lee C G. The Efficiency of the Hotel Industry in Singapore[J]. *Tourism Management*,2013(37):31—34.

[3]Aydin N,Birbil S I. Decomposition Methods for Dynamic Room Allocation in Hotel Revenue Management[J]. *European Journal of Operational Research*,2018,271(1):179—192.

[4]Balaguer J,Pernías J C. Relationship between Spatial Agglomeration and Hotel Prices. Evidence from Business and Tourism Consumers[J]. *Tourism Management*,2013(36):391—400.

[5]Brien A,Thomas N J,Brown E A. How Hotel Employee Job-identity Impacts the Hotel industry:The Uncomfortable Truth[J]. *Journal of Hospitality and Tourism Management*,2017(31):235—243.

[6]Campa J L,Arce R,López-Lambas M E,Guirao B. Can HSR Improve the Mobility of International Tourists Visiting Spain? Territorial Evidence Derived from the Spanish Experience[J]. *Journal of Transport Geography*,2018(73):94—107.

[7]Campa J L,López-Lambas M E,Guirao B. High Speed Rail Effects on Tourism:Spanish Empirical Evidence Derived from China's Modelling Experience[J]. *Journal of Transport Geography*,2016(57):44—54.

[8]Chen L. Hotel Chain Affiliation as An Environmental Performance Strategy for Luxury Hotels[J]. *International Journal of Hospitality Management*,2019(77):1—6.

[9]Diao M. Does Growth Follow the Rail? The Potential Impact of High-speed Rail on the Economic Geography of China[J]. *Transportation Research Part A:Policy and Practice*,2018(113):279—290.

[10]Diao M,Zhu Y,Zhu J. Intra-city Access to Inter-city Transport Nodes:The Implications of High-Speed-Rail Station Locations for the Urban Development of Chinese Cities[J]. *Urban Studies*,2017,54(10):2249—2267.

[11] Fang L, Li H, Li M. Does Hotel Location Tell a True Story? Evidence from Geographically Weighted Regression Analysis of Hotels in Hong Kong[J]. *Tourism Management*, 2019(72): 78—91.

[12] Fröidh O. Market Effects of Regional High-Speed Trains on the Sveland Line[J]. *Journal of Transport Geography*, 2005, 13(4): 352—361.

[13] Gao Y, Su W, Wang K N. Does High-speed Rail Boost Tourism Growth? New Evidence from China[J]. *Tourism Management*, 2019(72): 220—231.

[14] Gu H M, Ryan C, Yu L. The Changing Structure of the Chinese Hotel Industry: 1980—2012[J]. *Tourism Management Perspectives*, 2012(4): 56—63.

[15] Gutiérrez J, García-Palomares J C, Romanillos G, Salas-Olmedo M. H. The Eruption of Airbnb in Tourist Cities: Comparing Spatial Patterns of Hotels and peer-to-peer accommodation in Barcelona[J]. *Tourism Management*, 2017(62): 278—291.

[16] Hernández-Perlines F, Ariza-Montes A, Han H, Law R. Innovative Capacity, Quality Certification and Performance in the Hotel Sector[J]. *International Journal of Hospitality Management*, 2019(82): 220—230.

[17] Huang K, Wang J C, Wang Y. Analysis and Benchmarking of Greenhouse Gas Emissions of Luxury Hotels[J]. *International Journal of Hospitality Management*, 2015(51): 56—66.

[18] Huang Y H, Mesak H I, Hsu M K, Qu H. L. Dynamic Efficiency Assessment of the Chinese Hotel Industry[J]. *Journal of Business Research*, 2012(65): 59—67.

[19] Ivanov S, Stavrinoudis T A. Impacts of the Refugee Crisis on the Hotel Industry: Evidence from Four Greek Islands[J]. *Tourism Management*, 2018(67): 214—223.

[20] Jiang H X, Meng X C. Impact of Railway High-Speed on the Urban Spatial Interaction: A Case Study of Beijing-Shanghai Line[J]. *Acta Scientiarum Naturalium Universitatis Pekinensis*, 2017(5): 905—912.

[21] Jones J, Cloquet C, Adam A, Decuyper A, Thomas, I. Belgium through the Lens of Rail Travel Requests: Does Geography Still Matter? [J]. *International Journal of Geo-Information*, 2016(11): 216.

[22] Kele A T, Mohsin A, Lengler J. How Willing/unwilling are Luxury Hotels' Staff to be Empowered? A Case of East Malaysia[J]. *Tourism Management Perspectives*, 201(22): 44—53.

[23] Lei S S, Nicolau J L, Wang D. The Impact of Distribution Channels on Budget Hotel Performance[J]. *International Journal of Hospitality Management*, 2019(81): 141—149.

[24] Lei W S, Lam C C. Determinants of Hotel Occupancy Rate in A Chinese Gaming Destination[J]. *Journal of Hospitality and Tourism Management*, 2015(22): 1−9.

[25] Li M, Fang L, Huang X, Goh C. A Spatial-temporal Analysis of Hotels in Urban Tourism Destination[J]. *International Journal of Hospitality Management*, 2015(45): 34−43.

[26] Mao Z E, Yang Y. FDI spillovers in the Chinese Hotel Industry: The Role of Geographic Regions, Star-rating Classifications, Ownership Types, and Foreign Capital Origins[J]. *Tourism Management*, 2016(54): 1−12.

[27] Martínez S H S, Givoni M. The Accessibility Impact of A New High-Speed Rail Line in the UK-A Preliminary Analysis of Winners and Losers[J]. *Journal of Transport Geography*, 2012(25): 105−114.

[28] Masson S, Petiot R. Can the High Speed Rail Reinforce Tourism Attractiveness? The Case of the High Speed Rail between Perpignan (France) and Barcelona (Spain)[J]. *Technovation*, 2009, 29(9): 611−617.

[29] Melis G, Piga C A. Are All Online Hotel Prices Created Dynamic? An Empirical Assessment[J]. *International Journal of Hospitality Management*, 2017(67): 163−173.

[30] Ortega E, López E, Monzón A. Territorial Cohesion Impacts of High-speed Rail at Different Planning Levels[J]. *Journal of Transport Geography*, 2012(24): 130−141.

[31] Pagliara F, Mauriello F, Garofalo A. Exploring the Interdependences between High Speed Rail Systems and Tourism: Some Evidence from Italy[J]. *Transportation Research Part A*, 2017(106): 300−308.

[32] Pagliara F, Pietra A L, Gomez J, Vassallo J. M. High Speed Rail and the Tourism Market: Evidence from the Madrid Case Study[J]. *Transport Policy*, 2015(37): 187−194.

[33] Prideaux B. The Role of the Transport System in Destination Development [J]. *Tourism Management*, 2000, 21(1): 53−63.

[34] Saito T, Takahashi A, Koide N, Ichifuji Y. Application of Online Booking Data to Hotel Revenue Management[J]. *International Journal of Information Management*, 2019(46): 37−53.

[35] Sánchez-Pérez M, Illescas-Manzano M. D, Martínez-Puertas, S. Modeling Hotel Room Pricing: A Multi-country Analysis[J]. *International Journal of Hospitality Management*, 2019(79): 89−99.

[36] Soler I P, Gemar G, Correia M. B, Serra, F. Algarve Hotel Price Determi-

nants: A Hedonic Pricing Model[J]. *Tourism Management*, 2019(70):311—321.

[37]Teng Z, Wu C, Xu Z. New Energy Benchmarking Model for Budget Hotels [J]. *International Journal of Hospitality Management*, 2017(67):62—71.

[38]Walheer B, Zhang L J. Profit Luenberger and Malmquist-Luenberger Indexes for Multi-activity Decision-making Units: The Case of the Star-rated Hotel Industry in China[J]. *Tourism Management*, 2018(69):1—11.

[39]Wang C H, Chen N, Chan S. L. A Gravity Model Integrating High-Speed Rail and Seismic-hazard Mitigation through Land-use Planning: Application to California Development[J]. *Habitat International*, 2017(62):51—61.

[40]Wang D G, Niu Y, Qian J. Evolution and Optimization of China's Urban Tourism Spatial Structure: A High Speed Rail Perspective[J]. *Tourism Management*, 2018(64):218—232.

[41]Wang D, Qian J, Chen T, Zhao M, Zhang, Y. Influence of the High-Speed Rail on the Spatial Pattern of Regional Tourism—Taken Beijing-Shanghai High-Speed Rail of China as Example[J]. *Asia Pacific Journal of Tourism Research*, 2014, 19(8):890—912.

[42]Wang J, Li Y J, Lv L, Hu J, Zhang X. Hotel Competitiveness Evaluation and Spatial Pattern Based on Internet Data: A Case Study of High-end Hotels of Wuhan Urban Area[J]. *Progress In Geography*, 2018, 37(10):1405—1415.

[43]Wang L, Yuan F, Duan X. How High-speed Rail Service Development Influenced Commercial Land Market Dynamics: A Case Study of Jiangsu Province, China [J]. *Journal of Transport Geography*, 2018(72):248—257.

[44]Woo L, Assaf A G, Josiassen, A, Kock, F. Internationalization and Hotel Performance: Agglomeration-related Moderators[J]. *International Journal of Hospitality Management*, 2019(82):48—58.

[45]Xu X, Zhang L, Baker, T. Harrington, R J, Marlowe, B. Drivers of Degree of Sophistication in Hotel Revenue Management Decision Support Systems[J]. *International Journal of Hospitality Management*, 2019(79):123—139.

[46]Yan L, Han H R, Chen W J, Song J P. Distribution and Influence Factors of Lodging Industry in Beijing City[J]. *Economic Geography*, 2014, 34(1):94—101.

[47]Yang Y, Mao Z X. FDI spillovers in the Chinese Hotel Industry: The Role of Geographic Regions, Star-rating Classifications, Ownership Types, and Foreign Capital Origins[J]. *Tourism Management*, 2016(54):1—12.

[48]Yang Y, Mueller N J, Croes R R. Market Accessibility and Hotel Prices in the Caribbean: The Moderating Effect of Quality-Signaling Factors[J]. *Tourism Management*, 2016(56):40—51.

[49]Yang Z,Cai J. Do Regional Factors Matter? Determinants of Hotel Industry Performance in China[J]. *Tourism Management*,2016(52):242-253.

[50]Yang Z,Xia L,Cheng Z. Performance of Chinese Hotel Segment Markets: Efficiencies Measure based on Both Endogenous and Exogenous Factors[J]. *Journal of Hospitality and Tourism Management*,201(32):12-23.

[51]Yu M. Investment Trends and Management Policies in China's Hotel Industry[J]. *Tourism Tribune*,2015,30(7):13-15.

[52]Zhang S M,Wang X W,Wang S E. Analysis on the Mechanism and Effect of High-speed Railway on the Development of Regional Tourism Industry[J]. *Dongyue Tribune*,2013,34(10):177-180.

[53]Zhang W,Nian P,Lyu,G. A Multimodal Approach to Assessing Accessibility of A High-speed Railway Station[J]. *Journal of Transport Geography*,2016(54):91-101.

第七章 参考文献

[1]陈钢华. 海岛型目的地的旅游渗透度——海南案例及其国际比较[J]. 旅游学刊,2012,27(11):72-80.

[2]陈耀. 坚持旅游规划创新,推进"大旅游"统筹发展[J]. 旅游学刊,2010(3):7-8.

[3]陈林,伍海军. 国内双重差分法的研究现状与潜在问题[J]. 数量经济技术经济研究,2015(7):133-148.

[4]韩斌. 海南国际旅游岛发展战略选择及对策[J]. 海南大学学报:人文社会科学版,2011(3):18-24.

[5]蒋小玉,李永文. 海南省境内旅游流规模分布及其分形特征研究[J]. 海南大学学报:人文社会科学版,2013,31(5):102-107.

[6]李楠,乔榛. 国有企业改制政策效果的实证分析——基于双重差分模型的估计[J]. 数量经济技术经济研究,2010(2):3-21.

[7]刘瑞明,赵仁杰. 西部大开发:增长驱动还是政策陷阱——基于PSM-DID方法的研究[J]. 中国工业经济,2015(6):32-43.

[8]刘俊. 海南居民对国际旅游岛政策影响的感知及态度[J]. 旅游学刊,2011,26(6):21-28.

[9]彭慧玲. 旅游法应体现对海南国际旅游岛建设的支持[J]. 旅游学刊,2011,26(3):10-11.

[10]万绪才,丁敏,徐菲菲. 南京市旅游国际化水平评价及其发展构想[J]. 经济管理,2007(22):84-89.

[11]王孝松,李坤望,包群,谢申祥. 出口退税的政策效果评估:来自中国纺织品

对美出口的经验证据[J].世界经济,2010(4):47—67.

[12]吴刚,易翔.国际旅游岛的功能体系和空间组织研究[J].城市规划,2012(3):45—48.

[13]徐海军,黄震方,侯兵.海岛旅游研究新进展对海南国际旅游岛建设的启示[J].旅游学刊,2011,26(4):36—43.

[14]徐文海,邓颖颖,皮君.基于竞争力评价的旅游目的地形象提升研究——以海南国际旅游岛为例[J].中南财经政法大学学报,2014(3):59—65.

[15]颜麒,吴晨光,叶浩彬.离岛免税政策对海南省旅游需求影响效应实证研究[J].旅游学刊,2013(10):47—51.

[16]杨伟容,陈海鹰.海南"国际旅游岛"空间结构分析与优化[J].旅游研究,2009(4):15—18.

[17]杨振之,郭凌,蔡克信.度假研究引论——为海南国际旅游岛建设提供借鉴[J].旅游学刊,2010(9):12—19.

[18]袁渊,左翔."扩权强县"与经济增长:规模以上工业企业的微观证据[J].世界经济,2011(3):89—108.

[19]周黎安,陈烨.中国农村税费改革的政策效果:基于双重差分模型的估计[J].经济研究,2005(8):44—53.

第八章 参考文献

[1]Alegre J, Mateo S, Pou L. Tourism Participation and expenditure by Spanish households:The effects of the economic crisis and unemployment[J]. *Tourism Management*, 2013(39):37—49.

[2]Ando A, Modigliani F. The life cycle hypothesis of saving:Aggregate implications and tests[J]. *The American economic review*, 1963,53(1):55—84.

[3]Ando A, Modigliani F. The Life Cycle hypothesis of saving:a correction[J]. *TheAmerican Economic Review*, 1964,54(2):111—113.

[4]Bover O. Wealth effects on consumption:micro-econometric estimates from a new survey of household finances[R]. *Banco de España, working paper*, 2006(22):9—34.

[5]Cai L A, Knutson B J. Analyzing domestic tourism demand in China—A behavioral model[J]. *Journal of Hospitality & Leisure Marketing*, 1998,5(2—3):95—113.

[6]Cai L A, Hu B, FengR. Domestic tourism demand in China's urban centres:Empirical analyses and marketing implications[J]. *Journal of Vacation Marketing*, 2002,8(1):64—74.

[7]Carriker G L, Langemeier M R, Schroeder T C, et al. Propensity to consume

farm family disposable income from separate sources[J]. *American Journal of Agricultural Economics*,1993,75(3):739—744.

[8]Chen S C,Shoemaker S. Age and cohort effects:The American senior tourism market[J]. *Annals of Tourism Research*,2014(48):58—75.

[9]Davies S,Easaw J,Ghoshray A. Mental accounting and remittances:a study of rural Malawian households[J]. *Journal of Economic Psychology*,2009,30(3):321—334.

[10]Friedman M. A theory of the consumption function[M]. Princeton University Press,1957.

[11]Gu H,Liu D. The relationship between resident income and domestic tourism in China[J]. *Tourism Recreation Research*,2004,29(2):25—33.

[12]Heath C,O'curry S. Mental accounting and consumer spending[J]. *Advances in Consumer Research*,1994(1):119.

[13]Howard D R,Madrigal R. Who makes the decision:The parent or child? The perceived influence of parents or children on the purchase of recreation services[J]. *Journal of Leisure Research*,1999,22(3):224 —258.

[14]Keynes J M. The general theory of employment[J]. *The Quarterly Journal of Economics*,1937,51(2):209—223.

[15]Kim H B,Park J H,Lee S K,Jang S. Do expectations of future wealth increase outbound tourism? Evidence from Korea[J]. *Tourism Management*,2012,33(5):1141—1147.

[16]Kivetz R. Advances in researches on mental accounting and reason-based choice[J]. *Marketing Letters*,1999 (3):249—266.

[17]Milkman K L,Beshears J. Mental accounting and small windfalls:evidence from an online grocer[J]. *Journal of Economic Behavior & Organization*,2009(2):384—394.

[18]Landerman L R,Land K C,Pieper C F. An empirical evaluation of the predictive mean matching method for imputing missing values[J]. *Sociological Methods & Research*,1997,26(1):3—33.

[19]Lin V S,Mao R,Song H. Tourism expenditure patterns in China[J]. *Annals of Tourism Research*,2015(54):100—117.

[20]Levin L. Are assets fungible? Testing the behavioral theory of life-cycle savings[J]. *Journal of Economic Behavior & Organization*,1998(1):59—83.

[21]Rashidi T H,Koo T T R. An analysis on travel party composition and expenditure:a discrete-continuous model[J]. *Annals of Tourism Research*,2016(56):48—64.

[22] Sand R. The propensity to consume income from different sources and implications for saving: an application Norwegian farm households[R]. *Nord Trondelag research institute, working paper*, 2002: 1—12.

[23] Thaler R H. Anomalies: saving, fungibility, and mental accounts[J]. *Journal of economic perspectives*, 1990, 4(1): 193—205.

[24] Thaler R. Mental accounting and consumer choice[J]. *Marketing science*, 1985, 4(3): 199—214.

[25] Thaler R H. Mental accounting matters[J]. *Journal of Behavioral decision making*, 1999, 12(3): 183—206.

[26] Thonton P R, Shaw G, Williams A M. Tourist group holiday decision-making and behaviour: the influence of children[J]. *Tourism Management*, 1997, 8(5): 287—297.

[27] Shefrin H, Thaler R. The behavioral life-cycle hypothesis[J]. *Economic Inquiry*, 1988(4): 609—643.

[28] Song H, Li G. Tourism demand modelling and forecasting—A review of recent research[J]. *Tourism management*, 2008, 29(2): 203—220.

[29] Sun T, Wu G. Consumption patterns of Chinese urban and rural consumers[J]. *Journal of consumer marketing*, 2004, 21(4): 245—253.

[30] Sun P C, Lee H S, Chen T S. Analysis of the relationship between household life cycle and tourism expenditure in Taiwan: an application of the infrequency of purchase model[J]. *Tourism Economics*, 2015, 21(5): 1015—1033.

[31] Wang Z. Factors that influence the growth of Chinese domestic tourism arrivals (1985—2007): An empirical research based on the VAR model[J]. *Asia Pacific Journal of Tourism Research*, 2010, 15(2): 449—459.

[32] Witt S F, Witt C A. Forecasting tourism demand: A review of empirical research[J]. *International Journal of forecasting*, 1995, 11(3): 447—475.

[33] Yang Y, Liu Z H, Qi Q. Domestic tourism demand of urban and rural residents in China: Does relative income matter?[J]. *Tourism Management*, 2014, 40(1): 193—202.

[34] Yoon Y S, Chung Y H, Pan J H. The segmentation of domestic tourism market by travel expenditure and characteristics[J]. *Korean Journal of Tourism Research*, 2011, 26(4): 417—434.

[35] Yusuf F, Brooks G, Zhao P. *Household consumption in China: an examination of the utility of urban-rural segmentation*[M]. Applied demography in the 21st century. Springer, Dordrecht, 2008: 285—298.

[36] Zheng B, Zhang Y Q. Household expenditures for leisure tourism in the

USA,1996 and 2006[J]. *International Journal of Tourism Research*,2013,15(2):197—208.

[37]刁宗广.中国农村居民旅游消费水平及区域差异研究[J].地理科学,2009,29(2):195—199.

[38]贺京同,霍焰.心理会计、公共福利保障与居民消费[J].财经研究,2007(12):114—127.

[39]李爱梅,凌文辁,方俐洛,肖胜.中国人心理账户的内隐结构[J].心理学报,2007(4):706—714.

[40]庞世明.中国旅游消费函数实证研究——兼与周文丽、李世平商榷[J].旅游学刊,2014,29(3):31—38.

[41]彭大松.个人资源、家庭因素与再婚行为——基于 CFPS2010 数据的分析[J].社会学研究,2015,30(4):118—244.

[42]祁毓.不同来源收入对城乡居民消费的影响——以我国省级面板数据为例[J].农业技术经济,2010(9):45—56.

[43]依绍华,聂新伟.我国农村居民旅游消费与收入关系的实证研究[J].经济学动态,2011(9):83—87.

[44]杨勇.收入来源、结构演变与我国农村居民旅游消费——基于 2000—2010 年省际面板数据的实证检验分析[J].旅游学刊,2015,30(11):19—30.

[45]杨勇.收入与我国农村居民旅游消费——基于来源结构视角的省级面板数据实证研究(2000—2010)[J].经济管理,2014,36(8):117—125.

[46]余凤龙,黄震方,方叶林.中国农村居民旅游消费特征与影响因素分析[J].地理研究,2013,32(8):1565—1576.

[47]张金宝.经济条件、人口特征和风险偏好与城市家庭的旅游消费——基于国内 24 个城市的家庭调查[J].旅游学刊,2014,29(5):31—39.

[48]张云亮,冯珺.中国家庭收入来源差异与旅游消费支出:基于中国家庭金融调查 2011—2015 年数据的分析[J].旅游学刊,2019,34(5):12—25.

[49]周文丽.西部典型区农村居民旅游消费特征及影响因素研究——以甘肃省农村居民为例[J].人文地理,2013,28(3):148—153.

[50]周文丽,李世平.基于凯恩斯消费理论的旅游消费与收入关系实证研究[J].旅游学刊,2010,25(5):33—38.

[51]周少甫,范兆媛.新型城镇化与城乡收入差距对居民消费的影响[J].城市问题,2017(2):29—34.

[52]邹红,喻开志.劳动收入份额、城乡收入差距与中国居民消费[J].经济理论与经济管理,2011(3):45—55.

第九章　参考文献

[1]Akan Y,Arslan I,Isik U C. The Impact of Tourism on Economic Growth:

The Case of Turkey[J]. *Journal of Tourism*,2007,20(5):1—24.

[2]Lanza A,Pigliaru F. Why Are Tourism Countries Small and Fast-Growing? [J]. *Tourism and Sustainable Economic Development*,1999,10(2):57—69.

[3]Audirac,I. Shrinking Cities:An Unfit Term for American Urban Policy? [J]. *Cities*,2018,75(3):12—19.

[4]Balaguer J,Cantavella-Jordá M. Tourism as a Long-Run Economic Growth Factor:The Spanish Case[J]. *Applied Economics*,2002,34(7):877—884.

[5]Bardarova S,Durkalic D,Elenov R. Analysis of Employment in Tourism and Hospitality Sme's: The Case of the Republic of North Macedonia. Challenges of Tourism and Business Logistics in the 21st Centry,2019.

[6]Bartholomae F,Nam C W,Schoenberg A. Urban Shrinkage and Resurgence in Germany[J]. *Urban Studies*,2016,54(12):2701—2718.

[7]Bontje,Marco. Facing the Challenge of Shrinking Cities in East Germany:The Case of Leipzig[J]. *GeoJournal*,2004,61(1):13—21.

[8]Chingarande A,Saayman A. Critical Success Factors for Tourism-Led Growth [J]. *International Journal of Tourism Research*,2018,20(6):800—818.

[9]Choi M J, Heo C Y,Law R. Progress in Shopping Tourism[J]. *Journal of Travel & Tourism Marketing*,2015,33(1):1—24.

[10]Conway M,Konvitz J. Meeting the Challenges of Distressed Urban Areas [J].*Urban Studies*,2000,37(4):749—774.

[11]Deng T,Wang D,Yang Y,Yang H. Shrinking Cities in Growing China:Did High Speed Rail Further Aggravate Urban Shrinkage? [J]. *Cities*,2019,86(3):210—219.

[12]Diamond J. Tourism's Role in Economic Developmen:The Case Reexamined [J]. *Economic Developmentand Cultural Change*,1977,25(3):539—553.

[13]Dimoska T,Nikolovski B,Tuntev Z. Tourism and Small and Medium-Sized Enterprises Impact on the Employment in the Republic of Macedonia and in the Municipality of Ohrid. Horizons[R]. Stephen Wanhill Research Center Bornholm,Denmark,2016.

[14]Divisekera S. Economics of Tourist's Consumption Behaviour:Some Evidence from Australia[J]. *Tourism Management*,2010,31(5):629—636.

[15]Dritsakis N. Tourism as a Long-Run Economic Growth Factor:An Empirical Investigation for Greece Using Causality Analysis[J]. *Tourism Economics*,2004,10(3):305—316.

[16]Endo K. Foreign Direct Investment in Tourism—Flows and Volumes[J]. *Tourism Management*,2006,27(3):600—614.

[17]Faber B,Gaubert C. Tourism and Economic Development: Evidence from Mexico's Coastline[J]. *American Economic Review*,2019,109(6):2245—2293.

[18]Fauzel S. Tourism and Employment Spillovers in a Small Island Developing State:A Dynamic Investigation[J]. *Theoretical Economics Letters*,2016,6(2):138—144.

[19]Fereidouni H,Al-mulali U. The Interaction between Tourism and Fdi in Real Estate in Oecd Countries[J]. *Current Issues in Tourism*,2012,17(2):105—113.

[20]Gal Y,Gal A,Hadas E. Coupling Tourism Development and Agricultural Processes in a Dynamic Environment[J]. *Current Issues in Tourism*,2010,13(3):279—295.

[21]Ging L C. Tourism and Economic Growth:The Case of Singapore[J]. *Regional and Sectoral Economic Studies*,2008,8(1):89—98.

[22]Hartt M. The Diversity of North American Shrinking Cities[J]. *Urban Studies*,2017,55(13):2946—2959.

[23]Hazari B R,Nowak J,Sahli M,Zdravevski D. Tourism and Regional Immiserization[J]. *Pacific Economic Review*,2003,8(3):269—278.

[24]Hospers G. Coping with Shrinkage in Europe's Cities and Towns[J]. *URBAN DESIGN International*,2012,18(1):78—89.

[25]Hospers G. Policy Responses to Urban Shrinkage:From Growth Thinking to Civic Engagement[J]. *European Planning Studies*,2013,22(7):1507—1523.

[26]Ivanov S H,Webste C. Tourism's Contribution to Economic Growth:A Global Analysis for the First Decade of the Millennium[J]. *Tourism Economics*,2013,19(3):477—508.

[27]Joo Y M,Seo B. Dual Policy to Fight Urban Shrinkage:Daegu,South Korea[J]. Cities,2018,73(3):128—137.

[28]Kadiyali V,Kosová R. Inter-Industry Employment Spillovers from Tourism Inflows[J]. *Regional Science and Urban Economics*,2013,43(2):272—281.

[29]Kawai K,Suzuki M,Shimizu C. Shrinkage in Tokyo's Central Business District:Large-Scale Redevelopment in the Spatially Shrinking Office Market[J]. *Sustainability*,2019,11(10):1—17.

[30]Kim K,Uysal M,Joseph M. How Does Tourism in a Community Impact the Quality of Life of Community Residents? [J]. *Tourism Management*,2013,36(3):527—540.

[31]Lee C,Chang C. Tourism Development and Economic Growth:A Closer Look at Panels[J]. *Tourism Management*,2008,29(1):180—192.

[32]Li H,Lo K,Zhang P. Population Shrinkage in Resource-Dependent Cities in

China: Processes, Patterns and Drivers[J]. *Chinese Geographical Science*, 2019a, 30(1): 1—15.

[33]Li H, Mykhnenko V. Urban Shrinkage with Chinese Characteristics[J]. *The Geographical Journal*, 2018, 184(4): 398—412.

[34]Li K X, Jin M, Shi W. Tourism as an Important Impetus to Promoting Economic Growth: A Critical Review[J]. *Tourism Management Perspectives*, 2018, 26(4): 135—142.

[35]Li S, Liu A, Song H. Does Tourism Support Supply-Side Structural Reform in China? [J]. *Tourism Management*, 2019b, 71(4): 305—314.

[36]Lin S, Yang Y, Li G. Where Can Tourism-Led Growth and Economy-Driven Tourism Growth Occur? [J]. *Journal of Travel Research*, 2018, 58(5): 760—773.

[37]Liu A, Wu D C. Tourism Productivity and Economic Growth[J]. *Annals of Tourism Research*, 2019, 76(3): 253—265.

[38]Liu J, Nijkamp P, Lin D. Urban-Rural Imbalance and Tourism-Led Growth in China[J]. *Annals of Tourism Research*, 2017, 64(3): 24—36.

[39]Long Y, Wu K. Shrinking Cities in a Rapidly Urbanizing China[J]. *Environment and Planning A: Economy and Space*, 2016, 48(2): 220—222.

[40]Lv Z. Deepening or Lessening? The Effects of Tourism on Regional Inequality[J]. *Tourism Management*, 2019, 72(6): 23—26.

[41]Markusen A, Schrock G. Consumption-Driven Urban Development[J]. *Urban Geography*, 2013, 30(4): 344—367.

[42]Martinez-Fernandez C, Audirac I, Fol S, Cunningham-Sabot E.. Shrinking Cities: Urban Challenges of Globalization. *Intertiaonl Journal of Urban and Regional Research*, 2012, 36(2): 213—225.

[43]Martinez-Fernandez C, Weyman T, Fol S, Audirac I, Cunningham-Sabot E, Wiechmann T, Yahagi H. Shrinking Cities in Australia, Japan, Europe and the USA: From a Global Process to Local Policy Responses[J]. *Progress in Planning*, 2016, 105(4): 1—48.

[44]McKinnon R I. Foreign Exchange Constrain in Economic Development and Efficient Aid Allocation[J]. *The Economic Journal*, 1964, 74(2): 388—409.

[45]Milano C, Novelli M, Cheer J M. Overtourism and Degrowth: A Social Movements Perspective[J]. *Journal of Sustainable Tourism*, 2019, 27(12): 1857—1875.

[46]Mitra S K. Is Tourism-Led Growth Hypothesis Still Valid? [J]. *International Journal of Tourism Research*, 2019, 21(5): 615—624.

[47]Oh C O. The Contribution of Tourism Development to Economic Growth in the Korean Economy[J]. *Tourism Management*, 2005, 26(1): 39—44.

[48] Ridderstaat J, Robertico C, Peter N. Tourism and Long-Run Economic Growth in Aruba[J]. *International Journal of Tourism Research*, 2014, 16(5):472—487.

[49] Rink D, Haase A, Grossmann K, Couch C, Cocks M. From Long-Term Shrinkage to Re-Growth? The Urban Development Trajectories of Liverpool and Leipzig[J]. *Built Environment*, 2012, 38(2):162—178.

[50] Rosentraub M S, Joo M. Tourism and Economic Development: Which Investments Produce Gains for Regions? [J]. *Tourism Management*, 2009, 30(5):759—770.

[51] Sánchez-Rivero M, Cárdenas-García P J. Population Characteristics and the Impact of Tourism on Economic Development[J]. *Tourism Geographies*, 2014, 16(4):615—635.

[52] Salvati L. Bridging the Divide: Demographic Dynamics and Urban-Rural Polarities During Economic Expansion and Recession in Greece[J]. *Population, Space and Place*, 2019, 25(8):53—87.

[53] Douglas M, Sanford D M, Dong H P. Investment in Familiar Territory: Tourism and New Foreign Direct Investment[J]. *Tourism Economics*, 2000, 6(3):205—219.

[54] Sequeira T N, Nunes P M. Does Tourism Influence Economic Growth? A Dynamic Panel Data Approach[J]. *Applied Economics*, 2008, 40(18):2431—2441.

[55] Zhong S, Li K. The Population Dividend, the Spatial Spill-over and the Provincial Economic Growth[J]. *Management World*, 2010, (4):14—23.

[56] Tang C, Ozturk I. Is Tourism a Catalyst of Growth in Egypt? Evidence from Granger Non-Causality and the Generalised Variance Decomposition Analysis[J]. *Anatolia*, 2017, 28(2):173—181.

[57] Tang C, Tan E C. Does Tourism Effectively Stimulate Malaysia's Economic Growth? [J]. *Tourism Management*, 2015, 46(3):158—163.

[58] Thulemark M, Lundmark M, Heldt-Cassel S. Tourism Employment and Creative in-Migrants[J]. *Scandinavian Journal of Hospitality and Tourism*, 2014, 14(4):403—421.

[59] Wichowska A. Shrinking Municipalities and Their Budgetary Revenues on the Example of the Warmian-Masurian Voivodeship in Poland[J]. *Oeconomia Copernicana*, 2019, 10(3):419—432.

[60] Xu C, Calvin J, Munday M. Tourism Inward Investment and Regional Economic Development Effects: Perspectives from Tourism Satellite Accounts[J]. *Regional Studies*, 2019, 54(9):1—12.

[61]Yang, Z S, Michael, D. City Shrinkage in China: Scalar Processes of Urban Andhukoupopulation Losses[J]. *Regional Studies*, 2017, 52(8): 1111-1121.

[62]李郇,吴康,龙瀛. 局部收缩:后增长时代下的城市可持续发展争鸣[J]. 地理研究,2017,36(10):1997-2016.

[63]龙瀛,李郇. 收缩城市——国际经验和中国现实[J]. 现代城市研究,2015(9):1-13.

[64]龙瀛,吴康,王江浩. 中国收缩城市及其研究框架[J]. 现代城市研究,2015(9):14-19.

[65]孙青,张晓青,路广. 中国城市收缩的数量、速度和轨迹[J]. 城市问题,2019(8):24-29.

[66]杨振山,杨定. 城市发展指数指引下的我国收缩区域初步评判[J]. 人文地理,2019,34(4):63-72.

[67]叶云岭,吴传清. 中国收缩型城市的识别与治理研究[J]. 学习与实践,2020,(5):32-41.

[68]张京祥,冯灿芳,陈浩. 城市收缩的国际研究与中国本土化探索[J]. 国际城市规划,2017,32(5):1-9.

[69]张明斗,刘奕,曲峻熙. 收缩型城市的分类识别及高质量发展研究[J]. 郑州大学学报:哲学社会科学版,2019,52(5):47-51.

[70]张学良,刘玉博,吕存超. 中国城市收缩的背景、识别与特征分析[J]. 东南大学学报:哲学社会科学版,2016,18(4):132-139.

[71]周恺,戴燕归,涂婳. 收缩城市的形态控制:断面模型与精明收缩的耦合框架[J]. 国际城市规划,2020,35(2):20-28.

第十章　参考文献

[1]Aronsson L. The development of sustainable tourism[M]. London: Continuum, 2000.

[2]Bramwell B. Governance, the state and sustainable tourism: a political economy approach[J]. *Journal of Sustainable Tourism*, 2011, 19(4-5): 459-477.

[3]Bramwell B, Lane B. Sustainable tourism and the evolving roles of government planning[J]. *Journal of Sustainable Tourism*, 2010, 18(1): 1-5.

[4]Bull A. The economics of travel and tourism[M]. South Melbourne: Addison Wesley Longman, 1995.

[5]Croes R. The small island paradox: Tourism specialization as a potential solution[M]. Düsseldorf: Lambert Academic Publishing, 2011.

[6]Deng T, Hu Y, Ma M. Regional policy and tourism: A quasi-natural experiment[J]. *Annals of Tourism Research*, 2019(74): 1-16.

[7] Dredge D. Local Government Tourism Planning and Policy-making in New South Wales: Institutional Development and Historical Legacies[J]. *Current Issues in Tourism*, 2001, 4(2—4): 355—380.

[8] Dredge D, Moore S. A methodology for the integration of tourism in town planning[J]. *The Journal of Tourism Studies*, 1992, 3(1): 8—21.

[9] Dredge D, Jamal T. Mobilities on the Gold Coast, Australia: Implications for destination governance and sustainability[J]. *Journal of Sustainable Tourism*, 2013, 21(4): 557—579.

[10] Dredge D, Jenkins J. Tourism policy and planning[M]. Milton: John Wiley, 2007.

[11] Dreher A, Lamla M. J, Lein S M, Somogyi F. The impact of political leaders' profession and education on reforms[J]. *Journal of Comparative Economics*, 2009, 37(1): 169—193.

[12] Dymond S J. Indicators of sustainable tourism in New Zealand: A local government perspective[J]. *Journal of Sustainable Tourism*, 1997, 5(4): 279—293.

[13] Elliot J. Tourism: Politics and public sector management[M]. London: Routledge, 1997.

[14] Hayo B, Neumeier F. Leaders' Impact on Public Spending Priorities: The Case of the German Laender[J]. *Kyklos*, 2012, 65(4): 480—511.

[15] Jones B F, Olken B A. Do Leaders Matter? National Leadership and Growth Since World War II[J]. *Quarterly Journal of Economics*, 2005, 120(3): 835—864.

[16] Kapera I. Sustainable tourism development efforts by local governments in Poland[J]. *Sustainable Cities and Society*, 2018(40): 581—588.

[17] Kubickova M, Campbell J M. The role of government in agro-tourism development: a top-down bottom-up approach[J]. *Current Issues in Tourism*, 2018, 1—18.

[18] Luo X, Bao J. Exploring the impacts of tourism on the livelihoods of local poor: the role of local government and major investors[J]. *Journal of Sustainable Tourism*, 2019, 1—16.

[19] McCabe B C, Feiock R C, Clingermayer, J C, Stream, C. Turnover among City Managers: The Role of Political and Economic Change[J]. *Public Administration Review*, 2008, 68(2): 380—386.

[20] Qin Q, Wall G, Liu X. Government Roles in Stimulating Tourism Development: A Case from Guangxi, China[J]. *Asia Pacific Journal of Tourism Research*, 2011, 16(5): 471—487.

[21] Ruhanen L. Local government: facilitator or inhibitor of sustainable tourism development? [J]. *Journal of Sustainable Tourism*, 2013, 21(1): 80—98.

[22]Shone M C,Simmons D G,Dalziel P. Evolving roles for local government in tourism development: a political economy perspective[J]. *Journal of Sustainable Tourism*,2016,24(12):1674—1690.

[23]Su J. Managing intangible cultural heritage in the context of tourism:Chinese officials' perspectives[J]. *Journal of Tourism and Cultural Change*,2019,18(2):1—23.

[24]Timothy D. J. Cooperative tourism planning in a developing destination[J]. *Journal of Sustainable Tourism*,1998,6(1):52—68.

[25]Wang C,Xu H. The role of local government and the private sector in China's tourism industry[J]. *Tourism Management*,2014(45):95—105.

[26]Wen Y,Guo R,Shi J. Governance Capacity and Economic Growth:Evidence from China's Top 100 Counties and National-level Poor Counties[J]. *Economic Research Journal*,2020,55(3):18—34.

[27]Wibowo R S,Wannasubchae S,Pampasit R. The Authority of the Indonesian Local Government in Tourism Management:A Case Study of Tourism Management in Berau Regency,East Kalimantan Province[R]. *Journal of Physics:Conference Series*,2018,10(28):12—176.

[28]Yao Y,Zhang M. Subnational leaders and economic growth:evidence from Chinese cities[J]. *Journal of Economic Growth*,2015,20(4):405—436.

[29]Zeng B,Lyu N,Wu X. Priority development model of government promotion in developing China's tourism industry over the 40 years sincereform and opening-up[J]. *Tourism Tribune*. 2020,35(8):18—32.

[30]Zhang E,Hu G. Relationship between Personal Character of Local Officials and Optimazation of Provincial Industrial Structure Based on Analysis of Secretaries of the Provincial Party Committee and Governors in China[J]. *China Soft Science*,2013(6):71—83.

[31]Zhou L A. Governing China's Local Officials:An Analysis of Promotion Tournament Model[J]. *Economic Research Journal*,2007(7):36—50.

[32]方叶林,黄震方,李经龙,王芳. 中国省域旅游经济增长的时空跃迁及其趋同研究[J]. 地理科学,2018,38(10):1616—1623.

[33]王贤彬,徐现祥. 地方官员来源、去向、任期与经济增长——来自中国省长省委书记的证据[J]. 管理世界,2008(3):16—26.

[34]徐现祥,王贤彬,舒元. 地方官员与经济增长——来自中国省长、省委书记交流的证据[J]. 经济研究,2007(9):18—31.

[35]张军,高远. 官员任期、异地交流与经济增长——来自省级经验的证据[J]. 经济研究,2007(11):91—103.

第十一章 参考文献

[1] Alipour H, Kilic H. An institutional appraisal of tourism development and planning: The case of the Turkish Republic of North Cyprus[J]. *Tourism Management*, 2005, 26(1): 79—94.

[2] Almond D, Chen Y, Greenstone M, Li H. Winter heating or clean air? Unintended impacts of China's Huai river policy[J]. *American Economic Review*, 2009, 99(2): 184—190.

[3] Angrist J D, Lavy V. Using maimonides' rule to estimate the effect of class size on scholastic achievement[J]. Quarterly Journal of Economics, 1999, 114(2): 533—575.

[4] Angrist J D, Pischke J S. Mostly harmless econometrics: An empiricist's companion. Princeton University Press, 2009.

[5] Baldwin R, Okubo T. Tax reform, delocation, and heterogeneous firms[J]. *Scandinavian Journal of Economics*, 2010, 111(4): 741—764.

[6] Battistin E, Rettore, E. Ineligibles and eligible non-participants as a double comparison group in regression-discontinuity designs[J]. *Journal of Econometrics*, 2008, 142(2): 715—730.

[7] Baum T, Szivas E. HRD in tourism: A role for government? [J]. *Tourism Management*, 2008, 29(4): 783—794.

[8] Bloom N, Griffith R, Reenen, J. V. Do R&D tax credits work? Evidence from a panel of countries 1979—1997[J]. *Journal of Public Economics*, 2002, 85(1): 1—31.

[9] Caliendo M, Tatsiramos K, Uhlendorff A. Benefit duration, unemployment duration and job match quality: A regression-discontinuity approach[J]. J*ournal of Applied Econometrics*, 2013, 28(4): 604—627.

[10] Calonico S, Cattaneo M D, Farrell M H. On the effect of bias estimation on coverage accuracy in nonparametric inference[J]. *Journal of the American Statistical Association*, 2018(113): 767—779, 552.

[11] Calonico S, Cattaneo, M D, Titiunik R. Robust nonparametric confidence intervals for regression-discontinuity designs[J]. *Econometrica*, 2014, 82(6): 2295—2326.

[12] Card D, Lee D S, Pei Z, Weber A. Inference on causal effects in a generalized regression kink design[J]. *Econometrica*, 2015, 83(6): 2453—2483.

[13] Chay K, McEwan P, Urquiola M. The central role of noise in evaluating interventions that use test scores to rank schools[J]. *American Economic Review*, 2005,

95(4):1237—1258.

[14]Chow W S. Open policy and tourism between Guangdong and Hong Kong[J]. *Annals of Tourism Research*,1988,15(2):205—218.

[15]Cook T D. Waiting for life to arrive:A history of the regression-discontinuity design in psychology,statistics and economics[J]. *Journal of Econometrics*,2008,142(2):636—654.

[16]DiNardo J,Lee D S. Economic impacts of new unionization on private sector employers:1984—2001[J]. *Quarterly Journal of Economics*,2004,119(4):1383—1441.

[17]Dong Y. Regression discontinuity designs with sample selection[J]. *Journal of Business & Economic Statistics*,2017,37(1):1711—186.

[18]Dredge D. Policy networks and the local organisation of tourism[J]. *Tourism Management*,2006,27(2):269—280.

[19]Fan S,Kanbur R,Zhang X. China's regional disparities:Experience and policy[J]. *Review of Development Finance*,2011(1):47—56.

[20]Frandsen B R,Frölich M,Melly B. Quantile treatment effects in the regression discontinuity design[J]. *Journal of Econometrics*,2012,168(2):382—395.

[21]Gülcan Y,Kuştepeli Y,Akgüngör S. Public policies and development of the tourism industry in the Aegean region[J]. *European Planning Studies*,2009,17(10):1509—1523.

[22]Hahn J,Todd P,Klaauw,W. V. D. Identification and estimation of treatment effects with a regression-discontinuity design[J]. *Econometrica*,2001,69(1):201—209.

[23]Holland P W. Statistics and causal inference:Rejoinder[J]. *Journal of the American Statistical Association*,1986,81(396):968—970.

[24]Imbens G,Kalyanaraman K. Optimal bandwidth choice for the regression discontinuity estimator[J]. *The Review of Economic Studies*,2012,79(3):933—959.

[25]Imbens G W,Lemieux T. Regression discontinuity design:A guide to practice[J]. *Journal of Econometrics*,2008,142(2):615—635.

[26]Imbens G W,Wooldridge J M. Recent developments in the econometrics of program evaluation[J]. *Journal of Economic Literature*,2009,47(1):1—81.

[27]Imikan A M,Ekpo K J. Infrastructure and tourism development in Nigeria:A case study of rivers state[J]. *International Journal of Economic Development Research and Investment*,2012,3(2):53—60.

[28]Jackson J. Developing regional tourism in China:The potential for activating business clusters in a socialist market economy[J]. *Tourism Management*,2006(27):

695—706.

[29]Keele L J, Titiunik R. Geographic boundaries as regression discontinuities[J]. *Political Analysis*, 2015, 23(1):127—155.

[30]Khadaroo J, Seetanah B. Transport infrastructure and tourism development[J]. *Annals of Tourism Research*, 2007, 34(4):1021—1032.

[31]Krutwaysho O, Bramwell B. Tourism policy implementation and society[J]. *Annals of Tourism Research*, 2010, 37(3):670—691.

[32]Law R, Leung R, Buhalis D. Information technology applications in hospitality and tourism: A review of publications from 2005 to 2007[J]. *Journal of Travel & Tourism Marketing*, 2009, 26(5—6):599—623.

[33]Lee D S. Randomized experiments from non-random selection in U. S. house elections[J]. *Journal of Econometrics*, 2008, 142(2):675—697.

[34]Lee D S, Lemieux T. Regression discontinuity designs in economics[J]. *Journal of Economic Literature*, 2010, 48(2):281—355.

[35]Lejárraga I, Walkenhorst P. Economic policy, tourism trade and productive diversification[J]. *International Economics*, 2013, 135(1):1—12.

[36]Li H, Chen J L, Li G, Goh C. Tourism and regional income inequality: Evidence from China[J]. *Annals of Tourism Research*, 2016, 58, 81—99.

[37]Liu A, Wall G. Human resources development in China[J]. *Annals of Tourism Research*, 2005, 32(3):689—710.

[38]Ludwig J, Miller D L. Does head start improve children's life chances? Evidence from a regression discontinuity design[J]. *The Quarterly Journal of Economics*, 2007, 122(1):159—208.

[39]Mccrary J. Manipulation of the running variable in the regression discontinuity design: A density test[J]. *Journal of Econometrics*, 2008, 142(2):698—714.

[40]Mcewan P J, Shapiro J S. The benefits of delayed primary school enrollment: Discontinuity estimates using exact birth dates[J]. *Journal of Human Resources*, 2008, 43(1):1—29.

[41]Meethan K. New tourism for old? Policy developments in Cornwall and Devon[J]. *Tourism Management*, 1998, 19(6):583—593.

[42]Meng L. Evaluating China's poverty alleviation program: A regression discontinuity approach[J]. *Journal of Public Economics*, 2013, 101(1):1—11.

[43]Pearce D G. Tourism development in Paris: Public intervention[J]. *Annals of Tourism Research*, 1998, 25(2):457—476.

[44]Pei Z, Shen Y. The devil is in the tails: Regression discontinuity design with measurement error in the assignment variable[J]. *Working Papers*, 2016, 106(1):75—101.

[45] Richter L R. Political implications of Chinese tourism policy[J]. *Annals of Tourism Research*, 1983, 10(3): 395−413.

[46] Rin M D, Giacomo, M. D., Sembenelli, A. Entrepreneurship, firm entry, and the taxation of corporate income: Evidence from Europe[J]. *Journal of Public Economics*, 2009, 95(10): 1048−1066.

[47] Rubin D B. Estimating causal effects of treatments in randomized and nonrandomized studies[J]. *Journal of Educational Psychology*, 1974, 66(5): 688.

[48] Sofield T, Li S. Tourism development and cultural policies in China[J]. *Annals of Tourism Research*, 1998, 25(2): 362−392.

[49] Song Y. Rising Chinese regional income inequality: The role of fiscal decentralization[J]. *China Economic Review*, 2013, 27(1): 215−231.

[50] Thapa B. Soft-infrastructure in tourism development in developing countries[J]. *Annals of Tourism Research*, 2012, 39(3): 1705−1710.

[51] Thistlethwaite D L, Campbell D T. Regression-discontinuity analysis: An alternative to the ex post facto experiment[J]. *Journal of Educational Psychology*, 1960, 51(6): 309−317.

[52] Trochim W. Research design for program evaluation: The regression-discontinuity design. Beverly Hills, CA, USA: Sage Publications, 1984.

[53] Vernon J, Essex S, Pinder D, Curry K. Collaborative policymaking-Local sustainable projects[J]. *Annals of Tourism Research*, 2005, 32(2): 325−345.

[54] Wang D, Ap J. Factors affecting tourism policy implementation: A conceptual framework and a case study in China[J]. *Tourism Management*, 2013, 36(6): 221−233.

[55] Zeng B, Ryan C. Assisting the poor in china through tourism development: A review of research[J]. *Tourism Management*, 2012, 33(2): 239−248.

[56] Zhang H Q, Chong K, Ap J. An analysis of tourism policy development in modern China[J]. *Tourism Management*, 1999, 20(4): 471−485.

[57] 马忠玉. 论我国西部大开发战略中的旅游开发与贫困消除[J]. 自然资源学报, 2001(2): 191−195.

[58] 何建民. 我国旅游服务业营业税改增值税的影响机理及影响状况研究[J]. 旅游科学, 2013, 27(1): 29−40.

[59] 洪俊杰, 刘志强, 黄薇. 区域振兴战略与中国工业空间结构变动——对中国工业企业调查数据的实证分析[J]. 经济研究, 2014, 49(8): 28−40.